À L'ÉCOLE DE LA TÉLÉ-RÉALITÉ

Noria : machine hydraulique à godets favorisant l'irrigation.

La Noria : collection qui propose une autre irrigation du champ de l'actualité par une alimentation critique du flux de l'information ; collection dirigée par Marie-Paule Eskénazi.

Visitez notre site
http://www.labor.be

Photo de couverture : © Gettyimages
Mise en page : François Henry

Quai du commerce, 29
1000 Bruxelles

ISBN 2-8040-1966-7
D/2004/258/111

À L'ÉCOLE DE LA TÉLÉ-RÉALITÉ

Sous la direction de Robert Wangermée,
Président du Conseil de l'éducation aux médias

Ouvrage publié par le Conseil de l'éducation aux médias
en partenariat avec le Service général de l'audiovisuel et des
multimédias de la Communauté française de Belgique

Collection la Noria

ÉDITIONS
LABOR

Avant-propos

Dans le monde réellement renversé, *le vrai est un moment du faux.*
Guy Debord[1]

Imaginons une jeune fille de seize ans enceinte de six mois incapable d'assumer la charge d'un enfant. Imaginons cinq couples désireux d'en adopter un. Imaginons une chaîne de télévision qui organiserait une compétition pour gagner le bébé. Ne rêvez plus, cela existe, sur la chaîne américaine ABC. Cela s'appelle *Qui veut gagner un bébé ?*

Énième avatar d'un genre télévisuel en pleine expansion, ce programme prouve que les limites de la télé-réalité sont sans cesse repoussées. *La mort en direct*[2] de Bertrand TAVERNIER et *Le prix du danger*[3] d'Yves BOISSET annonçaient ce phénomène il y a déjà une vingtaine d'années.

Car si les origines du phénomène sont anciennes – citons au début des années 80 l'émission *Psyshow* ou, bien avant, les docudrames radiophoniques – les développements qu'il a connus ces dernières années sont stupéfiants. Loin de s'essouffler comme certains le présageaient, le genre manifeste, au contraire, une incroyable vitalité et continue de figurer en tête des classements d'audience. Si bien qu'aujourd'hui, de plus en plus de programmes lui empruntent tel ou tel ingrédient. Témoignages profanes, considérations psy, plongées dans la vraie-fausse intimité des gens, recours systématique à l'émotion et à l'identification… ont infusé magazines, JT, débats, documentaires… et rejeté le regard critique aux oubliettes cathodiques.

Mais si les succès les plus retentissants de la télé-réalité reposent sur des dispositifs discutables où se disputent compétition et humiliation, il peut en exister d'autres plus intéressants. La BBC, en reconstituant les conditions de vie de soldats durant la Guerre 14-18 (*The Trench*) ou l'exploration de l'océan Pacifique par James Cook au XVIIIe siècle (*The*

Ship) a prouvé que le genre peut parfois investir les registres pédagogique et historique en les dépoussiérant.

Le succès de programmes comme *Star Academy* ou *Loft Story* auprès d'un public varié (en termes d'âge comme de condition socioculturelle), leur omniprésence dans le débat public, les intérêts – stratégiques, économiques, culturels – qu'ils soulèvent ne peuvent par ailleurs laisser indifférents les pouvoirs publics. Les dérives que ces émissions ont pu susciter, notamment en matière de respect de la dignité humaine et de protection des mineurs, ont ainsi pu être rencontrées par des mesures réglementaires renforcées (décret du 27 février 2003 sur la radiodiffusion[4], extension de la signalétique à tous les programmes et non plus uniquement aux fictions) ainsi que par l'adoption par le Conseil supérieur de l'Audiovisuel de la recommandation du 12 juin 2002 *Dignité humaine et télévision de l'intimité*[5].

Il demeure que les notions en question sont relativement floues et que toute action juridique en la matière doit être mesurée et ne peut se transformer en censure.

Si l'on considère en outre l'impact des programmes de télé-réalité sur le jeune public, une dimension supplémentaire doit être ajoutée : l'éducation aux médias. En proposant aux enseignants et éducateurs – et plus largement au grand public – réflexions et analyses, repères bibliographiques mais aussi orientations pédagogiques concrètes, cet ouvrage n'en est que plus essentiel.

Henry Ingberg,
Secrétaire général du Ministère de la Communauté française

Introduction

L'émission *Loft Story* diffusée sur la chaîne de télévision française M6 au printemps 2001 n'a été diffusée que dans les quelques régions de Belgique où le câble transmettait les programmes de ce canal de même que sur Internet, mais les débats extrêmement vifs qu'elle a suscités en France ont eu dès ce moment de larges échos à Bruxelles et en Wallonie. Il s'agissait, en fait, d'une première adaptation en langue française d'un concept élaboré aux Pays-Bas par la société de production Endemol et qui avait donné lieu de septembre à décembre 1999 à une série d'émissions sous le nom de *Big Brother* sur une petite chaîne privée, en référence à *1984*, le roman de George ORWELL. Cette production avait immédiatement connu dans le pays un succès prodigieux auprès du public, accompagné de critiques et de débats qui n'ont fait qu'amplifier son impact.

Endemol, société spécialisée dans la production de jeux et de divertissement en a aussitôt commercialisé le concept dans divers pays en Europe et hors d'Europe, en s'alliant avec diverses sociétés nationales de production ; elle a fait appliquer partout un même dispositif de base, qui malgré ses contraintes permettait des aménagements tenant compte des traditions culturelles des pays concernés.

Le dispositif de l'émission consiste :

1° dans l'enfermement librement accepté d'un groupe de garçons et de filles pendant une période assez longue (deux à trois mois) en un lieu entièrement coupé du monde ;

2° dans l'observation permanente de leurs faits et gestes ainsi que de leurs conversations par une batterie de caméras et de micros ;

3° dans la diffusion au public de ces événements en continu sur Internet ; dans des résumés de l'enregistrement des faits marquants des dernières vingt-quatre heures lors d'émissions quotidiennes sur une chaîne généraliste ; enfin, dans une longue soirée hebdomadaire, au cours de laquelle les concurrents effectuent diverses prestations, passent différentes épreuves ; celles-ci n'ont pas pour objectif de mesurer leurs compétences intellectuelles ou physiques mais de soumettre au jugement subjectif de leurs pairs et du public leur personnalité et leur comportement ; au fil des semaines les concurrents sont amenés à éliminer successivement l'un des leurs qui peut être sauvé par les votes du public intervenant par des messages.

Étalées dans la durée, les émissions se sont révélées extrêmement profitables pour la société de production et pour la chaîne émettrice ; aux rentrées publicitaires s'ajoutaient, en effet, la marchandisation de produits dérivés, la vente de vidéocassettes, de jeux vidéo, de lingerie, ainsi que le bénéfice d'une surtaxe sur les services de communication provenant du public.

Des critiques très virulentes ont été énoncées dans la presse hollandaise sur les dangers psychologiques d'un long séjour en espace clos, sur l'irruption dans l'intimité, sur la banalité et la médiocrité culturelle du programme. Mais, le succès public a été considérable. D'autres *Big Brother* avec certaines variantes ont été aussitôt programmés aux Pays-Bas et le concept a été repris dans les mois suivants dans de nombreux pays : dès avant la fin de l'an 2000, *Big Brother* était sur les écrans en Allemagne, en Espagne, au Royaume-Uni, en Suisse allemande, au Portugal, en Italie, en Belgique flamande, aux États-Unis ; l'année suivante en Argentine, en France, en Pologne, en Italie, en Grèce. Le dispositif commercialisé par Endemol a été adopté partout avec les mêmes objectifs et une topographie identique : salon, cuisine, chambre à coucher commune pour les hommes, chambre à coucher commune pour les femmes, salle de bains, jardin avec piscine, «confessionnal», où chaque candidat est invité à livrer ses sentiments intimes à un représentant de la production (et à tout le public à travers l'écran) sans être entendu par ses partenaires-concurrents.

Un numéro hors série de la revue française *MédiaMorphoses* (juin 2003) consacré à la présence de *Big Brother* dans une vingtaine de pays a pu montrer cependant que la logique commerciale en vertu de laquelle un programme à succès s'est implanté rapidement d'un pays à l'autre a donné lieu le plus souvent à des variantes significatives qui mettent en évidence «des normes sociales et des imaginaires collectifs à l'égard desquels ces productions médiatiques jouent autant comme des révélateurs que comme des catalyseurs». Le concept s'est teinté de différences plus ou moins profondes, comme l'écrit Geneviève JACQUINOT dans l'introduction à ce numéro de *MédiaMorphoses*, «dans les rapports au corps, au sexe et du sexe, selon les cultures islamique, protestante ou catholique ; dans le rapport à l'individu, au groupe et au couple selon qu'on est italien ou japonais ; dans le jeu des règles sociales oscillant entre traditionalisme et émancipation et plus scabreusement encore, dans les déterminismes religieux ou spirituels ancestraux comme dans des indicateurs plus contemporains des tensions tant politiques que professionnelles ou sociales».

Avec la Russie, la France est le seul pays qui n'ait pas retenu le titre de *Big Brother* ; il s'agissait sans doute de prévenir la critique internationalement répandue sur le concept de l'émission en dépit de son succès. *Big Brother* a été remplacé par *Loft Story* qui, par un jeu de mot, évoque une aventure sentimentale ; du reste, l'émission s'est donné pour objectif (qui ne s'est pas réalisé) de former un couple durable (au moins pour une cohabitation de quelques mois) et elle a adouci la rigueur de la compétition en permettant aux candidats évincés de ne pas être renvoyés immédiatement dans l'anonymat, mais de continuer à participer au «direct» hebdomadaire.

Dans la presse quotidienne et périodique, en France, comme ailleurs, on a particulièrement dénoncé l'effacement des frontières entre vie publique et vie privée, la violation de l'intimité, l'exhibitionnisme des corps et des sentiments (et dès lors, le voyeurisme des spectateurs). En braquant en permanence l'attention sur les stratégies amoureuses, les séductions, les disputes, les ruptures, sur la suggestion de relations sexuelles (sans exhibition cependant), sur la banalité des bavardages, en présentant comme la réalité la plus authentique, la vie quotidienne de participants à un jeu dans un environnement artificiel, avec des règles imposées, *Loft Story* et tous les *Big Brothers* ont offert aux intellectuels et à tous ceux qu'Umberto ECO avait appelés les *moralistes de la culture* une occasion exceptionnelle de dénoncer une fois encore – et souvent avec une particulière virulence – la culture de masse et la médiocrité consubstantielle de la télévision.

En observant ces réactions contrastées du public et de la critique, la sociologue Dominique MEHL a constaté : *Avec* Loft Story, *la fracture culturelle, celle qui sépare les tenants et gardiens d'une culture élitaire et ceux qui adhèrent aux divertissements de la culture de masse est à son comble. Le décalage entre le monde intellectuel, ou, du moins, une partie de ce monde, arc-boutée sur une conception univoque de la culture et de la société composite captée par des productions culturelles qui allient simplicité et zestes de savoir, clarté et once de réflexion, délassement et pincées de connaissances, ce décalage a rarement été aussi extravagant*[6].

Mais, le succès extraordinaire de l'émission, auprès des adolescents et même auprès d'un large public, a, en même temps, posé des questions sur l'ampleur et les raisons mêmes de ce succès. Celui-ci ne s'est pas marqué seulement à l'audimat, mais dans l'intervention massive en cours des programmes des téléspectateurs soucieux de faire connaître leur choix sur le destin des candidats, par des conversations au sein de groupes de téléspectateurs sur les «événements» de la semaine ainsi que par la création de sites d'avis et de débats. De nombreux textes ont été écrits aussi – des articles, des livres – pour tenter de décrypter ce succès et par-delà de comprendre la nature de la télé-réalité.

En Belgique, pour un des séminaires sur les médias organisé au cours de l'an 2000 par la Fondation Roi Baudouin, un groupe de travail de la Section des sciences de la communication de l'université de Gand a présenté un remarquable rapport établi sous la direction de Daniel BILTEREYST[7] qui situe *Big Brother* dans l'évolution générale de la télévision. Ce rapport rappelle que dans les années 90 de nouveaux types d'émissions télévisées se sont développées aux États-Unis, d'abord ; ces émissions relevaient de ce qu'on a appelé la *reality television* et exploitaient audacieusement la sphère privée à travers des *talk-shows*, des débats et des émissions d'information. L'éventail des programmes a évolué vers davantage de subjectivité et de prises de position personnelle (y compris par rapport à des faits très objectifs). Cette évolution avait donné lieu aux États-Unis même à des débats portant tout à la fois sur des questions d'éthique telles que la violation de la vie privée ainsi que sur la manière de traiter ces thèmes qui ne respectait plus l'autonomie des genres traditionnels (information, fiction, jeux). Elle se situait à un moment où le contexte commercial caractéristique de la télévision américaine a été radicalisé par l'irruption de moyens nouveaux de transmission (le câble, le satellite) qui ont compromis la domination des grands réseaux et accru considérablement la concurrence.

En Europe, la plupart des pays ont longtemps vécu dans un système de monopole des services publics financés par la redevance ou des subventions d'État, et se conformant à des normes programmatiques axées sur les obligations d'intérêt général qui leur étaient assignées par la loi (informer, éduquer, divertir). L'évolution technologique a mis en cause les monopoles, mais la Communauté européenne porte une responsabilité certaine dans la commercialisation globale et accélérée du secteur de la télévision. Elle a, en effet, appliqué à la communication audiovisuelle les conceptions prioritairement économiques qui régissent le Marché commun ; elle a imposé la libre circulation internationale des programmes de télévision et de la publicité qu'ils véhiculent ; elle a refusé de prendre en considération les objectifs culturels et la défense des identités nationales pour justifier des restrictions éventuelles à cette liberté ; sous prétexte d'éviter les distorsions de concurrence, elle a même hésité longtemps à maintenir une autorisation de financement public pour l'accomplissement des tâches spécifiques des organismes de service public ; elle a considéré le principe de concurrence comme un facteur positif, non seulement sur le plan économique, mais aussi sur le plan culturel au sens le plus large.

Les services publics de radio-télévision ont aussi connu dès lors des crises de financement, que le recours à la publicité n'a pas résolues. Ce n'est, du reste, pas la publicité, mais la concurrence et la dérégulation qui ont entraîné les services publics à rivaliser avec les chaînes commerciales sur le plan des programmes. Jusqu'à présent, aucun d'entre eux n'a expérimenté le format de *Big Brother*, trop symbolique de la télé-réalité, mais plusieurs ont expérimenté des formules moins provocantes et tous ont été entraînés à transformer la nature de certains de leurs programmes dans l'information, les débats, la fiction, les jeux.

Selon les défenseurs de la libre concurrence, la dérégulation dans l'audiovisuel a eu la vertu d'accroître la diversification des programmes et de libérer le téléspectateur du paternalisme de l'offre qui régnait dans le modèle antérieur de télévision. Les apologistes du désordre nouveau font valoir que les nouveaux formats thématisent certaines questions d'ordre social ou éthique qui n'étaient pas souvent abordées jusque-là ; ils disent aussi que, désormais, la diversité de l'offre ne se reflète pas seulement dans de nouveaux genres, mais aussi dans l'élargissement des types d'information, de savoir et d'expression ; cette extension du «savoir public» peut désormais être obtenue par des expériences ayant un lien avec le quotidien : la subjectivité et l'émotivité peuvent dès lors être porteuses de potentialités démocratiques. Enfin, en recourant à un langage plus simple, ces émissions ont pu trouver et sensibiliser à certains problèmes des couches de la société qui jusque-là ne se sentaient pas concernées.

L'étude de l'université de Gand a procédé à une investigation approfondie sur les recherches menées tant en Amérique (aux États-Unis, au Canada) qu'en Europe sur les caractéristiques de la nouvelle télévision. Elle montre aussi que *Big Brother* n'a pas été une apparition fulgurante et imprévisible mais que l'émission est un produit des transformations de toute la structure télévisuelle. «Tant aux États-Unis qu'en Europe, cette transformation a eu non seulement un impact sur le financement, la production et le média, mais aussi sur la programmation, le discours télévisuel et la façon dont on s'adresse au public...». C'est en cela que *Big Brother* et ses avatars tels que *Loft Story* méritent d'être pris en considération dans une réflexion sur l'éducation au médias.

Condamner ne sert à rien, a écrit Geneviève JACQUINOT[8], *mieux vaut apprendre à faire la différence : l'éducation aux images comme aux textes, plus généralement aux médias est à construire.* Il a paru au Conseil de l'éducation aux médias que *Big Brother* et ses succédanés, en particulier *Loft Story* pour les francophones, étaient une matière propice à une réflexion sur les médias en général, sur l'évolution de la télévision et sur le caractère symbolique de *Big Brother* qui fait prendre conscience de tout ce qui change dans l'univers médiatique et dans la société elle-même.

Le présent volume est une réalisation collective élaborée par un groupe de travail du Conseil de l'éducation aux médias. Il se développe en trois parties sous-titrées «Historique et analyses», «Points de vue et témoignages» et «Orientations pédagogiques». Chaque auteur était libre de son texte ; dès lors on trouvera ici des points de vue non seulement divers, mais parfois contradictoires.

Dans ses contributions, Frédéric ANTOINE s'interroge tout d'abord sur la nature de la télé-réalité qui prétend montrer le réel en annulant toute médiation entre le spectateur et ce qui apparaît sur l'écran de télévision. Il analyse la structure et les composantes des émissions considérées comme les plus typiques de la télé-réalité au sens étroit : *Big Brother*, ses variantes et ses dérivés ; il décrit aussi les programmes de ce type qui ont pu être vus en Belgique francophone. Il montre le caractère ambigu de ces émissions au croisement de genres autrefois bien spécifiques : le jeu-concours, l'information et la mise en récit du réel et sa reconstruction.

Frédéric ANTOINE s'attache ensuite à montrer que la télé-réalité prend ses racines dans les transformations de la société, les changements de mentalités, les modifications des comportements individuels. Mais, en se transformant elle-même dans un contexte économique de concurrence, la télévision a été un facteur activant des mutations culturelles et sociales.

Ainsi, dans une tension entre sphère privée et sphère publique et entre réel et fictionnel, les émissions dans la ligne de *Big Brother* semblent souvent influencer les autres programmes en amalgamant entre eux les genres traditionnels.

Certes, la captation d'un vécu quotidien issu de la banalité peut donner lieu à des émissions de qualité qui sont parfois des «œuvres véritables», notamment dans le genre du documentaire ou de la semi-fiction, et la proximité dans l'information a des vertus.

En s'interrogeant sur le rejet proclamé de la télé-réalité par les services publics, François HEINDERYCKX va au-delà. Il dénonce, bien entendu, la médiocrité et le caractère indécent ou racoleur de maints programmes de télé-réalité, mais il estime que le service public ne doit pas se priver de l'attractivité et du pouvoir fédérateur d'un genre qui apparaît désormais comme une preuve de modernité. Il défend non seulement des documentaires ou des fictions qui présentent une vision rapprochée du quotidien d'une personne, d'une famille, d'un groupe, d'un lieu, mais même certains jeux de télé-réalité à objectifs pédagogiques sur des modèles déjà expérimentés par la BBC. Il défend la légitimité de l'observation rapprochée d'individus auxquels le téléspectateur peut s' identifier» car elle permet, si les situations créées sont porteuses de sens, de vivre une expérience qui dépasse la passivité et la distance généralement associées au spectacle télévisé.

Evelyne LENTZEN, présidente du Conseil supérieur de l'audiovisuel rappelle, quant à elle, les limites des possibilités d'intervention de l'organe régulateur dans une matière qui a soulevé tant de débats. Le CSA n'est ni un censeur, ni un garant de l'ordre moral ou de la qualité des programmes diffusés. Il doit veiller à ce que ceux-ci ne portent pas atteinte à certains principes fondamentaux tels que le respect de la dignité humaine et ne contiennent pas d'incitations à la discrimination ou à la violence gratuite. Dans cet esprit, en juin 2002, le CSA a recommandé aux éditeurs de programmes le respect de divers principes généraux d'application et, à plusieurs reprises, a sanctionné des manquements, mais il souligne que les notions en cause doivent s'appliquer dans un contexte social qui est changeant et pluriel, dans le statut particulier des médias, et dans le respect des libertés fondamentales d'expression.

Dans la deuxième partie du volume, il est tiré parti des études nombreuses qui ont été consacrées à la télé-réalité depuis que celle-ci s'est imposée à l'attention en France et en Belgique avec *Loft Story*. Un choix a été fait parmi les plus significatives d'entre elles qui sont ici présentées sous forme d'abstracts résumant les constatations et les réflexions des observateurs. Le point de départ est l'étude de la sociologue Dominique MEHL qui, dès 1996 s'efforçait à partir d'enquêtes de terrain de dégager les causes et les significations sociales de l'émergence de la «télévision de l'intimité». S'ensuivent les points de vue d'un psychanalyste (Serge TISSERON), d'un professeur de philosophie (Vincent CESPEDES), d'un analyste des médias (François JOST), d'un philosophe (Olivier RAZAC), d'hommes politiques (Noël MAMÈRE et Patrick FARBIAZ), d'un éditorialiste-analyste des médias (Ignacio RAMONET), d'un journaliste préoccupé par la crise de l'information télévisée (Hugues LE PAIGE), et d'un historien des médias (Gabriel THOVERON).

Tous ces ouvrages permettent de jeter des regards croisés sur le phénomène de la télé-réalité, comme concept et comme expérience humaine. Certains autres textes s'attachent à décrire, parfois de l'intérieur, l'émission *Loft Story* elle-même, son déroulement, ses participants et ses effets. On trouve ainsi les témoignages de deux psychologues qui ont suivi les candidats dans le déroulement quotidien de l'émission (Didier DESTAL et Marie HADDOU), d'un concurrent qui a participé à la deuxième série de *Loft Story* (Steven LEDRU), d'un chroniqueur de télévision des émissions au quotidien (David DUFRESNE), d'un journaliste et d'un sociologue (Gérald VIDAMMENT et Matthias WAELLI) qui ont étudié au jour le jour les messages d'internautes sur un site spécialisé d'Internet, ainsi que d'un producteur de télévision – déconstructeur (Daniel SCHNEIDERMAN).

Après ces analyses, ces réflexions et ces témoignages, la troisième partie du volume entend proposer une méthode d'analyse et des moyens d'approche concrets qui ont pour objectifs de permettre aux enseignants d'amener leurs élèves à s'interroger sur un domaine que les jeunes vivent souvent avec passion sans aller au-delà de leurs plaisirs et de leurs sentiments.

Michel CLAREMBEAUX a pris *Loft Story* comme base d'analyse parce que cette émission a été la première à faire reconnaître l'importance de la télé-réalité et qu'elle en a proposé une version emblématique. Mais, cette grille d'analyse peut être appliquée à toute autre émission de télé-réalité et même à toute autre production médiatique. C'est à partir de suggestions du pédagogue anglais Len MASTERMAN que le Conseil de l'éducation aux médias a élaboré depuis plusieurs années une méthode d'analyse qui, sans doute, peut être considérée comme réductrice par des experts spécialisés mais qui permet d'appréhender les messages médiatiques dans un esprit critique.

Cette analyse se structure en six approches de déconstruction qui sont prises tour à tour en considération mais qui doivent ensuite être vues dans leurs interférences. On examine ainsi les langages (ici, les prises de vue et de son des dispositifs de télésurveillance), les technologies de captation et de diffusion, la typologie (les genres qui interfèrent, la fiction, la réalité, le jeu), les représentations (les personnages, leurs actions, leurs sentiments), la production (avec ses objectifs économiques et les limites légales ou déontologiques qu'elle est invitée à respecter) et le public (son importance quantitative, ses composantes). Michel CLAREMBEAUX propose d'ajouter une dimension complémentaire, l'interactivité qui n'apparaît pas dans toutes les communications médiatiques, mais qui doit être ici prise en considération.

Parmi les pistes pédagogiques qui sont ensuite proposées, on trouvera un exemple de formation d'enseignants à la télé-réalité (par Yves COLLARD), des propositions d'activité en classes de primaire (par Thomas JUNGBLUT) en vue de développer l'esprit critique, de prendre la distance par rapport aux images et de comprendre la construction des images de télé-réalité.

Arielle DE GENDT suggère ensuite comme base de réflexion dans les classes des jugements portés sur les émissions de télé-réalité par de futurs enseignants dans une haute école pédagogique.

Dans une étude conclusive, Michel BOUMAL élabore les conditions d'une approche scolaire intégrée de la télé-réalité. Il défend l'idée que l'école doit «affronter la culture réelle des jeunes autrement que par une censure stérile si elle veut se donner une chance d'influencer celle-ci». Il plaide donc pour que la culture médiatique soit abordée à l'école comme tout autre matière «en fertilisant l'approche d'émissions de télé-réalité (entre autres), par des méthodes structurantes et structurées intégrables dans certains cours (le français, les langues, l'histoire, la morale, l'économie, etc.), en se donnant les moyens d'évaluer cette approche et en assurant à ces savoirs et à ces méthodes la plus large transférabilité».

Michel BOUMAL se rallie à la grille d'analyse des messages médiatiques en six dimensions préconisées par le Conseil de l'éducation aux médias, étant entendu qu'elle doit être adaptée aux différents niveaux scolaires. Il insiste enfin sur le fait que pour réaliser une véritable éducation aux médias, il faut intégrer l'étude du langage médiatique «dans une réflexion plus vaste dont la préoccupation fondamentale est de savoir dans quel sens nous usons de la télévision». C'est, en effet, dans cette mesure que l'étude de la télé-réalité peut prendre sa place dans l'éducation aux médias et que se justifie le titre quelque peu provocateur donné à ce volume.

Le groupe de travail qui a conçu ce volume était composé de Michel BOUMAL, Michel CLAREMBEAUX, Yves COLLARD, Arielle DE GENDT, Eric FRANSSEN, François HEINDERYCKX, Pauline HUBERT, Thomas JUNGBLUT, Gabriel THOVERON et Marcelle COLLIN, secrétaire du Conseil de l'éducation aux médias. Je suis reconnaissant à tous de s'être investis avec enthousiasme dans de longues réflexions en commun et dans la rédaction de la plupart des chapitres.

Je remercie Frédéric ANTOINE et Evelyne LENTZEN pour leurs contributions originales à ce volume.

Je suis heureux que le Service général de l'audiovisuel et des multimédias du ministère de la Communauté française et sa directrice Myriam LENOBLE s'associent à l'édition du livre en partenariat avec le Conseil.

Robert WANGERMÉE
Président du Conseil de l'éducation aux médias

Première partie

Historique et analyses

La télé-réalité : un nouveau genre télévisuel ?

Frédéric ANTOINE
Professeur au département de communication de l'UCL.
Membre de l'Observatoire du récit médiatique.

Introduction : La réalité est-elle soluble dans les téléviseurs ?

La télé-réalité est un univers impitoyable parce que complexe et extraordinairement divers. On serait même tenté de comparer le monde de cette télé du réel à une auberge espagnole : à peu de choses près, on y trouve ce que l'on y apporte.

Des programmes de types très différents se cachent en effet derrière cette dénomination commune, et celle-ci pourrait en recouvrir bien davantage encore tant est riche, télévisuellement parlant, l'apposition des termes « télévision » et « réalité » au sein d'une seule et même expression.

L'idéologie ontologique de la télé-réalité : une monstration médiatique sans média

L'originalité de ce mot composé provient d'un apparent paradoxe : associer « télévision » et « réalité », alors que les deux termes sont naturellement antinomiques, et qu'il eût été plus commun de dire : « télévision » versus (v/s) « réalité ».

L'étonnant de la formule, mais aussi ce qui fait son succès, ne réside-t-il pas, dès lors, non dans l'opposition mais dans l'association des deux termes ?

Au départ, l'impression prévaut. Une lecture classique de l'univers de la télévision induit en effet que celle-ci s'inscrit obligatoirement dans la sphère de la re-présentation. Montrant le réel, la télévision est condamnée à lui conférer une certaine formalisation, à le contraindre à un cadrage qui impose sa réappropriation :

Présentation	→	Re-présentation
Réel	→	Télévision

Dans ce contexte, il relève de l'évidence que l'on ne s'attend pas à ce que la télévision présente le réel.

Effectivement, comme tout média, la télévision est bien un outil de refiguration du réel, au sens où l'on peut utiliser ce terme si l'on adapte à cet objet la théorie de la « boucle mimétique » proposée par le philosophe Paul RICŒUR[9], et telle qu'elle a, par exemple, été repensée (c'est-à-dire « refigurée ») par l'équipe de recherche de l'Observatoire du récit médiatique de l'UCL :

Figuration	→	Refiguration	→	Configuration
Événement	→	Mise en récit de l'événement	→	Réappropriation de l'événement par l'homme
Réel	→	Télévision	→	Réception par le spectateur

Face à cet état de choses communément admis, la télé-réalité s'affiche en porte-à-faux. Son discours fondamental, que l'on pourrait considérer comme un de ses impératifs catégoriques, est de refuser cette situation qui fonde le rapport entre le média et le réel. Par son intitulé, la télé-réalité affirme que, dans son cas, le processus de la refiguration ne s'enclenche pas. Dans ses émissions, on ne passerait pas de la figuration à la re-figuration. La figuration, l'*hic et nunc* du moment de l'événement « réel », se présenterait comme devant se suffire à lui-même, et suffire au téléspectateur.

Dans la télé-réalité, usager et producteur du média seraient ainsi censés assister conjointement, concomitamment, au déroulement d'un événement sur lequel ni l'un ni l'autre n'ont vraiment de prise. Comme s'il n'y avait alors pas production d'un contenu indépendant de celui de l'événement en train de se dérouler.

La télévision serait la réalité. La réalité se retrouverait intrinsèquement liée au contenu de la télévision.

Cette utopie d'une inutilité de la médiation n'est pas propre à la télé-réalité. C'est aussi celle que revendiquent par exemple les chaînes d'information permanente (« All News ») qui entendent faire assister leur téléspectateur en temps réel à un événement. L'associer à la nouvelle telle qu'elle se déroule au moment où elle survient, en le mettant à la place qu'occupe d'ordinaire le journaliste ou le médiateur audiovisuel. De son salon, le spectateur se retrouve ainsi au premier rang lors de Points de presse à la Maison-Blanche, juché en haut d'un char sur la ligne de front de la route de Bassorah ou aux côtés du correspondant de Al Jazeera sur les toits de Bagdad…

Cette utopie reflète le discours idéologique d'un média parfait, qui parviendrait tellement à exister par lui-même qu'il en deviendrait transparent. Elle repose sur le rêve de la suppression de la médiation comme moment spécifique du processus communicationnel, survenant lors du passage et de la transformation du message par le média. Comme si le réel pouvait se donner à voir « tel qu'en lui-même ». C'est-à-dire en remettant fondamentalement en cause le vieux schéma classique de la communication :

Émetteur → Message → Récepteur

On sait que lorsqu'il recourt à un « moyen de communication » pour transmettre un message, ce schéma peut adopter la configuration suivante :

Émetteur → Message → Média → Message médiatique → Récepteurs

L'utopie de la « communication directe » est de mettre entre parenthèses les étapes de la formalisation du message, en entendant laisser croire au récepteur que le message n'est pas transformé par l'acte de médiatisation et que, s'il le veut, il peut « réellement » se trouver dans les mêmes conditions que l'émetteur. Soit :

Émetteur → ~~[Message~~ → ~~Média~~ → ~~Message médiatique]~~ → Récepteurs

Ou :

Émetteur → Message ← Récepteurs

L'idéologie du discours de la télé-réalité est d'affirmer qu'elle détient la possibilité de mettre son spectateur en présence d'une réalité montrée correspondant à la réalité ontologique, c'est-à-dire en quelque sorte (et paradoxalement) non-médiatisée, c'est-à-dire non-télévisée. La télé-réalité montrerait la réalité en recourant au truchement du média, mais celle-ci serait déshabillée des contraintes inhérentes à ce média.

L'expérience atteste qu'il s'agit là d'un rêve impossible, car toute médiatisation contraint le réel à être cadré de manière particulière. C'est en ce sens que l'on peut, à ce propos, parler d'un discours de nature idéologique, c'est-à-dire caché derrière l'apparence du genre et le discours qu'il déploie.

On ne peut perdre de vue qu'il s'agit là d'un rêve. Consciemment ou non, chacun perçoit en effet le caractère oxymorique de la formule. Il n'est donc pas impossible de prendre distance vis-à-vis du discours que la télé-réalité tient sur elle-même et, partant, sur la télévision et la réalité.

Aux origines du terme

Il y a aussi lieu de ne pas perdre de vue que le terme « télé-réalité » n'est que la traduction française des expressions « *reality television* » ou « *real-tv* » employées dans le monde de la production de langue anglaise.

Les origines de l'utilisation du terme sont nombreuses et contestées. Comme on le montrera ci-après, la télévision revendique s'être toujours préoccupée de réalité. Associer « *reality* » et « *television* » n'est donc pas l'apanage de la période récente. L'accolement des deux mots, par contre, en fait l'originalité.

De nombreux chercheurs nord-américains s'entendent pour situer la première manifestation explicite de productions de ce type à travers l'apparition du qualificatif « réel » dans le titre du programme *The Real World*, produit par la chaîne musicale MTV en 1992. Il semble aussi que, en termes de genre, cette émission soit la première à poser les prémices de ce qui sera par la suite considéré comme de la « télé-réalité ».

Au sein de la télévision américaine, l'association des univers sémantiques « télévision » et « réel » se retrouve depuis le début des années 1980 dans l'expression « *Reality programming* », qui désigne explicitement une manière particulière de concevoir la programmation d'une chaîne de télévision (« *programming* » = « programmation »). On comprend toutefois que la formule permet aussi d'identifier certains types de programmes en fonction de leurs caractéristiques (traiter de faits réels), la référence à la programmation précisant que ce rapport à la réalité ne s'inscrit pas dans une perspective qui se voudrait informationnelle.

Le dérivé le plus direct du terme « *Reality programming* » est « *Reality programmes* », qui désigne effectivement un programme de télévision dont le thème est centré sur la réalité. L'expression est cependant moins utilisée. Elle se retrouve, de manière plus nuancée, dans la formule « *Reality-based programs* », qui manifeste le fait que les émissions en question se fondent sur la réalité, s'appuient sur elle, mais précise qu'elles ne veulent pas être confondues avec elle.

Dans le développement de la même idée apparaîtra ensuite l'expression « *reality show* », qui définit un type de programme particulier en associant deux composants eux aussi a priori contradictoires : « réalité » d'une part, « spectacle » ou « représentation » de l'autre. Naturellement, « réel » et « représentation » se conçoivent effectivement de manière antinomique, l'un étant associé au monde de la réalité et l'autre à celui de la reconstruction, de la fiction :

Réalité	> <	Spectacle
Réel	> <	Représentation
Réalité	> <	Fiction
Vrai	> <	Faux

L'expression « *reality show* » qui, à l'opposé de « télé-réalité », ne sera pas traduite en français, apparaît aux États-Unis à la fin des années 1980 et est reprise en Europe au début de la décennie suivante. Elle reconnaît que le type de programme concerné se présente comme un « spectacle de réalité ». Et, si « *show* » se voit traduit par « représentation », l'expression peut aussi laisser entendre que ces émissions se présentent comme des « mises en spectacle de la réalité ».

À l'heure actuelle, les divers termes tournant autour du couple « télévision » et « réalité » s'utilisent de manière différente selon les langues. Le français distingue ainsi le « *reality show* » de la « télé-réalité ». Les termes « télévision du réel » ou « télé du réel » ne sont pas couramment utilisés dans cette langue, alors que l'expression « *real-tv* » existe en anglais, mais est largement moins usitée que « *reality tv* »[10] et ses déclinaisons. L'anglais ne marque par ailleurs pas toujours de strictes distinctions de genre entre « *reality tv* » et « *reality show* » (il existe même dans cette langue la formule « *reality tv show* », qui combine le contenu des deux autres expressions). Certains programmes qu'un téléspectateur francophone européen classera naturellement parmi les émissions de télé-réalité pourront ainsi être considérés par les producteurs anglo-saxons comme des « *reality shows* »[11].

Ces confusions langagières n'encouragent pas la clarté et le discernement...

De quel réel s'agit-il ?

Quoi qu'il en soit, il se dégage de ce voyage au pays des langues qu'il est bien, dans chaque cas, question d'un rapport à la réalité en tant qu'il se donne à voir au travers du média. Nous avons déjà démontré que, sinon dans une perspective idéale, la monstration du réel ne pouvait correspondre à ce même réel. Cependant, elle y tend, au moins en partie.

La télé-réalité entend ainsi, dans certaines de ses manifestations, se rapprocher le plus fidèlement possible d'un état de monstration du réel. Ce dernier étant par nature éphémère, la télé-réalité cherche à supprimer les barrières de la contraction du temps en affirmant, dans certaines conditions, « montrer le réel » en « temps réel ». On sait que nous sommes en présence d'un discours et non d'une pratique véritable. Mais il permet de conforter l'effet de réel qui fonde le genre.

Montrer le réel s'opère aussi via un dispositif particulier de collecte de ce qui est déterminé comme étant la réalité. L'apparat technique qui entoure la plupart des émissions se réclamant du genre tend lui aussi à confirmer l'intention de saisie holistique du « vrai » par les batteries de micros et de caméras mises en action. Même si, à nouveau, il est acquis qu'il s'agit là d'affirmations qu'infirment l'observation et la pratique.

Ce rapport au temps et cette intention d'englobement total du réel concourent à renforcer une des impressions sur lesquelles se fonde le genre : celle qui considère que ce que l'on voit à l'écran est « ce qui se passe réellement ». Et que, même si elle est soumise à des procédures de monstration, l'observation d'un réel en devenir est bien au centre de l'intention de la production.

La réalité à laquelle on assiste ne se révèle dès lors pas seulement relever d'un processus formel, c'est-à-dire être revêtue des habits de la représentation du réel. Elle *est* le réel par son contenu, par ce qui est vécu, fait et dit. Le réel de la télé-réalité est aussi, et peut-être surtout, matériel, corporel, incarné. Et l'on peut émettre l'hypothèse qu'une des raisons de son succès est de réussir *l'appeal* (attrait) de l'audience par son ancrage dans le réel de l'humanité.

Tous les aficionados de la télé-réalité reconnaîtront un jour que le réel qu'on leur livre à la télévision relève de la reconstruction du réel. Tous, ils parviendront à relativiser la temporalité du réel qu'on leur livre et à relever la sélectivité du réel qu'on leur montre. Mais ils seront aussi tous, d'abord, attachés à l'épaisseur humaine du programme, au fait qu'on y présente « des vrais gens » confrontés à « de vraies situations ». Même si ces « vrais gens » ont été cadrés et si les situations auxquelles ils sont confrontés ont, elles aussi, subi un certain calibrage. Chaque émission de télé-réalité se présente comme un *true-life witness*, un témoignage de vie réelle, de « vraie vie ». Et cela n'a pas de prix.

Réalité-Vérité

L'aura-t-on remarqué ? On a ici, subrepticement, glissé d'une sphère à une autre. De la *vie réelle* à la *vraie vie* c'est-à-dire de l'univers du rapport à la réalité à celui d'un lien à la vérité. Les deux mondes sont évidemment liés. Mais ils ne figurent pas sur le même plan. La télé-réalité revendique idéologiquement une capacité à montrer le réel. Il n'y a plus alors qu'à s'interroger sur l'objet de cette affirmation. Officiellement, elle ne prétend pas montrer la vérité. Mais dans le chef de ceux qui la regardent, les deux termes ne finissent-ils pas par devenir synonymes ? La télé-réalité serait-elle mère d'une « télé-vérité » en devenir ? Depuis que la télévision s'est imposée au sein des sociétés occidentales, on a érigé au rang d'évidence l'aphorisme selon lequel « *C'est vrai, puisqu'ils l'ont montré à la télé* », formule bien plus convaincante que « *Parce que je l'ai lu dans le journal* » ou « *Parce qu'ils l'ont dit à la radio* ». L'apparente évidence de l'image laisse volontiers croire que la vérité se love toujours au fond du puits télévisuel. On ne rappellera jamais assez cette phrase que le réalisateur Jean-Luc GODARD fit apparaître sur l'écran dans son film Vent d'Est. *Ce n'est pas une image juste, c'est juste une image.* En remplaçant « juste » par « réelle », et puis par « vraie » et « vraiment », l'affirmation ne prend que plus de poids.

Les ingrédients de la recette

« Télé-réalité » : le mot est devenu valise, malle, garde-robe. Chacun l'habille de ce qu'il veut, et souvent à bon droit. Car le concept qui l'entoure, parce que flou et diffus, devient toujours plus difficile à circonscrire. Le phénomène est mouvant et se répand chaque jour davantage dans de nouvelles sphères de l'univers télévisuel. Tant et si bien que, pour un analyste critique, la télé-réalité pourrait être considérée comme « le cancer de la télévision », aux métastases de plus en plus incontrôlables. Tandis que pour qui l'apprécie, l'extension de cellules de télé-réalité dans l'ensemble du média se comparera peut-être davantage à la transformation de l'œuf en embryon au fur et à mesure de la grossesse, après que l'ovule « télévision » a été fécondé par un des spermatozoïdes du genre « télé-réalité ».

Qui veut en saisir les tenants et aboutissants devra finir par se résoudre à constater que le genre a pris des allures tentaculaires qui le rendent difficilement cernable. Néanmoins, en se rapprochant de l'essentiel, en circonscrire les grandes composantes n'est pas impossible.

Si l'on entend déterminer les tendances générales que manifestent les émissions de télé-réalité, une série de constantes peuvent être retirées d'une lecture générique sans a priori de leur contenu, c'est-à-dire dans le cadre d'une dénotation « objectivante » dénuée de toute grille interprétative[12]. Sans entrer dans une présentation précise de chacune des émissions considérées comme relevant de la télé-réalité, on tentera ici de pointer ce qui constitue quelques éléments essentiels et récurrents des principaux programmes que l'on range d'ordinaire dans cette catégorie en France[13] et dont la plupart des réalisations sont (ou furent) visibles, directement ou indirectement[14], en Belgique. Un descriptif des principales émissions en question figure par ailleurs dans cet ouvrage.

Le dispositif

a) La compétition, dynamique du programme

Tous les programmes de télé-réalité pris en compte dans le cadre de la catégorie circonscrite ici[15] se présentent essentiellement sous la forme de concours. Cet élément constitue souvent le premier caractère identificatoire évoqué quand on interroge le public sur la façon dont il définirait les composantes de ce genre d'émission. La particularité de la compétition telle qu'elle est conçue ici est de reposer sur un mécanisme d'élimination successive des concurrents. Chaque émission fonctionne ainsi sur un mode compétitif, le but final étant de discerner parmi tous les candidats un vainqueur (ou plus rarement deux).

Il s'agit donc bien pour les participants de se distinguer du lot afin de remporter la récompense promise au lauréat.

Les mécanismes de sélection qui régulent le jeu revêtent une certaine originalité dans la mesure où ils ne reposent pas sur l'évaluation objective de résultats obtenus lors de prestations particulières mais sur des jugements subjectifs concernant souvent l'ensemble de la personnalité des candidats et non leurs capacités performatives dans l'un ou l'autre domaine.

L'identité des agents de cette élimination constitue un des autres éléments particuliers de ces émissions : ceux-ci peuvent être des experts, des membres d'un jury. Ils peuvent aussi coïncider avec le public de l'émission. Ils sont enfin, dans de nombreux cas, eux aussi concurrents du jeu.

b) Un cadre contraint

Si chaque émission met en situation de compétition une série de participants, ceux-ci ne peuvent en permanence se comporter pendant le programme sur un mode autonome, individualiste et conquérant.

L'obligation faite aux candidats de s'organiser en unités de vie commune, qui constitue une des autres caractéristiques de la grande majorité des programmes de télé-réalité, les contraint, tout en étant adversaires, à se conformer en même temps en permanence aux exigences que requiert la constitution (et la subsistance) d'un groupe social cohérent et, si possible, homogène.

La mécanique concursive qui construit chaque programme ne se présente en effet pas sous la forme d'épreuves séparées, indépendantes, clairement identifiées, se déroulant à intervalles réguliers sur un laps de temps long, qui constitueraient les seuls moments de rencontre et de contacts entre compétiteurs.

Dans tous les programmes, les participants vivent ensemble en permanence. Dans certains cas, ils ont par ailleurs à réussir seuls une série d'épreuves. Mais, parfois, ce vivre-ensemble fait lui-même partie des caractéristiques du concours, voire peut constituer la seule véritable épreuve à laquelle sont soumis les concurrents.

En effet, même s'il s'agit d'un groupe social *ad hoc*, constitué par une volonté autre que celle de ceux qui en sont membres, cette collection d'individus est forcée de vivre en collectivité tout au long du temps que dure leur présence au sein de la production. Chacun des participants est ainsi obligé de s'inscrire dans une tension permanente entre le rapport à soi, compétiteur cherchant à écarter les autres concurrents, et le rapport au groupe, garantissant au moins les conditions d'un vivre-ensemble décent. Cette situation permet l'apparition de phénomènes de micro groupalité, émergeant lorsque se constituent des sous-groupes organisés sur base d'affinités particulières.

La notion de collectivité s'oppose ainsi, tout au long des programmes, aux réflexes humains d'individualité.

Dans la plupart des produits de télé-réalité, cette contrainte forte de constitution d'un groupe se manifeste par l'isolement et l'enfermement, en théorie volontairement consentis, auxquels sont soumis les compétiteurs. Qu'il s'agisse d'un loft, d'un bungalow préfabriqué, d'une villa, d'un château ou d'une île, l'ensemble des participants sont toujours forcés à la réclusion dans un lieu conçu pour être détaché du monde extérieur.

Sauf exception, toute évasion est considérée comme équivalent à une mise hors-jeu.

La « mise en quarantaine » constitue un des prérequis essentiels au surgissement des tensions qui dynamiseront le programme.

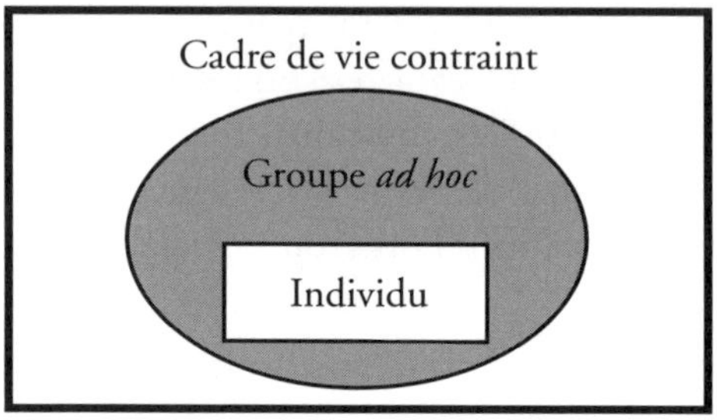

Celles-ci sont aussi exacerbées par d'autres contraintes imposées aux participants dans le déroulement de la vie quotidienne. Ces obligations sont de mise dans un grand nombre de programmes de télé-réalité, mais pas dans tous. Lorsqu'elles existent, ces contraintes limitent, par exemple, le montant de la masse monétaire permettant d'acquérir des biens alimentaires ou le conditionnent à la réussite d'épreuves. Elles peuvent aussi contingenter le temps de disponibilité d'eau chaude dans les sanitaires, ou réguler de manière drastique d'autres éléments de confort d'existence.

Dans bon nombre de programmes, les contraintes touchent aussi au temps de sommeil des participants, ou déterminent plus précisément leur moment de réveil.

La configuration spatiale des espaces contraints diffère de programme en programme. Mais, lorsqu'il s'agit de lieux clos, leur organisation est assez semblable.

Clos ou ouverts, ces lieux distinguent toujours ce qui est supposé tenir fonction de lieu du privé, de l'intime, et ce qui fait office de lieu commun, collectif. Le monde de la « Chambre » s'y oppose toujours à celui du « Salon », même si ces endroits ne revêtent évidemment pas le même aspect sur une île ou dans un loft. Autour du « Salon » s'organisent les lieux de collectivité traditionnels, où il est normal de développer des activités de vie sociale. La « Chambre » recouvre, elle, le monde du personnel, ou du supposé tel. Car une des caractéristiques de la télé-réalité est de tendre à la communautarisation des lieux de l'intime. Dans la brousse comme au château, les dortoirs sont ainsi collectifs et, dans certains cas, les lits manifestement conçus pour y dormir à plusieurs. On peut accrocher au-dessus de son lit son poster préféré ou la photo de ses proches, mais cette manifestation d'affection privée s'affichera obligatoirement au regard de tous. Comme un ensemble des gestes et actes habituellement dissimulés aux regards des autres, tels se vêtir, se dévêtir, se laver, se maquiller, se coiffer ou engager des relations sexuelles.

Dans certains programmes de télé-réalité, la superficie réservée à la salle de bains a ainsi crû d'année en année et de nouveaux accessoires (baignoires spacieuses, doubles bains...) y ont été ajoutés. En fonction de contraintes liées aux conditions de vie imposées aux participants, l'espace de la douche, par essence particulier, a aussi parfois glissé de l'univers de la « Chambre » à celui du « Salon » lorsque sa prise se fit de manière collective ou sous-groupale.

Les endroits à forte concentration aquatique jouent un rôle indéniable dans l'organisation des espaces de la télé-réalité. Qu'il s'agisse de salles d'eau, de piscines ou de plages au bord de la mer. Si elle ne les contraint pas, leur présence invite en effet plus que d'autres au surgissement de comportements ou actes particuliers, et crée davantage d'opportunités de monstration des corps.

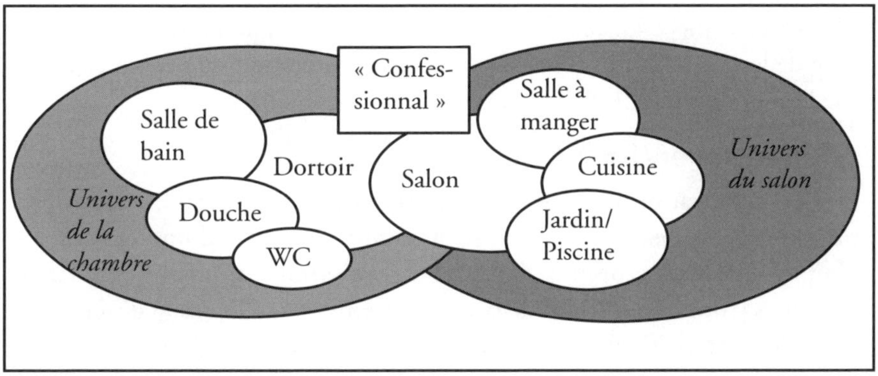

Cette communautarisation de lieux privés a incité le CSA français (Conseil supérieur de l'audiovisuel) à rendre obligatoire, dans la configuration des programmes de télé-réalité totalement clos, l'existence d'une chambre indépendante, dite « salle CSA », où l'intime peut reprendre ses droits.

Sous diverses formes, toutes les émissions de télé-réalité comptent aussi un lieu « de confidences » où chaque participant peut (ou dans certains cas doit) confier de manière récurrente ses sentiments et ses impressions intimes à un représentant de la production. La culture française de la *real-tv* a baptisé ce lieu « confessionnal », ce terme ayant été utilisé pour désigner cet endroit par les producteurs de la première édition du programme

Loft Story. Pareil espace ne porte pas toujours ce nom dans tous les programmes que chapeaute le label « télé-réalité »[16].

Lorsqu'il s'agit de productions tournées en extérieur, ce « confessionnal » revêt une forme virtuelle. Mais il remplit toujours la même fonction. Il s'agit alors d'un espace ouvert désigné pour recueillir les confidences des candidats. Le recours à ce lieu est, très souvent, contraint. Mais il peut aussi permettre que s'établisse une communication entre le monde de l'en-dehors et celui de l'en-dedans.

À côté de ce type de lieu de communication, les programmes de *real-tv* clos recourent aussi à l'utilisation d'espaces de transition réels qui constituent de véritables « sas » entre le dehors (l'ouvert) et le dedans (le clos). Le sas le plus courant est le couloir par lequel transitent ceux qui accèdent ou quittent le lieu fermé où se déroule le programme. Il constitue le « col de l'utérus » entre la matrice du monde du dedans et l'expulsion vers le monde du dehors. À la nuance près que ce sas peut aussi être utilisé comme moyen de passage du dehors vers le dedans.

Dans les mêmes programmes, un sas plus quotidien est constitué par « le cellier », pièce grâce à laquelle l'extérieur ravitaille l'intérieur tout au long de la compétition. Il permet aussi à la production de pénétrer quand elle le souhaite au sein de l'espace fermé des compétiteurs.

c) Un métaphorisme monacal

La configuration générale de l'espace peut ainsi être métaphoriquement (mais est-ce seulement une image ?) comparée à celle d'un couvent ou d'un monastère. Comme dans les organisations monastiques, deux mondes s'y opposent : celui de la vie intérieure (« religieuse ») d'une part, celui de l'extérieur, de l'autre. Une « clôture » distingue clairement les deux univers, et, comme dans les ordres cloîtrés, il n'est pas permis de la franchir.

À l'intérieur de la clôture, la majeure partie des activités se pratiquent de manière communautaire. Certaines de ces actions sont liées à la vie quotidienne, les autres sont spécifiquement organisées pour animer la journée des participants. Au monastère, elles se bâtissent autour de divers temps de prière. Dans la *real-tv*, elles se matérialisent dans les épreuves imposées aux candidats. Aux origines de la vie monacale, même des actes intimes comme les ablutions, la satisfaction de besoins naturels ou la prise de repos s'accomplissaient de manière collective. Moines et moniales dormaient ainsi dans des dortoirs. La même suppression d'intimité est imposée aux participants de la plupart des programmes de télé-réalité.

Une partie des activités se déroulait aussi dans le cloître, jardin intérieur à l'enceinte du monastère, doté d'une fontaine et/ou d'un puits. Dans les émissions de télé-réalité en univers clos, un jardin complète toujours l'espace vital et est doté d'une pièce d'eau.

Dans les ordres cloîtrés, le sas entre le monde du dedans et celui du dehors était rigoureusement contrôlé. La communication quotidienne entre les deux univers se réalisait derrière des grilles qui n'étaient pas sans rappeler l'aspect d'un confessionnal. Tout contact direct entre les fournisseurs et ceux qui avaient choisi d'être hors du monde était rigoureusement interdit. Le « confessionnal » et « le cellier » des émissions de télé-réalité remplissent incontestablement les mêmes rôles.

Les contenus

a) Les thèmes

Quatre catégories essentielles rassemblent les thématiques déclinées dans les programmes de télé-réalité : l'évocation de la quotidienneté de l'existence ; le domaine du « vivre ensemble », et plus particulièrement – mais de manière autonome – les questions liées aux relations filles/garçons ; le secteur de l'apprentissage d'une profession (liée au show-business) et celui du dépassement de soi, de l'audace et de l'aventure.

Ces thématiques ne sont pas totalement autonomes les unes des autres. Elles s'inscrivent souvent dans une combinatoire subtilement dosée, variant de programme à programme. Dans la télé-réalité, les produits « purs » sont rares. Un grand nombre de productions du genre affichent ainsi une configuration thématique dominante, mais déclinent, en parallèle, des contenus relatifs à des thématiques secondaires.

• L'expérimentation de la quotidienneté

La télé-réalité ne porte pas son nom sans raison. Dans certains cas, on pourrait aisément y substituer la dénomination de « télé-banalité ». Plusieurs de ces programmes, dont ceux de la veine *Big Brother* sur lequel le genre s'est fondé, reposent d'abord sur la captation télévisuelle d'une certaine quotidienneté de l'existence. Accomplis dans un cadre précontraint, les actes (ou l'absence d'actes) que chaque être humain pose à longueur de journée forment le contenu et rythment le cadre journalier du déroulement des émissions. Dormir. Se lever. Se doucher, se raser, se bichonner, s'habiller. Manger. Faire le ménage et la cuisine. Fumer. Bâiller. Discuter. Boire. Se coucher…

Certains autres actes, prédéterminés par le caractère particulier du cadre, appartiennent à une quotidienneté un peu décalée, mais totalement pertinente en pareille circonstance. Par exemple : plonger dans une piscine. Nourrir des animaux domestiques (des poules, le plus souvent). Se dorer au soleil. Lire. Écrire. Se pavaner sur des divans. Se regarder [danser] dans un miroir. Faire du sport sur un home-trainer. Se battre. Faire la fête. S'embrasser. Faire l'amour…

Aucune de ces actions ne présente, a priori, un quelconque caractère d'extraordinarité. Toutes, elles confirment la « réalité » de la vie de ceux qui les accomplissent.

• La gestion des relations humaines

Les programmes de télé-réalité les plus emblématiques, liés à la veine *Big Brother*, reposent aussi sur une mise en situation particulière des rapports humains vécus au sein du groupe social *ad hoc* institué par l'instance de production de l'émission. Comme évoqué au point précédent, la dynamique organisant ces relations est exacerbée par le confinement permanent auquel sont soumis les participants, et est renforcée par le caractère typé des personnages en présence (cfr. infra).

Dans cette optique, et à supposer que les situations rencontrées ne soient pas interprétées mais réellement assumées par les candidats, les émissions de télé-réalité constitueraient un véritable « catalogue des comportements humains » tels qu'ils se manifestent dans des contextes particuliers. Et, en deçà des comportements, ces émissions révéleraient les sentiments, les états d'âme et les modes d'être au monde de ceux qui sont confrontés à de telles situations.

Plusieurs de ces programmes mettent prioritairement l'accent sur un secteur particulier de l'univers des rapports humains, davantage proche de la sphère de l'intime que de celle des relations sociales : celui des rapports interpersonnels, et plus particulièrement des relations entre deux êtres, généralement de sexe différent. La naissance du sentiment amoureux, l'évocation des rapports intimes, l'évolution de la vie de couple, la déception affective… sont fréquemment évoquées, voire montrées, dans ces émissions. Le processus de séduction en constitue souvent la thématique centrale. Dans d'autres cas, il y revêt un rôle non négligeable.

• L'apprentissage (du *show-business*)

Coups de canif dans la banalité des situations originellement présentées par la télé-réalité, les programmes liés à la découverte de nouvelles vedettes de la chanson se distinguent a priori des modèles thématiques de base déjà évoqués. Alors que les sujets précédents ramenaient le spectateur au monde du quotidien, de l'individu, du groupe et de sa propre expérience, les programmes consacrés à la recherche de stars jouent au contraire sur la distinction, la ségrégation, et proposent globalement un contenu extérieur à la représentation de la « normalité », tourné vers l'apprentissage de l'exception.

Ces programmes ne se présentent pas d'abord comme des émissions de chansons et de variété. Ils sont conçus pour mettre l'accent sur la formation aux arts de la scène qu'ils veulent inculquer à leurs participants. Ce qui les conduit à mettre en exergue un contenu explicite, présenté comme complexe, qu'ils prétendent apprendre à des personnages très justement qualifiés d'« élèves ».

Cette télé-réalité là parle donc d'enseignement, d'apprentissage, d'échecs et de réussites « scolaires ». Mais dans un cadre particulier, puisqu'il concerne le monde du *show-business* dans l'ensemble des acceptions du terme. En effet, à l'école de la télé-réalité, il ne s'agit pas seulement de savoir chanter, mais aussi de se mouvoir, de danser (seul ou en groupe), voire de jouer la comédie.

• Le dépassement de soi

Si la résistance peut être qualifiée de qualité générale attendue de tous les candidats aux émissions de télé-réalité, le terme revêt une dimension spécifique dans les programmes dont le thème concerne l'aventure et le dépassement de soi.

On se trouve là, a priori, en présence d'une situation d'extraversion par rapport au regard plus égocentrique développé par les premières thématiques évoquées ici. En effet, dans les programmes de ce type, il s'agit d'œuvrer, ensemble et/ou seul, dans un contexte hostile, afin de réussir une aventure.

L'Aventure, avec une lettre majuscule, peut dès lors être considérée comme le thème général de ces programmes. Mais l'analyse démontre qu'il s'agit peut-être d'une lecture trop globale. Un recentrement de la thématique peut davantage exprimer son implantation dans le monde spécifique de la télé-réalité « au sens strict ».

Car la réussite de l'aventure évoquée exige de chaque compétiteur d'aller au-delà des limites (de force, de dégoût, de décence) qu'il s'est habituellement fixées.

Par-delà l'aventure, la particularité du thème de ces émissions est donc de porter sur la lecture des comportements des candidats en situation, en dépassement de soi.

Il s'agit en quelque sorte, d'un discours sur le sureffort, la réussite. Mais aussi, à nouveau, d'un regard sur la faiblesse, l'échec, la déception.

b) Les personnages

L'ensemble des thèmes et leur inscription dans un cadre prédéterminé ne sauraient exister sans incarnation. En terme d'ingrédients de contenu, les personnages s'avèrent donc essentiels à la recette de la télé-réalité.

Tous ces programmes comprennent un nombre important d'« acteurs »[17]. Les compétiteurs représentent la plupart d'entre eux. Mais certains programmes contiennent aussi d'autres types d'acteurs (professeurs, jurys, présentateurs-animateurs, « contre-candidats »...).

La grande majorité des productions comptent entre 8 et 16 concurrents principaux, souvent en nombre égal selon les sexes. Lorsqu'il s'agit d'une compétition où un représentant d'un sexe sélectionne, au sein d'un groupe, un représentant de l'autre sexe, le nombre de compétiteurs est plus élevé et il n'y a évidemment pas égalité entre les représentants du sexe chargé de la sélection et ceux du sexe destiné à être sélectionné. Dans les programmes où le contenu est focalisé sur l'action spécifique de certaines individualités, le nombre de concurrents peut être plus réduit.

Hommes et femmes ne composent des couples préexistants au programme que dans très peu de cas. En général, il s'agit de célibataires (ou de personnes présentées comme telles). À la fin du jeu, certains d'entre eux peuvent s'être mis en couple. Cette finalité constitue même l'objectif avoué de l'une ou l'autre de ces productions.

Ces personnages sont pour la plupart de jeunes adultes, dont l'âge varie de 20 à 30 ans. Cette situation comprend toutefois des exceptions. Quelques concurrents plus âgés sont parfois intégrés dans les productions, hormis dans le domaine de l'apprentissage de la chanson, où l'on accueille plutôt des candidats encore plus jeunes. En règle générale, les candidats masculins sont plus âgés que les concurrentes.

Les professions exercées ne représentent pas tous les secteurs d'activités de la société. Les candidats ne proviennent que très rarement du monde des professions manuelles ou libérales. Les domaines liés au spectacle et à la mode (au sens très large du terme) sont surreprésentés, de même que le monde des étudiants. La présence de cette dernière catégorie s'explique par l'âge moyen des concurrents à plusieurs de ces émissions. Les professions commerciales y occupent aussi une place importante.

La plupart des émissions veillent à intégrer des candidats issus de l'immigration, voire des « étrangers » au sens nationalitaire du terme, à condition qu'ils parlent la langue du pays où la production doit être diffusée.

La part essentielle des compétiteurs est issue de la classe moyenne ou de la classe moyenne inférieure, et en reproduisent les caractéristiques socioculturelles.

Indépendamment de ces indicateurs sociodémographiques généraux, mais en lien direct avec certains d'entre eux, les personnages de ces programmes se distinguent aussi, très fréquemment, par leur « caractère » particulier, souvent fortement typé[18].

Il n'est pas faux de parler à leur sujet d'une véritable « distribution de rôles » issue d'un « *casting* » chargé de sélectionner les compétiteurs principaux, notamment sur la base de l'identification de leurs traits de personnalité. En l'occurrence, « caractère » ne doit pas être compris dans le sens étroit du terme, mais dans la pleine acception du mot.

Les individus neutres ou au caractère peu affirmé, ne feront pas long feu dans ces émissions ou n'y seront pas retenus. Les personnages archétypaux, se situant à la limite de la caricature, y auront par contre volontiers droit de cité et s'efforceront souvent, tout au long du jeu, de renforcer ces traits distinctifs de leur identité.

L'aspect physique des candidats complète le tableau et, en interaction avec les composantes du caractère, renforce la perception globale qui se dégage des personnages. Cette volonté de mise en scène des acteurs incite certains concurrents à surligner dès l'entrée de jeu l'un ou l'autre de leurs traits corporels ou vestimentaires, quitte à rester ensuite prisonniers de la représentation ainsi réalisée.

Le filmage

La réalité possède de multiples facettes. Et la télé-réalité dit vouloir les montrer toutes, puisqu'elle entend *être* la réalité. Ces programmes entendent donc être partout à la fois, prêts à saisir toutes les réalités survenant au même moment… même si, à l'antenne, seule transparaîtra une partie de cette « réalité saisie » : la « réalité montrée ».

Le filmage de la télé-réalité est à la hauteur de cet objectif affirmé. Il doit mettre en œuvre un dispositif permettant de ne rien perdre du déroulement du réel en train de se produire, ou à tout le moins, revendiquer de pouvoir rendre effective cette intention. D'où un déploiement hors proportions de moyens techniques sophistiqués autour duquel ce genre de programme a édifié sa notoriété. Une fierté technologique telle qu'elle servit de base aux génériques de toutes les déclinaisons de *Big Brother*, la première et emblématique émission du genre.

Facilitée par la contrainte de cadrage spatial dans lequel évoluent les candidats, cette intention de saisie holistique du réel impose de truffer de capteurs de sons et d'images les espaces ainsi circonscrits. Or, les lieux dans lesquels se déroule l'action ne devant être accessibles qu'aux seuls candidats, toute manipulation technique ne peut s'y réaliser que sans intervention humaine visible. C'est ce qui impose, sur un plan technique, de recourir à des caméras commandées à distance ainsi qu'à d'autres, manipulées par des cameramen dissimulés derrière les multiples miroirs sans tain dont sont équipés les appartements et autres *lofts*, par ailleurs inondés en permanence de « bacs de lumière » garantissant aux images un éclairage suffisant. C'est aussi ce qui rend obligatoire que les compétiteurs portent constamment sur eux micro HF et alimentation, seuls moyens de ne pas perdre le moindre son prononcé.

Récoltés par une gigantesque régie, images et sons captés sur le terrain font, ensuite, l'objet d'une réappropriation télévisuelle reposant sur la sélection permanente et subjective du contenu représenté par une équipe chargée de la réalisation du programme. Du flux télévisuel issu de ce mixage seront ensuite isolées les séquences qui seront mises sur antenne lors des émissions programmées sur les chaînes de télévision.

Le filmage ainsi réalisé ne correspond toutefois pas à celui d'une configuration télévisuelle traditionnelle. Dans les différentes pièces où elles sont disposées, les caméras télécommandées ne sont pas placées à hauteur d'homme ou de regard, comme le sont les caméras des studios de télévision, mais au-dessus, à la limite du plafond. Le regard qu'elles portent sur le réel qu'elles saisissent se montre ainsi en permanence comme une plongée sur la réalité. Une vision sur un vécu où domine le point de vue de celui qu'on doit qualifier d'observateur, au sens de « celui qui observe ».

Cette perception se manifeste de manière encore plus aiguisée lorsque la réalisation recourt aux images de caméras infrarouges, placées au plafond des chambres, qui restituent en noir et blanc les scènes se déroulant en l'absence de toute lumière.

Les plans saisis par les caméras dissimulées derrière les vitres sans tain permettent, elles, de rompre la monotonie d'une captation en plongée par des plans filmant les personnages de face, soit approximativement à hauteur de leur axe de vision.

Du moins est-ce ainsi que se décline le principe posé dans le programme qui servit de modèle de base à l'émergence du genre. Dans de nombreuses émissions de télé-réalité, la lourdeur de cette infrastructure a été remplacée par un suivi permanent des candidats par des équipes de vidéo légère, souvent réalisé caméra à l'épaule. Le filmage qui en découle modifie considérablement la perception télévisuelle que l'on peut avoir sur les situations captées, tant à propos de l'axe que des mouvements de caméra. Elle infère aussi une immersion corporelle de la technique de réalisation dans le cadre de vie des compétiteurs.

Cette technique est surtout utilisée dans les programmes se déroulant en milieu ouvert, tandis que l'usage de caméras de surveillance et de miroirs sans tain correspond plutôt à des cadres clos.

La mise en récit

En terme de produit, tout programme de télé-réalité peut être considéré comme un récit ou, plus exactement, comme plusieurs récits. Il serait même plus pertinent de considérer chaque production comme un enchâssement d'un nombre impressionnant de récits s'emboîtant les uns dans les autres à la manière de poupées russes. Les éléments posés précédemment permettent de déterminer les conditions minimales permettant l'émergence de ces récits : la présence de personnes (en l'occurrence, les compétiteurs, ou plutôt les personnages qu'ils incarnent) soumises à l'évolution d'intrigues[19]. Le recours à un pluriel s'avère ici plus qu'utile afin de souligner la multiplicité des récits en présence. Le ressort général de chaque programme repose sur le mécanisme de compétition/sélection décrit au début de ces lignes. Celui-ci ne constitue cependant qu'un cadre général dans lequel se configurent, au fil du temps, une myriade d'autres récits.

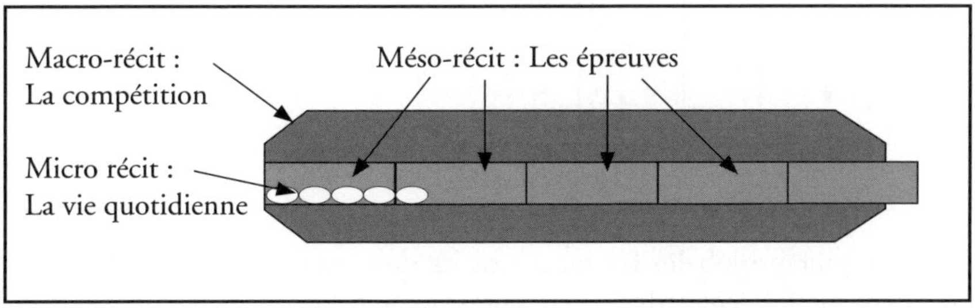

De manière longitudinale, l'histoire générale racontée par le programme peut être considérée comme un « macro-récit » englobant. Une série de « méso-récits » peut être identifiée lors de chacune des épreuves constituant les étapes du jeu. Chaque méso-récit est lui-même composé de micro-récits construits à partir d'événements de la vie quotidienne survenus dans le même laps de temps que celui des épreuves.

Cette lecture horizontale, structurée linéairement à partir de la ligne du temps de l'écoulement de la compétition, ne constitue pas le seul mode de structuration narrative du programme. De nombreux récits, dans lesquels le déroulement du jeu ne constitue qu'un élément secondaire, peuvent également y être repérés. Leur axe organisationnel ne réside pas du côté de la temporalité mais de l'expérience humaine intégrée dans chacun des compétiteurs. Au fil du programme, chacun de ces concurrents vit en effet une histoire personnelle, ancrée dans la quotidienneté des rapports entretenus au sein du groupe et/ou vis-à-vis de certains individus particuliers. Dans une visée de verticalité, il y a donc, aussi, dans tout programme de *real-tv*, autant de parcours narratifs qu'il y a de candidats.

Enfin, il n'est pas impossible d'ajouter à ces deux dimensions une lecture narrative par transversalité, par exemple liée non aux personnages ou aux péripéties du jeu mais à l'histoire propre à certaines pièces ou endroits symboliques de l'émission (la chambre, la salle de bains, le salon, la piscine…). Chacun de ces lieux est chargé d'une histoire impliquant divers personnages. Dans ce cas, dans une visée de type prosopopique, on peut considérer qu'ils incarnent eux-mêmes un personnage (abstrait ou simplement matériel) autour duquel se bâtissent des histoires.

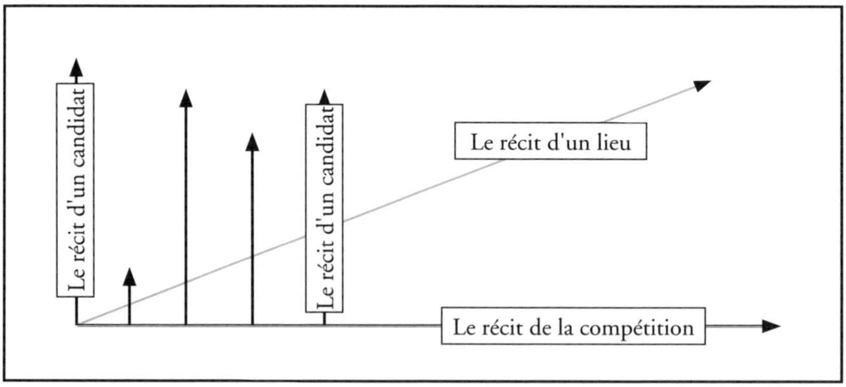

De manière globale, les macro-récits des programmes de télé-réalité reposent sur les règles de la tragédie classique (unité de temps, de lieu, d'action), adaptées aux conditions de production de ce produit spécifique[20]. Depuis La Pléiade, ces principes semblent permettre le développement d'une dramaturgie efficace. Il est à noter qu'ils avaient notamment été édictés afin de permettre la mise en exergue de l'étude des rapports psychologiques entre les personnages des tragédies. Ils revêtent des fonctions identiques dans les émissions de télé-réalité.

Au même titre que les œuvres littéraires dont il vient d'être question, les productions de télé-réalité peuvent-elles être considérées non comme des récits en devenir mais bien préconstruits ? Dans la mesure où elles reposent sur une compétition, et que l'issue de celle-ci est, théoriquement, déterminée par l'appréciation de jurys extérieurs, on ne peut considérer qu'il s'agit de récits clos. La sélection des candidats qui y participent, reposant en partie sur les « caractères » qu'ils incarnent, permet toutefois de considérer qu'il existe une certaine prédétermination des conditions de développement de ces récits, et donc des « possibles narratifs » qu'ils recèlent. Il en est de même des éléments contraignants auxquels les règles du jeu soumettent les candidats (épreuves, conditions d'existence…).

Le découpage temporel de diffusion du programme influe aussi sur la structuration de sa narration. Dans les productions se déroulant en temps réel, cette influence est patente dans la mesure où le temps télévisuel rythme le temps des compétiteurs et organise l'avènement des moments-clés qui font évoluer les récits. Dans les émissions préenregistrées, le rythme de diffusion de l'émission joue un rôle moindre.

Néanmoins, les programmes de télé-réalité peuvent être considérés comme des récits ouverts, mais fortement cadrés. Des moments de recadrage peuvent d'ailleurs même survenir en cours de déroulement du programme, sur intervention explicite et manifeste de l'instance de production (et donc d'écriture) de l'émission.

La diffusion

Alors que le contexte d'évolution des compétiteurs des émissions de télé-réalité est déterminé par une série de contraintes, la vision de ces programmes tend à s'inscrire dans un cadre de non-contrainte. En dehors de certains moments bien déterminés, tout est mis en œuvre pour que le téléspectateur soit libre d'assister quand il l'entend au déroulement du programme.

La logique de base des émissions de *real-tv* est ainsi de soumettre en permanence leurs concurrents au regard potentiel de spectateurs via une diffusion « *live* » (en direct) de l'ensemble du programme. Dans les cas où elle a lieu, cette transmission se réalise soit sur un canal télévisé réservé au sein d'un bouquet de chaînes de télévision (et accessible par abonnement spécifique), soit par « *streaming live* » via Internet (la plupart du temps également sur abonnement), soit seulement en « son direct » (souvent, à titre gratuit). Ces diffusions en temps réel ne concernent jamais les chaînes généralistes qui ne proposent que des condensés du programme.

On sait que cette intention affichée de monstration permanente d'un vécu contraint relève du discours idéologique inhérent au genre. Même si des caméras truffent les lieux, la réalisation impose une sélection constante des plans retenus et l'oriente, afin de ne pas permettre la venue à l'antenne de propos ou d'événements qui seraient contraires aux intentions de (ou aux effets voulus par) la production. On sait aussi que, lorsqu'elle a lieu, cette retransmission s'avère en fait un « faux direct », un décalage de quelques minutes séparant toujours le moment de captation de l'image de celui de sa mise à l'antenne.

Cet interstice temporel permet, lui aussi, de contrôler le contenu de ce qui sera diffusé sous l'étiquette de « direct ».

Les programmes de télé-réalité se déroulant en extérieur, toujours réalisés à un moment différent de celui de leur diffusion, ne pratiquent évidemment pas le même type de transmission. Le fil du temps réel n'y est en aucun moment accessible. Seule est visible une reconstruction de ce temps au sein de programmes compactés a priori, c'est-à-dire calibrés pour être diffusés dans une case spécifique d'une grille de programmation.

Le même sort touche également les programmes par ailleurs diffusés en « *live* ». Partant du flux relayé, les chaînes compactent aussi ces moments de direct afin de les proposer dans des créneaux horaires déterminés.

Dans ce cas, une émission d'environ 45 minutes montre chaque jour ce qui se présente comme un compte rendu des événements survenus la veille. C'est aussi au cours de ces diffusions quotidiennes que s'opère la présélection des candidats soumis au processus d'élimination et que les téléspectateurs sont invités à choisir le concurrent qu'ils entendent retenir (ou écarter).

Ce programme quotidien est toujours diffusé dans la période de la journée de télévision appelée *l'access-prime time*, c'est-à-dire en pré-début de soirée. Généralement, il est rediffusé à une ou deux reprises au cours de la journée ou de la nuit (cases de *daytime* et de *night-time*).

Chaque semaine, une émission longue (2 heures 30, théoriquement), diffusée en soirée à un moment de grande écoute (le *prime time*) met en scène la phase finale du processus d'élimination des candidats. Celle-ci est entourée d'un récapitulatif des événements survenus dans l'émission au cours de la semaine écoulée. Dans la version de la télé-réalité s'apparentant à des programmes chantés, cette émission est aussi l'occasion de prestations musicales qui constituent l'aboutissement de l'apprentissage accompli pendant la semaine par les compétiteurs. Celles-ci ont souvent lieu en présence de vedettes du *show-business.*

Ce type de productions rythme ainsi la programmation télévisée de multiples manières, s'inscrivant dans une dynamique de périodicité à la fois quotidienne et hebdomadaire. Les émissions ne comprenant pas de suivi de la compétition en temps réel sont, elles, uniquement diffusées sur base hebdomadaire, et certaines d'entre elles sont volontairement exclues des cases de prime time.

Mais, quelle que soit cette périodicité, l'un et l'autre genres s'inscrivent dans une dynamique temporelle de longue durée, correspondant au rythme de la lente élimination des compétiteurs. La longueur totale du programme est en effet déterminée par le type de processus d'élimination (quantité de candidats éliminés à chaque tour) et par le nombre de concurrents en jeu. La plupart des programmes s'étalent sur un laps de temps de 8 à 10 semaines. Des durées différentes se rencontrent dans les produits ayant fait l'objet de préenregistrements. Mais toutes ces émissions s'organisent selon une logique de sérialisation dont chaque apparition sur antenne constitue un des épisodes.

L'interaction

Une énumération des caractéristiques de la télé-réalité ne peut perdre de vue la nature particulière du rapport que ces émissions entretiennent avec leur public. D'autres textes de cet ouvrage traitent du rapport identitaire qui associe spectateurs et acteurs. Nous soulignerons donc seulement ici l'importance de la place accordée au « consommateur » de l'émission, que nous préférerons appeler son « usager ». En effet, non contente de le considérer comme un consommateur de télévision, la *real-tv* entend conférer un rôle actif à son audience. Ainsi le slogan de *Loft Story*, produit emblématique du genre, affirmait-il aux téléspectateurs : « *C'est vous qui décidez* ». Ce type de télévision se pare aussi du qualificatif de « réelle » parce que l'audience peut « réellement » intervenir dans le cours de l'histoire, en déterminant l'identité de ceux qui continueront à en faire partie. Dans les programmes diffusés en « *live* » et comprenant des « *primes* »[21] hebdomadaires, le choix de l'audience parmi un panel d'éliminés potentiels constitue la mécanique essentielle d'évolution du programme. Dans les émissions préenregistrées, la participation de l'audience est naturellement impossible, puisque l'évolution du jeu se déroule dans un temps de production ne correspondant pas à celui de la diffusion. Il semble toutefois que, pour ses concepteurs, la notion d'interactivité soit naturellement indissociable de celle de télé-réalité. Ce qui explique que, dans bon nombre des programmes de ce type, les téléspectateurs sont, *in fine*, appelés à se prononcer et à choisir le vainqueur de la compétition. Quitte à ce que, pour l'occasion, plusieurs « *happy ends* » différents aient été tournés, ou que, à l'encontre de l'ensemble du reste de l'émission, son dernier épisode se déroule en direct.

L'interactivité prônée par la télé-réalité est cependant fort relative dans la mesure où elle ne permet que de se prononcer, souvent de manière binaire, sur les composantes d'un pré-choix établi soit par un jury de spécialistes, soit par les co-compétiteurs eux-mêmes. Or, on sait que les comportements des téléspectateurs votants sont conditionnés par les représentations qu'ils se forgent des personnages, et que celles-ci sont elles-mêmes dépendantes des choix de réalisation opérés par les producteurs du programme. L'expérience démontre enfin que, sauf exception[22], les choix révélés par les votes coïncident toujours avec le projet d'évolution du programme tel que souhaité par ses concepteurs…

La télé-réalité, à la croisée des grands axes de la programmation télévisuelle

Comment classer la télé-réalité dans l'organisation des « genres » télévisuels ? La question taraude les analystes, qui éprouvent de grandes difficultés à l'inscrire dans un des systèmes de catégories habituellement utilisés pour classifier les programmes.

Comme l'attestent les systèmes typologiques utilisés par l'UER[23], plusieurs critères permettent d'identifier les spécificités d'un programme. Ainsi, par exemple :

1. Son intention
2. Son format
3. Son contenu
4. Son public cible
5. Son origine
6. Sa langue
7. Son caractère participatif

Dans ce système de classification, chaque catégorie comprend elle-même divers items, qui doivent permettre une identification aisée de tous les programmes.

Concernant la télévision-réalité, seules les classes 5 et 6 peuvent être rapidement complétées. En effet, ces programmes sont, en général, des œuvres tournées en studio (ou dans des studios reconstitués en extérieur), et leur langue diffère selon le territoire où le spectacle sera diffusé. Pour toutes les autres catégories, les critères d'organisation ne paraissent pas aussi aisés à discerner.

L'intention de ces émissions est-elle de divertir, d'informer, d'enrichir le bagage de connaissances de l'individu ou de l'impliquer dans une action sociale ?[24] A priori, on serait tenté de classer ces programmes dans la première catégorie. Car leur intention première n'est-elle pas de divertir ? Mais est-ce la seule ? Par exemple, ces émissions ne procurent-elles pas aussi un « certain » enrichissement (voire un apprentissage comportemental) personnel ?

À quel type de programme (« format ») ces émissions correspondent-elles, et quels contenus véhiculent-elles ? Relèvent-elles de la « non-fiction », de la fiction (« drama »), du divertissement (« entertainment ») ou de l'univers de la musique ? Selon le programme auquel on se réfère, il est identiquement possible de l'inscrire en même temps au sein de plusieurs sous-catégories.

Visent-elles un groupe de téléspectateurs particuliers ? Une audience générale ? Des groupes d'âges spécifiques ? Des populations régionales ? Des minorités ? Des groupes liés à l'exercice d'une activité ? Instinctivement, il serait tentant de choisir la deuxième catégorie, organisant le public selon les groupes d'âges. La télé-réalité ne s'adresse-t-elle pas majoritairement à un public jeune, tant et si bien que l'on affirme parfois que ces émissions ont « réconcilié » les adolescents avec la télévision ? Mais est-ce là son seul public ? Le fait que ces productions soient en partie diffusées en *prime time* ne tend-il pas à montrer qu'elles cherchent à atteindre d'autres audiences, plus larges et diversifiées ?

Enfin, la question de la participation (et du type de participation) induite par ces programmes constitue également un point difficile à évaluer : peut-on affirmer qu'il s'agit là d'une production à intention participative, jusqu'à quel degré, et dans quel but ?

Des difficultés classificatoires surviendraient assurément aussi si l'on cherchait à situer en vertu des mêmes critères d'autres genres de programmes. Mais le propre de la télé-réalité est de créer le doute et d'inciter à l'ambiguïté. On croit pouvoir la catégoriser et, à y réfléchir, on pourrait tout aussi aisément la situer ailleurs. On pense la positionner à un endroit, elle se montre en fait à plusieurs…

Cette pénibilité identificatoire démontre le caractère mouvant, fuyant, de ce « genre » particulier. Il échappe aux classements définitifs et paraît constamment en mutation. Seul un dispositif analytique dynamique, tenant simultanément compte de plusieurs éléments, peut donc permettre de le situer sans trop de risques.

On retrouve pareille configuration dans l'approche des modes d'énonciation des programmes proposée par François JOST[25]. Ce chercheur affirme que les programmes de télévision peuvent être « grossièrement regroupés » selon trois modes d'énonciation différents : l'informatif[26], le fictif[27] et le ludique[28]. Indépendamment de son ancrage dans des théories

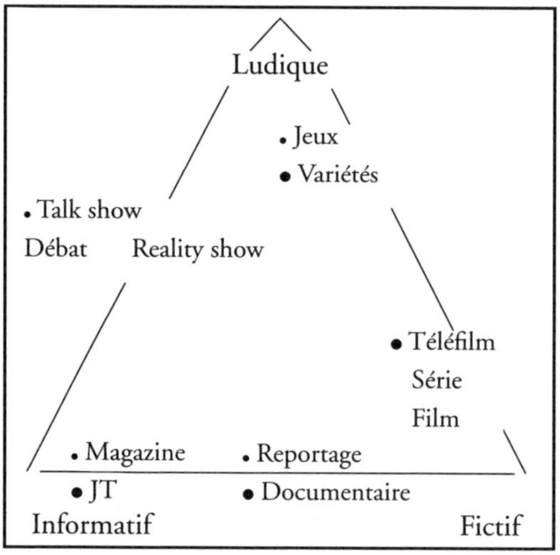

de l'énonciation que nous ne traiterons pas ici[29], le schéma proposé par JOST présente l'avantage de permettre l'inscription de l'ensemble de la programmation télévisuelle entre les trois pôles définis comme figurant les trois pointes d'une pyramide (voir ci-dessous la reproduction du schéma proposé par JOST).

Dans cette configuration, chaque pointe du triangle se trouve en situation de tension dynamique vis-à-vis de deux autres : informatif v/s ludique ; informatif v/s fictif ; ludique v/s fictif. Chacune de ces tensions manifeste une opposition, mais celle-ci n'est pas radicale. La configuration spatiale induite par la triangulation des axes met en effet en place un système de graduation qui permet de situer le mode énonciatif de chaque programme comme étant « plus ou moins » proche de l'informatif, du fictif ou du ludique. Le positionnement proposé par François JOST repose sur une appréciation largement intuitive des choses et n'est pas le fruit d'une évaluation quantitative systématique. Il permet toutefois de situer les programmes dans une dynamique qui correspond aux évolutions du flux télévisuel, dont la télé-réalité constitue le dernier apanage. Lorsque l'auteur conçut cette configuration, les émissions de *real-tv* telles qu'elles sont connues aujourd'hui n'avaient pas encore fait leur apparition sur les écrans. Le programme qui s'en rapprochait le plus, sans présenter totalement la même composition, était sans doute le *reality show*. Il est significatif que ce type d'émission soit le seul que François JOST ait situé de manière à peu près médiane au sein de sa triangulation, quasiment à équidistance de chacune des pointes.

JOST percevait ainsi que les émissions se présentant comme des « spectacles de réel » participaient à la fois à la réalité [informative] et à la fiction, à l'information et au divertissement [ludique], ainsi qu'au ludique et au fictionnel.

L'organisation de la perception de l'univers de la programmation alors conçue par JOST permet, aujourd'hui, de poursuivre la même approche en y intégrant l'espace de la télé-réalité.

• Le ludique, jeu et divertissement

Même si son intitulé ne recèle pas le terme, la perception première qu'inspire la dénomination « télé-réalité » est que ses programmes appartiennent à l'univers de la compétition organisée, et donc du concours. Ne serait-ce que sur le plan étymologique, ces programmes entrent naturellement dans la catégorie du ludique, du jeu.

Comme le définit Roger CAILLOIS[30], tout jeu répond au moins à cinq caractéristiques de base. Il s'agit d'une activité :

1. libre (le joueur ne saurait être obligé, sans que le jeu perde aussitôt sa nature de divertissement attirant et joyeux) ;
2. incertaine (le déroulement ne saurait être déterminé ni le résultat acquis préalablement…) ;
3. improductive (ne créant ni biens, ni richesse, ni élément nouveau d'aucune sorte…) ;
4. réglée (soumise à des conventions qui suspendent les lois ordinaires et qui instaurent momentanément une législation nouvelle, qui seule compte) ;
5. fictive (accompagnée d'une conscience spécifique de réalité seconde ou de franche irréalité par rapport à la vie courante).

Pour CAILLOIS, le jeu se combine très bien et fréquemment avec l'intérêt matériel et l'appât du gain, et les qualités ainsi déterminées doivent être considérées comme purement formelles, c'est-à-dire ne préjugeant pas du contenu des jeux.

Si l'on soumet les programmes de télé-réalité à cette très large grille établie pour tous les types de jeux, on constatera qu'ils s'y conforment assez fidèlement.

Les participants à ces programmes sont volontaires. L'issue en est théoriquement incertaine, même s'il semble acquis que des actions extérieures puissent influer sur son déroulement. Des conventions particulières organisent effectivement la compétition et la vie des joueurs.

S'agit-il d'activités improductives ? Les émissions de télé-réalité produisent indirectement de la richesse (notamment pour les chaînes qui les diffusent). Les gagnants des programmes se voient richement dotés et le rêve de ceux qui y participent est de pouvoir devenir célèbres. On peut toutefois considérer qu'il s'agit là d'effets marginaux.

Enfin, les programmes de télé-réalité relèvent-ils de l'univers de la fiction ? Ils se dénomment eux-mêmes en rapport avec la réalité. Mais cette appellation concerne moins le contexte de la compétition que sa monstration (voir infra). En tant que jeu, il s'agit bien d'une activité irréelle par rapport à la vie courante.

Dans une mesure importante, le genre de ces programmes peut donc être rattaché à l'univers du ludique. Le contrat qui lie le spectateur de l'émission à son diffuseur s'inscrit dans ce cadre : il entend que le programme le divertisse, mais en l'emmenant dans un monde qui soit proche du sien et présente une certaine réalité.

• L'informatif, la réalité

Dès son intitulé, la télé-réalité affirme son intention de jeter un de ses ancrages dans le monde du réel. Dans la configuration de JOST, ce dernier est par essence lié à celui de l'information comprise au sens de genre télévisuel. Le contrat de lecture qui associe le téléspectateur et le diffuseur d'une émission d'information y repose sur l'engagement de ce dernier de livrer à son audience un regard sur (une partie de) la réalité, que celle-ci soit en lien avec la dernière actualité (JT), l'actualité récente (le reportage) ou une problématique de réalité (le magazine, le documentaire).

Le point de vue sur le réel revendiqué par la télé-réalité ne s'inscrit pas dans une visée directement informationnelle, en rapport avec un certain phasage de l'urgence du traitement d'un événement. Elle n'entend pas « informer » au sens journalistique du terme.

Elle se positionne plutôt dans le réel au sein d'un rapport à l'objet. En effet, la télé-réalité revendique de montrer « le réel », dont elle dit garantir l'effectivité par l'authenticité des situations rencontrées, celle des personnages qui y sont soumis et celle de la nature du filmage chargé d'en assurer la captation.

Partant, on pourrait ajouter que les programmes de télé-réalité affirment aussi informer leur auditoire sur les situations réelles vécues par des personnes réelles. Mais dans le contexte d'une attente spectatorielle plutôt centrée sur le divertissement.

• **Le fictif, la représentation**

Si tout jeu doit être considéré comme une activité fictive, les émissions de télé-réalité s'inscrivent-elles pour autant dans une optique fictionnelle ? La question se pose avec d'autant plus d'acuité que, dans le discours, la *real-tv* renie implicitement cette éventualité en affirmant son appartenance au pôle du réel, antinomique au fictionnel.

Nous avons déjà eu l'occasion de relever que les propos tenus par la télé-réalité sur son rapport au réel appartiennent à l'ordre de l'idéologique. Même si elle dit vouloir montrer le réel, elle bâtit essentiellement de la représentation du réel, et cette reconstruction l'oblige à s'en distancier.

Cette refiguration, relevant de l'ordre du narratif, est-elle, pour autant, de nature fictionnelle ? L'affirmer serait confondre les ordres et forcerait à considérer que toute production télévisuelle appartient à l'univers du fictionnel.

On ne peut donc assimiler les deux termes. Toute représentation dotera l'objet concerné d'une certaine construction, l'éloignera du réel, mais ne le rendra pas pour autant fictif, si l'on considère que cet adjectif entend désigner ce qui est créé par l'imagination, n'est pas réel, mais existe par convention. Toutefois, dans le cas des programmes de télé-réalité, peut-on considérer que le contexte du produit, le cadre de son déroulement, voire son déroulement même ne sont pas des produits créés par l'imagination ? Si ces émissions représentent le déroulement d'un vécu réel expérimenté par des compétiteurs réels, la nature de la compétition, ce qui l'organise et la fait évoluer ne sont pas fruits du réel, mais d'une intention, c'est-à-dire sont créés par convention. Le bornage entre fictif et non-fictif n'est donc pas aisé à déterminer.

• Une position focale

À l'image des *reality shows*, la télé-réalité se situe ainsi en tension entre les trois pôles du triangle informatif/fictif/ludique, qui tous les trois l'attirent à divers titres. Elle n'est ni totalement proche d'un des sommets de la pyramide, ni de l'autre. Elle se situe donc incontestablement en dedans de celle-ci, tantôt plutôt influencée par l'un de ses pics, tantôt par l'autre. La télé-réalité n'est en effet pas un genre compact, et les ingrédients de chacun de ses programmes suscitent l'avènement de configurations différentes. On peut donc considérer qu'elle se situe en un point focal, mouvant, à l'intérieur de la structure de la triangulation dont elle se nourrit de la matière.

En regard d'une appréciation de la télévision en tant que lieu de production de programmes aux genres télévisuels aisément identifiables, la *real-tv* ne constitue pas « un cas ». Elle révèle une tendance générale de ce média, qui concourt à l'effacement de la spécificité des genres au profit de produits de flux multi-genres.

Ce phénomène, à l'œuvre depuis le début de la télévision, entre avec la télé-réalité dans une nouvelle dimension. Car ce type de production télévisuelle fait montre d'évidentes intentions d'assimilation de la plupart des genres télévisuels préexistants.

La métaphore paraîtra un peu catégorique, mais la télé-réalité paraît se comporter face au média télévision tel un trou noir face à la dynamique de l'univers. À la différence près qu'elle ne se contente pas d'en absorber la matière, mais se la réapproprie pour proposer des programmes *sui generis*, paraissant faire naître une « nouvelle télévision » mais réussissant en fait surtout à produire des émissions condensant en leur sein une grande variété de genres et de caractéristiques de programmes antérieurs.

Cette assimilation influe elle-même sur l'ensemble des genres existants, sur lesquels elle agit par contagion. Tant et si bien que tenter de circonscrire la télé-réalité en tant que genre spécifique s'avère de plus en plus difficile.

La télé-réalité se présente ainsi comme le goulet d'étranglement d'un sablier. Le vase constituant la partie supérieure de l'objet comprendrait tout ce qui fit la télévision jusqu'à nos jours. Le vase inférieur représenterait la télévision actuelle dans son ensemble, telle qu'elle est marquée du sceau de la télé-réalité. Au centre, là où s'écoulent les grains de sable, figurerait le lieu où se manifesteraient les spécificités du genre.

C'est à la découverte de ces tenants et aboutissants que nous allons maintenant procéder.

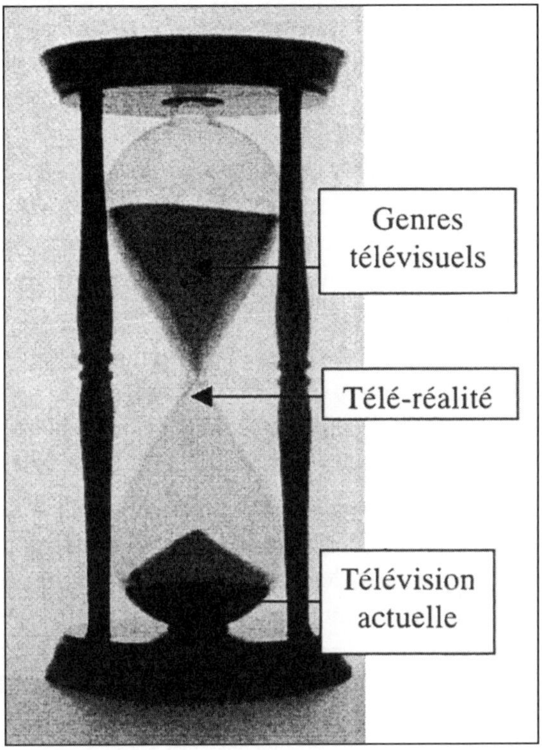
Genres télévisuels
Télé-réalité
Télévision actuelle

Mise en perspective : ce qui a rendu possible l'avènement de la télé-réalité

La télé-réalité n'a pas surgi un jour, par hasard, de l'esprit d'un programmateur ou d'un concepteur de programmes télévisés. Elle est la fille naturelle du média télévisé, tel qu'il a évolué depuis une cinquantaine d'années en sinuant entre les pôles définis aux pages qui précèdent.

Tout, dans ce qui a fait la télévision, concourait à voir un jour naître pareil rejeton. Reste à savoir si cet enfant fut voulu ou non. S'il est la progéniture légitime du couple télévision-téléspectateurs ou son enfant naturel. Et qui, aujourd'hui, en reconnaît la paternité.

Mais il ne faut pas réduire cette lecture par filiation à une simple analyse interne de la télévision. La *real-tv* n'est pas seulement enfant de la télé. Elle est aussi le produit médiatique d'une société très particulière : la nôtre, dont les mutations subies par la télévision ne sont que le reflet.

La télé-réalité est ainsi la conséquence de nombreuses évolutions. Son apparition possède des causes lointaines, dues aux transformations et aux tendances à l'œuvre dans la société. Elle a aussi des causes médiatiques, liées à l'évolution générale des médias au sein de la société actuelle. Mais elle s'explique également par des causes précises, associées aux changements intervenus dans les genres télévisuels à l'œuvre chaque jour dans le petit écran.

Les causes lointaines

a) Une manifestation de l'imaginaire social contemporain

La télévision porte en elle – et tente de matérialiser – bon nombre des rêves qui sous-tendent l'être au monde des humains d'aujourd'hui. Plusieurs des éléments de cet imaginaire, qui avaient connu un début d'accomplissement dans les évolutions vécues par la télévision depuis une vingtaine d'années, se sont considérablement rapprochés de la matérialité avec l'avènement de la *real-tv*.

• Un rêve de la transparence

Le monde s'avère chaque jour plus complexe, moins maîtrisable. Les repères s'échappent. Le doute s'installe. On fait de moins en moins confiance à l'autre et l'on cherche à se réapproprier personnellement la compréhension des choses. On veut donc tout voir, tout contrôler. Tout en sachant la chose impossible. Mais en en rêvant.

Supprimant les commentateurs, les journalistes et les médiateurs, mettant son téléspectateur au premier rang d'événements auxquels il n'est normalement pas convié, le plongeant dans le réel, la télévision participe à cette illusion d'un monde qui pourrait être transparent. Un monde où chacun pourrait, de son fauteuil, assister lui-même à tout ce qui se passe autour de lui. Et, voyant tout, pourrait aussi tout contrôler, sans que rien ne lui soit caché.

Les craintes d'être « manipulé » constituent une des plus grandes appréhensions de l'individu. S'il peut tout voir, il peut y échapper…

La télévision a, petit à petit, voulu répondre à cette attente. La télé-réalité incarne un des accomplissements de ce rêve puisque, dans son principe, elle se présente comme un programme dans lequel tout est montré, jusqu'au cœur de l'intime et du personnel, poussant le luxe technologique à livrer le moyen d'observer ce qui se passe là où un œil normalement constitué ne pourrait rien distinguer. Le discours que la télé-réalité tient à propos d'elle-même est entièrement marqué du sceau de la transparence. Aucun lieu de vie n'échappe à des caméras, tournant 24 h/24.

On sait, toutefois, qu'il s'agit là davantage d'un discours que d'une pratique…

- **Un rêve d'immédiat**

Tout, tout de suite. L'évolution des sociétés ne cesse d'abolir les distances (et la télévision y contribue). Elle voudrait aussi devenir maîtresse du temps. En parvenant à le dynamiser de manière à pouvoir le contracter ou l'étendre à l'envi. Dans ce jeu de yoyo, une place essentielle est occupée par le présent, temps par essence fuyant, mais investi d'une valorisation toujours plus importante. Il peut être grisé de vitesse, de moins en moins préoccupé d'une éventuelle éternité et bénéficier d'une espérance de vie qu'on lui promet toujours plus longue. Néanmoins, l'individu contemporain est un hédoniste du moment qui passe. Ce rêve de ne vivre que de présent n'est pas sans rapport avec son souhait de maîtrise des choses dans la transparence. L'homme n'entend pas seulement tout contrôler. Mais aussi pouvoir le faire en permanence. Être là où les choses se passent, au moment où elles occurent. En étant constamment « branché ».

Le rêve du direct absolu est de cet ordre. Sur Internet, les *webcams* de toutes sortes y apportent une réponse, montrant au moment où on les consulte la circulation à un carrefour de Montréal, les fauves d'un zoo, la vie d'une famille hollandaise ou le *strip-tease* permanent de *call-girls* virtuelles.

La télévision s'est aussi voulue en être un des lieux les plus investis par cette présence du temps réel. Ce n'est pas sans raison que, depuis quelques années, le direct tend à retrouver de plus en plus de lettres de noblesse sur le petit écran, non seulement sur les chaînes d'événements qui s'efforcent de faire assister leurs audiences en temps réel à un grand nombre d'événements, mais aussi sur les chaînes généralistes. À l'opposé de « l'en-boîte », préenregistré et aseptisé, le réel crée l'émotion, la surprise, la communion. La télé-réalité répond aussi à ce vœu-là, en s'inscrivant dans une dynamique de diffusion continue de ses contenus. Sans dissocier sa propre temporalité de celle de son éventuel auditoire.

• Un rêve d'interactions

L'humain d'aujourd'hui craint les dépendances, les influences qui mettraient en danger « sa liberté de penser ». Il est en situation de méfiance face à toutes les superstructures, tous les pouvoirs vis-à-vis desquels il ne pourrait réagir. Les médias sont aussi sujet de cette appréhension. Face à eux, est-on seulement dominés, pieds et poings liés ?

Pouvoir agir sur le média que l'on subit permet de modifier cette impression. Et les procédés interactionnels en offrent l'occasion. Même si l'initiative de l'avènement de ces mécanismes est le plus souvent le fait du média lui-même, ces systèmes interactifs placent l'usager dans une configuration où l'audience se voit associée au processus de production du contenu médiatique. Elle quitte ainsi son état de dépendance et son positionnement du seul côté du pôle récepteur du processus de communication pour s'inscrire dans une dynamique de co-construction.

Consciente que le talon d'Achille de sa situation en tant que moyen de communication de masse résidait dans son pouvoir de domination unilatérale de ses audiences, une des fortes intuitions de la télévision a, de longue date, été de veiller à associer son auditoire à la configuration de ses contenus. L'évolution des technologies a permis, par divers moyens, le développement de ces techniques d'interactivité.

Plus avancés sur certaines chaînes thématiques, ces outils conservent encore un aspect assez primitif dans l'univers de la télévision de masse. La généralisation de l'organisation de systèmes de votations y a, notamment, permis aux usagers de prendre une petite part dans les mécanismes de construction des programmes. On le leur a en tout cas laissé croire.

La télé-réalité, dont un des mécanismes sélectifs repose sur l'expression d'un choix par les téléspectateurs, se présente comme une réponse globale et complète à cette soif d'intervention des usagers sur la production.

• **Un rêve de notoriété**

La société actuelle se fonde sur des valeurs liées à l'individualisme et à l'autonomie du soi. Un tel univers ne peut que produire des êtres dont l'ambition sera non de se fondre dans la masse, mais au contraire de manifester leur caractère distinctif du reste de leurs semblables. La société de consommation et les capacités d'accumulation de richesse qu'elle implique, offrent à ceux qui en ont les moyens la possibilité d'émerger du flot sociétal. La mise en valeur de compétences personnelles (intellectuelles, manuelles…) peut fournir un autre outil producteur de notoriété. Mais chacun de ces moyens repose sur l'exploitation de richesses personnelles. Si l'on n'en dispose pas, ou si l'on n'entend pas ériger sa réputation sur pareilles fondations, comment réussir à se distinguer ?

La télévision détient une réponse simple. Elle affirme qu'il est possible de devenir célèbre grâce à elle, et ce d'autant plus aisément que son intention avouée est de tendre à la valorisation de ceux qui la regardent. On cite toujours volontiers à ce propos la phrase d'Andy WARHOL selon laquelle chaque être humain aura un jour droit à un quart d'heure de gloire[31], la télévision constituant assurément le meilleur vecteur de cette notoriété. Depuis la popularisation de ce média, l'accomplissement de cette prophétie semble se confirmer. Après avoir créé des renommées en les fondant sur les compétences de ceux qu'elle mettait en scène, la télévision a développé d'autres notoriétés, plus éphémères, reposant sur des bases de plus en plus ténues. Aboutissement de ce rêve dans une partie des programmes de télévision-réalité, la notoriété finit par ne plus tenir qu'à la capacité des concurrents de se montrer tels qu'ils sont, ou tels qu'ils veulent que l'on croie qu'ils sont.

b) Le reflet des dévoilements d'une époque

La société contemporaine s'est bâtie sur les gravas des pans des vieux mondes qu'elle a contribué à faire tomber. Dans de nombreux domaines, elle a ouvert des brèches, rompu des tabous, désacralisé de vieux dieux que l'on croyait éternels. La télévision n'a fait qu'internaliser ces tendances profondes de l'air du temps de la société contemporaine. De la sorte, elle a déroulé un tapis rouge que la télé-réalité n'a ensuite fait qu'emprunter.

Dans leurs grandes lignes, les mutations du monde actuel telles qu'elles se reflètent dans la télévision ont, dès les années 1990, été parfaitement soulignées par la chercheuse Dominique MEHL dans ses différents ouvrages traitant de la télévision[32]. Elles permettent de comprendre comment le contexte évolutif de la société a posé des modèles qui ont été assimilés par la télévision.

• **La monstration de l'intime**

À Amsterdam, les maisons n'ont pas de rideaux. Des canaux, chacun peut aisément voir ce qui se passe au fond des hautes pièces. Dans les petits villages de Flandre et de Wallonie, on a longtemps fait du rideau le premier paravent entre le monde de l'extérieur et celui de la sphère privée. De la rue, impossible de discerner comment s'écoulaient des vies cachées derrière de fins voiles… Aujourd'hui, ces rideaux sont en passe de disparaître. Au propre comme au figuré, les frontières entre le visible et le caché, le privé et le public, volent en éclats.

Est-ce parce qu'ils sont de plus en plus livrés à eux-mêmes que les êtres humains éprouvent ce besoin de révéler ce qui se cache au fond de leur être ou à fleur de leur peau, et souhaitent tout autant que leurs semblables en fassent de même ? La société actuelle a reculé les limites de la pudeur. Le sensuel, le tactile, ont retrouvé droit de cité. Les corps se montrent, de petit bout en petit bout, puis de pied en cap, avec de moins en moins de honte. Les âmes se dévoilent de la même manière.

Une tendance de plus en plus marquée à la monstration de l'intime caractérise l'évolution de la télévision au cours des quinze dernières années.

Ce mouvement n'est toutefois pas l'apanage de la télévision, qui l'aurait imposé à la société toute entière. Le média n'est qu'un des agents de propagation culturelle agissant au sein d'un univers dont l'individuation, les principes de séduction et de bonheur constituent quelques-uns des fondements. Ce n'est pas la télévision qui a créé l'émancipation des mœurs, le contrôle des naissances et la possibilité de gérer de manière autonome une vie affective où chacun cherche à maximiser son rapport au bonheur et au plaisir. Elle n'est pas à l'origine de l'abandon des soutiens-gorge sur les plages. Les strings existaient dans les boutiques de lingerie avant qu'ils n'envahissent les petits écrans. Et ce n'est pas à la télévision que sont nées les premières conversations sur le sexe. La télévision n'a pas violé l'intimité de la vie privée. Sous les coups de boutoir des transformations de société, des changements des mentalités et des modifications des comportements individuels et sociaux, elle s'est seulement approprié le monde de l'intime et l'a, de ce fait, publicisé puis vulgarisé. Elle s'est glissée dans la brèche et, à son niveau, a adapté les principes de dévoilement de la sphère privée qui marquent toute la société. Elle les a banalisés.

Il n'y a pas là grande nouveauté : depuis la nuit des temps, au nom de l'esthétique, tous les arts se sont acharnés à mettre sur la place publique ce qui relevait d'ordinaire du domaine du réservé et de la sphère du privé. Les plus belles œuvres picturales, qui ne cachent rien de la plastique de leurs modèles, peuvent être considérées comme de véritables odes à l'amour. Bon nombre des meilleures pages de l'histoire de la littérature se contentent de dévoiler les sentiments et de narrer les comportements, rarement licites, de ceux qui en sont les héros. Le cinéma a bâti une partie de sa renommée sur sa capacité à montrer la transgression des normes. Et que fait d'autre la télévision quand elle montre, sous forme de récits fictionnels, les passions humaines ou les épreuves qui peuvent émailler la vie de chacun ?

Pour l'ensemble de ces cas de figure toutefois, le cadre de référence se voulait clairement établi : on était, à chaque fois, en présence d'acteurs (au sens théâtral du terme) interprétant un rôle déterminé à l'occasion de la réalisation d'une œuvre de nature artistique.

Qu'en est-il quand il s'agit de confier à une caméra ses faiblesses sexuelles personnelles ou d'accepter de se mettre en situation de quémande face à un autre individu en présence de caméras ? On ne se trouve plus là en présence d'une interprétation, mais d'une mise à nu de l'être. La révélation de son intimité se fait aujourd'hui « au risque de la télévision ». Notamment dans les émissions de télé-réalité.

• À la recherche du psyché

Autonomisé, individualisé, l'être humain du monde post-industriel a renoncé aux modèles et aux cadres idéologiques imposés. Mais il cherche, malgré tout, à pouvoir s'orienter dans son environnement. En pouvant confronter son expérience à celle d'autrui. C'est-à-dire en se comparant, en se retrouvant, dans ses semblables.

La télévision lui en donne l'occasion.

À ses débuts, elle était une fenêtre ouverte sur le monde. Une occasion de découvrir l'autre, le différent. Par la suite, elle a eu tendance à refermer la fenêtre, à se regarder elle-même, et à fixer son téléspectateur les yeux dans les yeux, avec toujours plus d'attention et de persuasion.

Son rêve serait de briser le verre de l'écran, de le rendre transparent afin de pouvoir toucher ses téléspectateurs et de leur permettre, telle Alice au Pays des Merveilles, de passer de l'autre côté du téléviseur.

À défaut, elle s'est résolue à, au moins, se muer en un miroir de son audience. Afin de réduire autant que faire se peut la différence entre celui qui se trouve derrière l'écran et celui qui le regarde. La télévision concrétise ce souhait d'identification et de proximité maximale si présent dans le monde actuel. Elle tend ainsi à accomplir une union fusionnelle entre émetteur et récepteur. Au terme de ce processus, tous, sans distinction, seraient réunis au sein d'une grande famille, communiant ensemble à la même source[33]. La télé-réalité constitue un incontestable aboutissement de ce phénomène de spécularisation. Jamais auparavant le téléspectateur lambda (le « vrai » spectateur ou, à tout le moins, celui qui est présenté comme tel, même s'il est en fait le fruit d'un long processus de sélection) ne s'était retrouvé aussi systématiquement placé au centre d'un dispositif télévisuel imaginé en fonction de lui.

• **Une volonté interventionniste**

L'atomisation de la société, le primat de la conscience individuelle sur les jugements collectifs, l'individuation des normes qui caractérisent le monde contemporain vont de pair avec une mise en cause de tout ce qui relève de l'institutionnel et de l'organisationnel. Chacun tend à se replier sur soi et à se bâtir son propre monde au moyen de ses propres repères parce que « le monde dysfonctionne ». On dit que les institutions tournent de travers, que les pouvoirs publics ne répondent plus à leurs missions...

Face à ce qui est présenté comme la déliquescence et l'abandon des États, dans un monde ressemblant à une jungle, chacun se retrouve seul. De plus en plus démuni. Ne sachant plus où appeler à l'aide.

Cela aussi, la télévision l'a compris.

Non contente d'observer le monde du haut de ses émetteurs, elle a considéré qu'elle ne pouvait véritablement exister sans partager l'agir et le pâtir de ceux qui la regardaient. Mais elle a décidé qu'elle ne pouvait se limiter à cette participation compatissante. Au fil du temps, elle a estimé impératif d'aussi détenir un rôle d'intervenant au sein de la société. Dans tous les secteurs, la télévision s'est voulue chien de garde, défenderesse des faibles, des veuves et des orphelins. Elle s'efforce de montrer, de dénoncer les injustices, de révéler des scandales[34]. Médiatrice, elle met en présence plaignants, institutions et entreprises, et les contraint à s'entendre[35]. Actrice, elle entend suppléer aux carences officielles : quand l'argent manque pour les grandes causes[36], quand les institutions ne résolvent pas les problèmes des gens[37]. Actrice encore, elle intervient pour résoudre les drames familiaux, humains et affectifs[38]. Actrice toujours, elle inonde de cadeaux ceux qui ne peuvent s'en offrir[39] et accomplit de chacun les vœux les plus fous[40].

La télévision est devenue le bon génie des temps modernes. Le Superman d'un monde à la dérive. Quand tout va mal, il suffit de faire appel à elle, et voilà que surgit l'animateur grâce à qui la vie redeviendra rose. *Deus ex machina* de la société post-industrielle, elle se sent responsable de la vie de ceux qui la regardent et dit n'avoir qu'une ambition : faire le bonheur de ses téléspectateurs.

Ce mythe d'un média « bonne fée », toute puissante et salvatrice, a traversé chacun des grands moyens de communication[41]. Mais il n'a jamais eu autant d'importance qu'à la télévision, surtout au cours de la dernière décennie. C'est donc tout naturellement que sont apparues dans ce sillage les émissions de télé-réalité dont une des ambitions annoncées était de transformer la vie de ceux qui y participaient et de ne leur procurer « *Que du bonheur* », comme y répètent à l'envi certains concurrents.

Les causes médiatiques

a) La descendance d'une télévision de société

La télé-réalité est d'abord l'enfant... de la télévision. De toute la télévision, telle qu'elle entretient depuis son apparition d'étroites relations avec ceux sans qui elle n'existerait pas : ses producteurs et ses destinataires.

Longtemps, la télévision n'a été pensée que par ceux qui s'en sentaient responsables et organisée par eux afin de ne pas aller à l'encontre de ce qu'ils estimaient comme étant les devoirs qu'elle devait remplir vis-à-vis de la société. La télévision était lue dans une dynamique de verticalité, chargée de missions à exécuter pour ce que ses dirigeants estimaient être le bien commun.

Dominique WOLTON et Jean-Louis MISSIKA ont jadis parfaitement décrit cette configuration en étudiant l'évolution de cette « Folle du logis » que fut longtemps la télévision[42]. Les contenus spécifiques, les actes créatifs y étaient essentiels, et la recherche de la qualité du produit une préoccupation permanente. Il s'agissait, en grande partie, d'utiliser le média pour élever la culture moyenne des sociétés. La télévision était ainsi un outil au service d'une cause dont les enjeux étaient définis par le pouvoir. Dans ce cadre, l'audience, objectivée, n'avait qu'une fonction : se charger de digérer ce qui lui était présenté sur le petit écran.

Dans la foulée d'un célèbre texte d'Umberto ECO[43], d'autres auteurs ont décrit cet état du média comme celui de l'ère de la « paléo-télévision »[44] ou de la « vieille télévision ».

Cette situation n'a cependant pas duré. À une télévision « missionnaire », chargée de convertir les audiences à ce qu'elle estimait bon pour elles a finalement succédé une « télévision de société », que certains auteurs ont qualifiée de « néo-télévision ». À l'opposé de ce qui la précédait, celle-ci est marquée non par la verticalité mais par l'horizontalité. Sa caractéristique :

l'émergence de la prise en considération du destinataire du message non en tant qu'objet mais en tant que sujet. Dans ce modèle, le téléspectateur commence à avoir son mot à dire et n'est plus simplement soumis au diktat d'un modèle voulu pour lui.

Le basculement radical des deux modèles a un nom : « concurrence ». Dès que le téléspectateur eut le choix, il devint usager. C'est-à-dire capable de faire usage. La multiplication des chaînes lui en offrit l'occasion. L'usage de la télécommande lui permit de régner en maître, et sans effort, sur son téléviseur.

À cette époque remonte la véritable naissance de la programmation, de la constitution des grilles, et l'apparition des fonctions du programmateur, chargé de faire coïncider le temps social (des téléspectateurs) et le temps télévisuel.

En occupant le centre du petit écran, l'usager braqua vers lui tous les projecteurs et devint l'objet de toutes les convoitises. Il était impératif d'attirer son regard et cette nécessité ne cessa de se faire plus impérieuse au fur et à mesure que les finances des chaînes, et notamment des stations commerciales, s'avérèrent dépendantes du montant des recettes publicitaires générées par les spots diffusés sur antenne. Surtout s'il était PRA (Principal responsable des achats), il importait de ne pas le rater.

On se mit donc à négocier avec le spectateur afin de lui proposer ce qui semblait pouvoir l'intéresser. Et l'on s'aperçut qu'un de ses centres d'intérêt… n'était autre que lui-même.

Du moins est-ce ce que crurent percevoir les chaînes et leurs programmateurs.

La proximité, qui a toujours été une des règles de base du fonctionnement de l'ensemble des médias, se révélait aussi être une des clés permettant d'aborder le téléspectateur.

Ainsi la télévision se mit-elle à s'adresser à son audience, à lui parler et à lui refléter, dans les contenus de ses programmes, une image de plus en plus proche et flatteuse, à défaut d'être fidèle…

Dans ses personnages, dans les tranches de vie qu'elle développe, la téléréalité est le fruit le plus palpable de la proximité.

b) Le produit de la convergence médiatique

Diffuser des images de télévision n'est par ailleurs plus aujourd'hui l'apanage du tube cathodique de grande dimension. L'arrivée de l'informatique, puis l'Internet, ont banalisé la notion de « multimédia », qui a réussi à marier le scriptural et l'iconique. Désormais, l'image animée occupe un rôle indépendant du support sur lequel elle est diffusée. La télé-réalité est un des premiers concepts télévisuels à avoir matérialisé dès sa conception cette ère de convergence où une série de médias, jusqu'alors utilisés de manière autonome, sont employés ensemble afin d'exploiter les diverses facettes d'un même produit. À cause de la généralisation et la banalisation de ce type de média, la télé-réalité fonde sa diffusion sur le support télévisuel, lieu de rencontre consensuel dont le mode de consommation peut ne pas se limiter à un usage individuel. Les grands rendez-vous des émissions de télé-réalité occupent d'ailleurs toujours la case traditionnelle d'audience maximale de la télévision de masse généraliste.

Mais, en parallèle, ces programmes recourent à d'autres médias, dont la plupart sont particulièrement bien implantés auprès des jeunes strates de la population.

Ceux-ci concernent notamment la diffusion « *en live* » de certains produits de la télé-réalité, réalisée via des canaux de télévision spécifiques insérés dans des bouquets numériques qui s'adressent en particulier aux jeunes (enfants, adolescents, jeunes adultes) auxquels ils proposent des chaînes répondant à leurs attentes (dessins animés, musique, films...).

Souvent, ce « *streaming live* » est aussi proposé sur Internet. À l'opposé de la télévision, qui permet un visionnement en petits groupes, le *streaming* sur Internet induit un rapport individuel au contenu diffusé. Il est très prisé des jeunes.

En complément du direct, Internet permet de prolonger le programme par des sites labellisés où l'on peut trouver des informations sur les compétiteurs, les dernières nouvelles du jeu, des photos et des bandes vidéo. Certains sites comprennent des zones de « chat » entre spectateurs et des espaces de dialogue avec les concurrents. Et, à côté de ces sites officiels, Internet regorge, pour chaque émission, de sites officieux de type « fanzines » (ou « contre-fanzines ») animés par des aficionados (ou de fervents détracteurs).

Non contents de ces deux supports, les produits de la télé-réalité disposent fréquemment de prolongements radiophoniques sur des stations FM thématiques destinées aux jeunes et dépendant souvent des mêmes groupes économiques que les chaînes de télévision qui en diffusent les programmes. Ils ont aussi été les premiers à banaliser l'usage péri-télévisuel des SMS, autre mode de communication très prisé des jeunes.

Enfin, si l'on ajoute à ces moyens de communication récents le recours plus traditionnel au téléphone et les liens entre certains de ces programmes et des firmes de disques multinationales, on ne pourra que conclure que les programmes de télé-réalité sont parmi les premiers (voire les premiers) à avoir cherché à exploiter les supports de communication contemporains de la manière la plus multimédiatique possible.

c) Une conséquence de l'industrialisation de la télévision

L'apparition de la télé-réalité est également liée à l'évolution du rapport fondamental qu'entretiennent aujourd'hui l'économique et l'audiovisuel. Faible dans les télévisions publiques, le poids de l'économique joue un rôle essentiel dans le fonctionnement des médias privés qui doivent non seulement présenter une gestion en équilibre mais s'avérer rentables et dégager des dividendes pour leurs actionnaires. Le rapport coût/bénéfice y est donc mesuré en permanence. Or, le développement du nombre de chaînes et l'augmentation des conditions concurrentielles qui constituent quelques-uns des caractères déterminants de la néo-télévision, n'ont cessé de pousser ces coûts à la hausse. L'industrialisation de la production télévisuelle a représenté un moyen de maîtriser une partie de ces dépenses.

Depuis longtemps, elle a été pratiquée dans le secteur de la fiction : les films de cinéma sont recyclés à la télévision, et les fictions à suite (séries, feuilletons, téléfilms) sont réalisées dans des conditions de type industriel. Leur commercialisation mondiale assure ensuite à leurs producteurs des rentrées appréciables.

La réussite de ce modèle économique international n'a cependant longtemps touché que les émissions dites « de stock », celles qui peuvent être assimilées à des œuvres, c'est-à-dire possédant un caractère unique. Elle ne peut aisément concerner les programmes de flux, par nature répétitifs. Les émissions de ce genre, comme un journal télévisé, un magazine culturel, une émission de variétés, un magazine sportif... peuvent être produits à la chaîne... mais ne peuvent, sauf exception, être distribués aux quatre coins de la planète. Ils sont essentiellement destinés à une audience nationale et liés à une diffusion par un opérateur. Dès lors, même si leurs coûts de production sont moins élevés que ceux des programmes de stock, ils ne peuvent aisément être rentabilisés par la vente.

Une notion va remettre tout cela en cause : celle du « format ». Un terme relativement flou, qui désigne l'idée de base et l'ensemble des conditions de production d'un programme de flux spécifique. Propriété d'une société, qui en a testé l'efficacité, le format est en quelque sorte une enveloppe, une coquille quasiment totalement prééquipée qu'il appartient ensuite à celui qui l'acquiert de terminer de décorer et, surtout, de doter de personnages. Le propriétaire du « format » commercialise le concept et certaines des recettes de réalisation du programme. Et négocie avec l'acquéreur les conditions permettant de lui apporter une couleur locale sans que soit dénaturé ce qui garantit la réussite du produit.

Le premier secteur où les programmes de format connaîtront un succès certain sera celui des jeux télévisés inventés aux USA entre 1950 et 1970. Lorsque la télévision se commercialisera en Europe, à partir des années 1980, leurs producteurs se mettront à en vendre le format clé sur porte au monde entier. Certains *talk-shows* et *reality shows* connaîtront le même mode de commercialisation, sous forme de vente de « bibles de production » devant être strictement respectées par leurs acquéreurs.

Mais le domaine dans lequel le format se révélera totalement sera celui de la télé-réalité. Sa mondialisation n'a été possible que suite à l'existence de la notion de format et grâce à sa gestion au sein d'entreprises internationales de l'audiovisuel. Sans le principe du « format », la télé-réalité n'aurait été qu'un phénomène local. Le format lui a donné une résonance planétaire et a transformé de bonnes idées en un secteur d'activités économiques à forte valeur ajoutée. Tant et si bien que ce sont aujourd'hui les formats qui dominent le marché international de la télévision.

Les causes programmatiques

En cuisine, une centrifugeuse ménagère peut remplir un rôle appréciable. On la remplit de ce que l'on veut, fruits et/ou légumes, on met le moteur en marche, on laisse tourner à vive allure… et on recueille, à la fin de l'opération, le substantifique jus extrait des ingrédients. C'est facile. Tout ou presque peut y être utilisé. Et l'on obtient toujours un résultat, même si le mélange des goûts peut parfois laisser à désirer.

Toutes proportions gardées, il en est un peu de même de la télé-réalité en regard des genres de programmes qui firent la télévision. Dans le produit « télé-réalité » se retrouvent aujourd'hui, mixés par la centrifugeuse, tous les goûts de l'hier.

a) Le dernier des jeux

Compétition, concours, les programmes de télé-réalité peuvent, en partie, être assimilés à l'univers des jeux télévisés. Ils en constituent une version ultime, un résidu de toute l'évolution.

Tous les types de jeux coexistent à la télévision. La tendance générale du genre consiste cependant à voir disparaître des cases de la grille les plus intéressantes les jeux dits « de connaissance » au bénéfice de jeux ne nécessitant des concurrents aucune compétence particulière. Davantage destinés à un public âgé, les jeux où il s'agit de montrer son savoir occupent surtout aujourd'hui des cases de programmation de milieu de *daytime*. Lorsqu'ils subsistent en *prime time*, ils font l'objet d'une impressionnante mise en scène ou constituent des exceptions (des « Spéciales ») qu'une chaîne ne s'offre le luxe de programmer que quelques fois par an[45].

En comparaison, les « nouveaux » jeux de questions (*Quiz shows*) proposés en soirée ou dans la case cruciale de l'avant-soirée[46] ne fondent plus leur intérêt sur la réponse à fournir mais sur la construction du suspense qui entoure les hésitations du candidat et son éventuelle incapacité à conserver le pactole déjà amassé.

Au fil du temps, les compétences requises pour participer à ce genre de jeux n'ont donc cessé de se restreindre, pour finir par permettre à tout téléspectateur lambda d'y tenter sa chance.

La télévision n'attend plus de ses candidats qu'ils fassent preuve de savoir ou de savoir-faire, mais qu'ils ressemblent à s'y méprendre aux téléspectateurs qui se trouvent de l'autre côté du téléviseur. L'ère d'une récompense symbolique, associée au sentiment de fierté issu de la réussite d'une épreuve, est révolue. Il s'agit désormais de gagner gros, et de le faire savoir. Les jeux liés aux loteries nationales, notamment diffusés en *prime time* sur une chaîne belge dans le courant des années 1990[47], en constituaient le meilleur exemple : pour accéder au passage sur antenne, il suffisait qu'un candidat ait gratté le bon billet. Et, une fois sur le plateau, le seul exploit attendu de lui était de faire tourner une roue.

Depuis le tournant des années 1990, les programmes télévisés de soirée se sont aussi vus complétés de « jeux d'aventure », symbolisés par le programme *Fort Boyard* (FR2). Dans ces émissions, les candidats doivent, au mieux, faire preuve de compétences physiques mais surtout afficher une relative maîtrise de soi leur permettant d'affronter diverses épreuves en rapport avec des appréhensions fondamentales (évoluer parmi des fauves, des insectes, des serpents, marcher dans le vide, sauter à la mer, être encagé, progresser dans le noir, palper un corps dénudé...). Savamment construits à la manière d'un scénario, ces jeux virent d'abord concourir des candidats inconnus. Au fil du temps, ils furent remplacés par des vedettes et des personnalités en vue.

Les jeux d'aventure du type *Koh-Lanta* (TF1) en sont les héritiers. Ils sont aujourd'hui considérés comme des programmes de télé-réalité.

b) L'histoire dont vous êtes le héros

Au commencement étaient les stars de cinéma. Hautaines, lointaines, inaccessibles, visibles seulement sur grand écran, du fond des salles obscures, elles faisaient l'objet de culte qui les rendait proches du monde des dieux, comme l'a fort bien démontré Edgard MORIN[48]. Puis vint la télévision. Soudain, les stars débarquèrent dans les salons, sur de petits écrans, s'invitant dans la quotidienneté de la vie banale, entre le potage et le dessert, ou deux bières et un paquet de chips. À une distance de deux, trois mètres maximum. Conséquence : les stars n'en furent plus. Ou ne furent en tout cas plus les mêmes. Pour continuer à exister, elles durent se désacraliser. La télévision les fit descendre de leur piédestal. Elles durent participer à des émissions de *talk-shows*, accepter de prendre part à des jeux ou à des émissions de variété.

De son côté, la télévision a aussi produit ses propres vedettes. Tous ceux qui apparaissaient de manière quelque peu régulière sur le petit écran en devinrent des personnages connus : *speakerines*, présentateurs des JT, animateurs et animatrices d'émissions, femmes et hommes de la météo... Tous des « antistars ». Des personnages presque banals, à peine mieux habillés que le commun des mortels, qu'il est possible, avec un peu de chance, de croiser dans son supermarché ou dans les commerces du quartier. Bref, des êtres de chair, proches. Tout comme les héros des fictions conçues pour et par la télévision. À la suite des *Columbo*, *Navarro*, *Julie Lescaut*, *Cordier*..., les premiers rôles des « télésuites à personnages récurrents » sont de « simples » policiers, que le récit montre autant dans les péripéties de leur vie privée qu'occupés à dénouer une affaire judiciaire. Dans un registre un peu différent, y a-t-il plus proche, plus sympathique, que Gérard KLEIN dans son rôle d'*Instit* remplaçant ? D'autres séries racontent la vie d'une kiné, d'un médecin de village. Quant aux sagas de l'été qui étirent leur histoire sur plusieurs semaines, elles reposent sur de « simples » affaires de familles...

Tous ces produits télévisuels mettent en scène des personnages presque ordinaires, incarnés par des comédiens modestes qui veillent à ne pas se distinguer du public auquel ils s'adressent. Et toutes ces fictions racontent des histoires plongeant leurs racines dans la banalité de l'existence quotidienne : drames familiaux, petite délinquance de proximité, description de la vie d'un commissariat de quartier ou d'un service d'urgences d'un hôpital, difficultés à subsister dans une société urbaine désincarnée, tensions liées à une vie de couple chahutée par les rencontres qui ponctuent l'existence... À chaque coup, le contexte narratif ne présente rien d'extraordinaire.

Mais l'écriture des scénarios en fait surgir des récits mettant en exergue l'inattendu tapi derrière le masque de l'ordinarité.

Au fil du temps, les fictions télévisées n'ont cessé de chercher à se rapprocher d'une monstration scénarisée de la quotidienneté et veillent à mettre en scène des situations proches de celles que peut expérimenter le téléspectateur. Comme dans ces « histoires dont vous êtes le héros », on est passé d'une fiction lointaine à une production de récits du semblable.

Cette évolution d'une part importante du genre fictionnel télévisé ouvrait naturellement la voie à l'arrivée de la télé-réalité. Celle-ci s'emploie en effet en grande partie à développer des récits reposant sur l'exposé d'existences banales vécues par des personnages banals. Leur vedettisation n'est pas le fruit d'un processus agissant par distinction et mise à distance. Mais par production du maximum d'effets de proximisation, d'assimilation et d'identification. Les étoiles sortant des « académies » de la télé-réalité n'ont plus de « *stars* » que le nom…

c) Le sauvetage des variétés

La chanson et ses vedettes ont toujours occupé une place importante dans la programmation télévisée. La fonction d'attrait de ces émissions sur le public a toutefois fortement diminué depuis le courant des années 1980. Les producteurs, semblait-il, avaient alors fait le tour de toutes les formules. La période dorée des shows de variétés conçus en France par Gilbert et Maritie CARPENTIER[49], la génération des *shows* « à la DRUCKER »[50] et les variantes[51] qui firent jadis les grandes heures de la télévision en Belgique avaient vécu. Avec la standardisation du marché du disque et le souhait des chaînes de télévision de ne plaire qu'au plus grand nombre, le genre s'essoufflait. D'émission en émission, les mêmes artistes se produisaient sans conviction pour promotionner les mêmes chansons. Parallèlement, l'industrie du clip vidéo, née à la fin des années 1970, s'imposait auprès des jeunes générations préférant assister à la projection de mini récits scénarisés plutôt qu'à des retransmissions en faux direct de prestations de chanteurs. Dès le début des années 1990, la variété télévisée devint un genre en crise. Ses programmes disparurent du *prime time* au profit des *reality shows*. Et on leur chercha des variantes. Plusieurs émissions de variétés furent remplacées par des *talk-shows* où l'on invita des artistes. Cette variante du genre, appelée « *talk-show* de variétés », met essentiellement l'accent sur la parole, le dialogue et l'interview. Chanteurs et membres du *show-business* y furent invités à se confier, révéler leur vie privée ou prendre position sur des questions de société. Dans d'autres *talk-shows*, dits « de personnalités », les vedettes remplirent le rôle de « *guest stars* » alors que l'on échangeait des idées sur des sujets de société avec un panel largement composé d'individus lambda.

À partir du milieu des années 1990, afin de faire revivre la variété, les chaînes inventeront la « télé-karaoké », dont l'émission de référence est *La fureur du samedi soir*[52]. Les chanteurs professionnels n'y remplissent qu'un rôle minimal. Par contre, deux panels de jeunes vedettes du *show-business* s'y affrontent en exécutant de bon cœur des standards de la chanson française des années 1970-1980. À domicile, les téléspectateurs sont invités à entrer dans le même jeu. La variété cherche ainsi à se refaire une popularité en déclinant un catalogue d'airs connus par les générations d'adultes et en intégrant au spectacle une double dimension de compétition et de participation-interaction avec l'audience.

Toutes ces tendances marquent les prémices de l'avènement de la télé-réalité. Face à un genre télévisuel en perdition, les programmes reposant sur la découverte de nouvelles stars de la chanson rénoveront le concept. Elles affirment donner leur chance à des candidats-vedettes inconnus. Elles les mettent en compétition en leur faisant exécuter des standards internationaux de la variété du même ordre que ceux qui sont proposés dans les émissions de télé-karaoké. Mais, de plus, elles réconcilient la télévision avec le genre fondateur en intégrant dans leurs « prime » la participation de chanteurs affirmés, voire légèrement *has been*. Il n'est ainsi pas faux d'affirmer que la télé-réalité a sauvé, au moins temporairement, le genre télévisuel des variétés, en l'adaptant à ses exigences.

d) C'est arrivé près de chez vous

En 1992, les réalisateurs Remy BELVAUX et André BONZEL ne s'imaginaient pas révéler une tendance profonde de la société, et de la télévision en particulier, en intitulant *C'est arrivé près de chez vous* le film « culte » qui allait révéler Benoît POELVOORDE. Au-delà du récit intrinsèque du film, le titre de cette production belge cadrait pourtant parfaitement avec la définition d'une tendance qui marque de longue date la production télévisuelle de documentaire et reportage… et qui annonçait la venue de la télé-réalité.

Le secteur du traitement du réel à la télévision est un des premiers lieux où s'est manifesté un intérêt particulier pour les téléspectateurs et leurs préoccupations. En Belgique, à côté de l'actualité brûlante abordée dans les journaux télévisés, magazines et reportages ont rapidement été sensibles aux préoccupations « des gens ». L'influence exercée dans l'histoire du cinéma belge par de grands noms du documentaire (le Belge Henri

STORCK, le Hollandais Joris IVENS...) n'y est sans doute pas étrangère. Les cinéastes belges ont toujours été préoccupés par la monstration du réel. Certaines œuvres de la réalisatrice Chantal ACKERMAN, notamment, en témoignent clairement.

En télévision, une véritable école belge de réalisateurs préoccupés par la monstration du réel sera à l'œuvre dès les années 1970. La série des *Faits Divers* réalisés par Pierre MANUEL et Jean-Jacques PÊCHÉ préfigurait, vingt ans avant la généralisation de cette tendance, une attention manifeste à la captation d'un vécu quotidien issu de la banalité[53]. Mettant en scène des personnages réels vivant des situations réelles, ces documentaires peuvent être considérés comme les premiers jalons d'une télévision du réel, intimiste et réaliste. Mais n'envisageant par exemple, pas d'inscrire cette démarche dans le cadre d'une logique de sérialisation ou d'une « observation » de la vie.

Associé à ce travail, puis opérant de manière indépendante, le réalisateur de la RTBF Manu BONMARIAGE poursuivra ensuite dans la même voie[54].

Toujours à la RTBF, et en partie avec l'appui de BONMARIAGE, cette veine continuera à être creusée par l'équipe du magazine *Striptease* (Jean LIBON, Marco LAMENSCH) cherchant à puiser l'« extra » dans l'ordinaire, sur base de la réalisation de portraits de personnages généralement issus de la banalité.

Le succès international de ce magazine, distingué par de nombreux prix puis coproduit avec France 3, est à l'origine d'une véritable école de réalisation portant un regard original sur le réel et cherchant, le plus possible, à écarter du produit fini toute trace de la présence de l'instance de production. En ce sens, ces documentaires sans voix-*off* ni narrateur ou journaliste inauguraient une volonté de montrer la réalité nue que l'on retrouve dans les déclaratifs des producteurs de télé-réalité.

Il serait sans doute exagéré d'affirmer qu'une filiation directe existe entre ces projets de révélation du réel et ceux de la *real-TV*, mais tous deux s'inscrivent dans un même courant entendant estomper de la réalisation toute trace de l'instance d'énonciation.

Ils se rencontrent aussi dans le choix de personnages sur lesquels ils se focalisent, et dans le caractère apparemment anodin de ce qui y est présenté.

Une des différences essentielles entre la démarche de ces documentaristes et celle de la télé-réalité réside dans un rapport entre l'œuvre et le flux. Chacun des documents réalisés dans le cadre des programmes précités constitue une entité unique, qui n'a, sauf exception, jamais connu de suite. La télé-réalité, par contre, repose sur l'exploitation longue et sérialisée d'un même univers, qui permet d'en asseoir les personnages et les situations, d'y accoutumer l'audience et d'en rentabiliser l'exploitation.

C'est dans ce cadre que se situent les « docu-*soaps* », qui constituent l'étape intermédiaire entre les œuvres documentaires évoquées et la *real-tv*. Mariant des termes a priori antinomiques, l'expression associe les notions de « document » et de « série ». L'objet du *docu-soap* se situe dans la sphère du documentaire, considéré comme synonyme de « production télévisuelle sur un objet de réel ». La référence aux *soap-operas*, qui constituent un des sous-genres constitutifs de la fiction sérielle télévisée, met à la fois en exergue la question de la périodicité de la diffusion et son contexte thématique. Les *soap-operas* connaissent en effet une programmation régulière, voire quotidienne. Ils traitent généralement de thèmes en rapport avec la vie ordinaire, les relations personnelles, l'amour, etc.

L'expression *docu-soap* se présente donc comme une mise en feuilleton d'un récit sur le réel, traitant d'un thème relatif à la vie quotidienne. Elle remonte au début des années 1970, lorsque des programmes mettant en scène l'existence de milieux populaires furent proposés par des chaînes de télévision aux USA et en Grande-Bretagne[55].

Le *docu-soap* constitue assurément une des préformulations les plus explicites de la télé-réalité, qui en a conservé certains des composants constitutifs. *The Real World*, programmé sur MTV depuis 1992, est considéré par beaucoup d'analystes américains des médias comme la première production de télé-réalité. Ce feuilleton sur le réel s'inspire essentiellement des principes hérités du *docu-soap*.

e) Les *reality shows* dans l'antichambre

Juste avant la télé-réalité, il y eut les *reality shows*. La frontière entre les deux univers est parfois si ténue que, aux USA, les programmes regroupés sous l'expression « *reality television show* » évoquent, en fait, des produits de télé-réalité. De l'autre côté de l'Atlantique, le distinguo entre « *reality show* » et « télé-réalité » est assez relatif. Il n'en est pas de même en Europe où les deux genres, pour autant qu'il soit possible d'en cerner les contours de manière perceptible, ne se recouvrent pas.

Dans l'acception européenne du terme, un *reality show* est un « spectacle sur un thème de réalité ». « Spectacle » fait, dans ce cas, explicitement référence au genre télévisuel dont au moins une partie du filmage se déroule dans un studio et est capté par des caméras électroniques dans les conditions d'un direct, de la même manière qu'un *talk-show* ou est un « spectacle de conversations » capté dans un studio de télévision. Certains *reality shows* ne sont composés que de séquences enregistrées en studio et présentent de ce fait une configuration assez proche de celle d'un *talk-show.* D'autres *reality shows* ne comprennent que de petites séquences en studio, qui peuvent parfois se limiter à des moments de présentation et comptent par contre de longues séquences tournées en extérieur. Comme les *talk-shows*, les *reality* attribuent un rôle essentiel à leur animateur, qui est souvent une personnalité connue du monde de la télévision. Le thème des *reality shows* a toujours un rapport à la réalité. Celle-ci est, le plus souvent, contingentée au traitement de quelques domaines très spécifiques. Dans ce cadre, l'expérience européenne en la matière distingue les « *reality shows* d'exploits » des « *reality shows* de société ».

Misant sur l'accomplissement d'actions extraordinaires ou insolites, les *shows* de la première catégorie entendent faire émerger le non-banal du banal. Les personnages impliqués par ces exploits sont des gens « normaux » que rien ne distingue des autres, mis à part l'exploit ou l'acte insolite qu'ils accomplissent. L'archétype du genre fut *La nuit des héros*[56], émission sortant de l'ombre des inconnus ayant réussi un acte de bravoure dans des circonstances inattendues. Ce genre de programmes fut précédé par des émissions glorifiant l'accomplissement d'exploits originaux, à mi-chemin entre la cascade et le record destiné au *Guinness Book*[57].

On peut, de même, considérer que les émissions de caméra cachée s'inscrivent dans la même filiation. Elles furent, en quelque sorte, les premiers ancêtres des programmes de télé-réalité dans la mesure où elles observaient elles aussi une réalité et la saisissaient par effraction.

Les « *reality shows* de société » traiteront pour leur part de situations réelles rencontrées par les personnages, eux aussi réels, qui acceptent d'en être les protagonistes. Leurs thèmes orbitent en règle générale autour de problèmes de société : disparitions[58], fugues, mal-être, difficultés familiales[59], relationnelles[60], sexuelles, incapacités à résoudre un problème suite à un blocage institutionnel. Les personnes concernées par ces sujets sollicitent alors la télévision pour qu'elle intervienne en leur faveur ou dénoue l'écheveau inextricable dans lequel elles sont empêtrées.

La trame de ces émissions repose sur l'exposé de cas vécus par des individus semblables à tous les autres, mais confrontés à un problème qu'ils ne peuvent aplanir seuls. Dans certains cas, la télévision se charge elle-même de le résoudre, mettant ses limiers sur la piste de personnes disparues ou dont on a perdu le contact. Dans d'autres situations, elle invite des thérapeutes à solutionner, en « faux direct », le problème auquel un couple ou une famille sont confrontés. Dans d'autres cas encore, la chaîne fait appel à ses téléspectateurs pour l'aider à démêler la problématique.

On a longtemps souligné que les ancêtres des programmes de ce genre se trouvaient du côté des émissions de dénonciation policière pratiquées en Allemagne et en Grande-Bretagne[61]. Les *reality shows* centrés sur la recherche de personnes disparues ne présentent pas totalement la même configuration, ni le même objectif. Mais elles conçoivent également la télévision comme un moyen de pallier les manquements des institutions normalement chargées de se préoccuper de ce type de questions.

Dans leurs différentes variantes, les *reality shows* se présentent comme des programmes de *real-tv* en devenir : ils bâtissent des récits, souvent compris dans les séquences dont sont émaillées les émissions. Ils reposent sur des faits réels et mettent en scène des personnes réelles accomplissant (ou reconstituant) des actions réelles. Les effets de réel y sont nombreux. Les sujets abordés dans les programmes concernent plutôt la vie quotidienne, et lèvent le voile sur des intimités longtemps protégées des regards. On n'hésite pas à y révéler ses carences sexuelles ou affectives, ni à se mettre psychologiquement à nu devant les téléspectateurs.

f) La conquête de nouveaux territoires

• La télé des ados

L'art de la programmation est de proposer, au bon moment, le programme dont on espère qu'il retiendra l'attention d'une certaine audience. Si le *prime time* est déterminé comme le moment du rassemblement d'un maximum de spectateurs devant le petit écran, les programmes diffusés aux autres périodes de la journée le sont en fonction de la disponibilité supposée de cibles définies. Une de ces cibles a longtemps fait défaut à la télévision : celle de l'adolescence. Toutes les mesures de l'audience le démontrent : à cette époque de la vie, le jeune délaisse le monde introverti du téléviseur, souvent encore familial. Il se socialise, bâtit son univers de relations et se tourne vers l'extérieur. Il regarde donc moins la télévision. Forts de ces constats dûment mesurés, les programmateurs ont cherché à faire revenir le jeune devant le téléviseur.

Tel était le but visé par la création de chaînes musicales (MTV, MCM), le développement de bouquets de programmes comprenant des chaînes explicitement destinées aux jeunes (Fun TV, M6 Musique) ou consacrées aux jeux vidéo (*GameOne*). Afin de ne pas être en reste, les chaînes généralistes ont, elles aussi, cherché à participer à cette opération de reconquête. Dans ce dessein, elles ont réservé aux adolescents des espaces comprenant des programmes spécifiques ne se retrouvant pas sur les canaux thématiques. Une chaîne aux moyens limités, comme la RTBF, a ainsi créé un magazine quotidien pour les adolescents[62]. La télévision catholique belge a, un temps, essayé de cibler un programme particulier sur les jeunes[63]. Les chaînes plus fortunées ont, elles, investi dans la fiction. Suite à plusieurs études ayant révélé une attente des jeunes envers des programmes de fiction qui leur seraient personnellement destinés, France Télévision a accompli de véritables efforts en ce domaine. Le samedi matin y est largement réservé à cette audience[64]. D'autres chaînes ont aussi développé des cases de fiction destinées aux jeunes[65]. Fortement sollicités, notamment par Internet, ceux-ci reviennent néanmoins vers le téléviseur.

La télé-réalité a terminé le travail. Cibles privilégiées de la plupart des programmes du genre, les jeunes y ont toujours répondu présent de manière plus importante que les autres catégories d'âge. Ils en sont les plus assidus. Et constituent la population la plus directement visée par l'appareil publicitaire entourant ces programmes.

• Un lit sans couverture

Au cours de ces dernières années, la télévision a aussi conquis un autre univers : celui de la chambre à coucher. Le sexe n'a, aujourd'hui, plus de secret pour la télévision. On n'en parle plus seulement à mots couverts, par des allusions uniquement compréhensibles des initiés. On évoque désormais crûment tout ce qui le concerne de près ou de loin. Et on le montre de plus en plus ouvertement.

Lorsque, en 1989, Canal+ fit ses premières armes en Belgique, la chaîne, pourtant cryptée, se contentait de diffuser nuitamment des productions érotiques « *soft* » (c'est-à-dire sans monstration de l'acte sexuel). Il lui fallut quelques mois avant d'oser programmer des films qualifiés de pornographiques. Quelques mois plus tard, Club RTL se dotait d'une case de fin de soirée dite « rose », réservée à des œuvres érotiques… Depuis lors, les fictions érotiques ne font plus scandale ou exception. Elles sont devenues un genre télévisuel parmi d'autres, dont les chaînes complémentaires (AB3, AB4) font abondamment usage. Et, sur le bouquet disponible par câble en Belgique francophone, une chaîne explicitement pornographique propose toutes les nuits des programmes érotiques *soft*, puis *hard*, comme si l'offre X disponible sur les trois canaux de Canal+ ne parvenait pas, à elle seule, à satisfaire les amateurs de « vérité toute nue ».

Car quoi de plus « réel » que de voir un être dépouillé de ses vêtements, s'adonnant amoureusement à des caresses ou pratiquant l'acte sexuel ? La pornographie a défictionnalisé la représentation cinématographique et télévisuelle de l'amour, longtemps réduite à la reproduction d'actes feints.

Les voiles jetés par-delà les moulins, faut-il s'étonner que la télé-réalité, avide de saisir le réel dans tout ce qui, en lui, peut attirer le regard, ait choisi sur ses écrans de déshabiller les êtres autant que les âmes ? De même, faut-il s'étonner que les candidats qui participent à la plupart des programmes de ce type soient sélectionnés après avoir dû se confier sur ce sujet et soient prêts à se mettre à nu face aux caméras ?

Conclusion : La télé-réalité, rejeton de la néo-télévision

Contrairement à l'impression que peut avoir suscité le surgissement de la télé-réalité au sein du monde de la télévision, ce type de programmes ne peut être considéré comme un genre totalement neuf. Ce n'est pas un produit télévisuel *sui generis*, surgi du néant par génération spontanée. La télé-réalité est le fruit commun d'un grand nombre de courants qui ont traversé l'audiovisuel depuis une vingtaine d'années. Provenant des fondements de la société, mais aussi de l'évolution des spécificités de la télévision et des programmes qui y étaient proposés, elle peut être considérée comme le produit naturel des rapports qu'ont entretenus la télévision et la société. Ce résultat ne doit pas être considéré comme quelque chose de stable, acquis une fois pour toutes, mais comme l'état actuel de manifestation d'une des mutations vécues par la télévision.

Conçue sur le modèle culturel de la dissociation des genres emprunté à la production littéraire et à l'analyse stylistique classique, la télévision a évolué vers une configuration de média global où, à côté de types de programmes bien définis, se développent de plus en plus d'émissions de type « Omnibus », plongeant leurs spécificités dans les racines du média et non dans la valorisation d'un genre.

Une des caractéristiques du passage de la paléo- à la néo-télévision se manifesta par cet effilochement de la spécificité des programmes. Le glissement du flot au flux continu constituerait aussi, selon certains auteurs, la base de la structure syntaxique de la néo-télévision.

Parmi les chercheurs en analyse des médias, l'existence d'un clivage net entre paléo- et néo-télévision est fortement discutée[66] dans la mesure où on ne peut véritablement parler de rupture brusque et de passage à un modèle télévisuel différent. La télévision semble plutôt avoir lentement évolué d'un type de configuration et de rapport à la société, à un autre.

Néanmoins, et en fonction de l'ensemble des indices repérés ici, il n'est pas erroné de considérer la télé-réalité comme l'actuelle héritière des tendances inhérentes à la néo-télévision et aux multiples transformations que ce modèle télévisuel a connues au fil du temps. Tout ce qui constitua la néo-télévision intégrait, à l'état embryonnaire, ce que l'on retrouvera par la suite comme ferments de la naissance de la télé-réalité.

L'émergence de ce nouveau courant conduira-t-il à considérer comme caduque l'appellation « néo- » accolée jusqu'à présent au mot télévision pour désigner les principaux changements survenus dans ce média au cours des vingt-cinq à trente dernières années ?

Est-on en passe d'assister à la naissance d'une « néo-néotélévision » ?

Reprenant la métaphore du sablier, il semble en tout cas que l'émergence de *real-tv* en tant que genre (aux frontières fluctuantes) constitue un moment pivot dans l'histoire du média télévisé.

Les influences de la télé-réalité sur la télévision

La télévision est-elle entrée dans l'ère de la « Post-néo-télévision », que l'on pourrait par facilité désigner sous le nom de « Post-TV » ? Ce média serait-il sur le point de devenir un moyen de communication dont la télé-réalité ne constituerait pas seulement un genre de programmes, mais deviendrait un mode de préhension de l'ensemble de l'univers ?

En tant que fruit de multiples tendances décrites précédemment, il est incontestable que la télé-réalité joue vis-à-vis du média télévision un rôle de filtre réformateur. Une grande partie de ce qui constitue la télévision est actuellement tamisée par la télé-réalité, métaphoriquement représentée par le goulet d'étranglement du sablier où les grains s'écoulent l'un après l'autre. La télé-réalité laisse passer chaque grain, mais marque de son empreinte, de sa configuration, une bonne part d'entre eux.

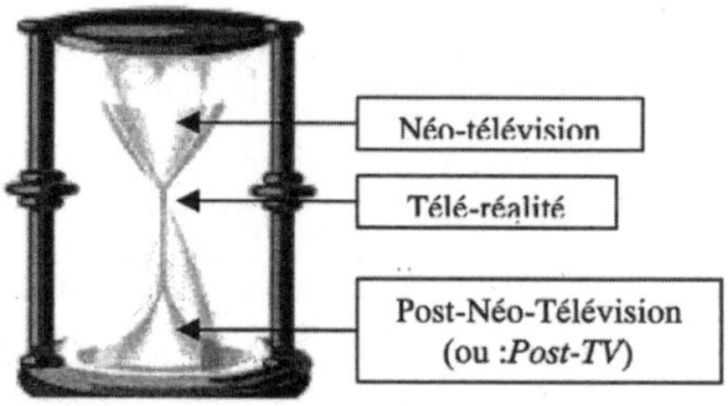

• **Deux axes**

Les transformations de la télévision sous l'influence du courant matérialisé par les émissions de télé-réalité sont multiples. Les plus importantes d'entre elles peuvent se circonscrire autour d'un dispositif en tension en deux axes, tel que représenté ci-dessous.

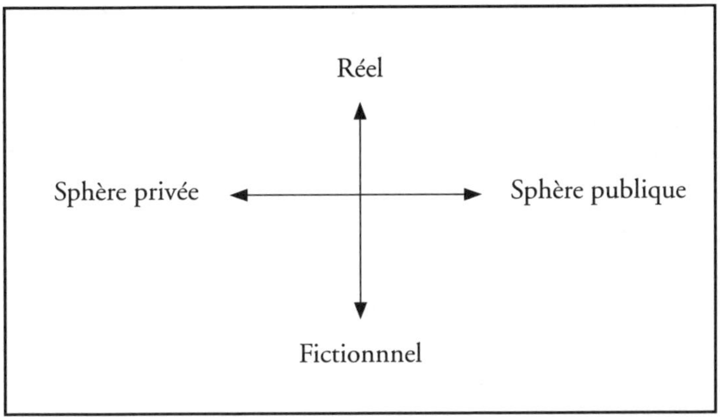

Le fictionnel y tend au réel, et le réel y est confronté à des phénomènes de fictionnalisation. Ce qui relève de l'individu, du personnel y est poussé à la révélation, tandis que ce qui est de l'ordre du su et du connu y est sous-valorisé.

L'axe gérant la tension entre le domaine de l'intime et celui du public traverse l'ensemble de la programmation, alors que la tension entre le réel et le fictionnel touche surtout aux frontières entre les programmes de fiction et de réalité. Plusieurs genres de programmes attestent ces héritages, tout comme ils démontrent l'existence d'éléments de filiation patents entre néo-télévision, télé-réalité et situation actuelle.

• **L'information**

Si elles s'ancrent dans le réel, et se réfèrent par là au pôle « informationnel » de la structure télévisuelle, les émissions de télé-réalité sont considérées comme n'appartenant pas au monde de l'information. Elles l'influencent toutefois, non directement, mais par le truchement de certains des éléments qui les constituent.

Les journaux télévisés accordent de nos jours de plus en plus de place à l'information dite « de société », c'est-à-dire traitant de sujets qui concernent potentiellement la majorité de leurs téléspectateurs. Cette information fait la part belle aux nouvelles concernant la vie quotidienne, parfois dans ses aspects de banalité les plus évidents. Les journaux télévisés mettent aussi en exergue les événements disruptifs survenant au sein de cette banalité et la transforment en extraordinarité. La télé-réalité ne fait pas autre chose. Cette tendance était déjà latente via le mode de traitement de l'information pratiqué sur certaines chaînes, davantage proches du secteur privé que des entreprises publiques de l'audiovisuel. La pression de la télé-réalité n'est pas étrangère à la généralisation de ces choix éditoriaux.

Cette influence se manifeste aussi dans les modes de traitement de l'information. Abordant des thèmes proches de la quotidienneté, les journaux télévisés s'emploient à les représenter en recourant à des personnages issus de la banalité. Ils sont utilisés dans un contexte synecdotique où leur cas particulier permet d'illustrer l'ensemble d'une problématique aux contours souvent abstraits. Ce traitement se réalise toujours sous un mode narratif. Chaque séquence vise à raconter une histoire. Elle fait donc l'objet d'un « *casting* » cherchant à repérer le personnage incarnant au mieux une situation et est soumise aux règles du récit qui trouvent leurs fondements dans l'univers du fictionnel.

En est-il autrement des concurrents de la télé-réalité, chez qui le tout-venant des qualités compte autant que les éléments de caractère ? Et où il est acquis que l'issue de la compétition est, au moins en partie, préscénarisée par le cadre de départ posé par la production et par les modes de contrôle du déroulement du jeu en sa possession.

Même s'ils s'en défendent, les JT font ainsi, de plus en plus, de l'info-télé-réalité. Mais celle-ci ne touche pas que les séquences quotidiennes de nouvelles. Les mécanismes relevés ci-dessus se retrouvent aussi dans les magazines d'information et de reportage. Leurs thèmes sont manifestement influencés par des sujets liés à la quotidienneté, ou par la recherche du non-banal au sein d'univers banals. Le recours à des personnages typés évoluant dans le cadre d'une narration représente souvent le meilleur moyen de bâtir la représentation d'un thème particulier. À nouveau, il ne s'agit pas à proprement parler de techniques d'écriture télévisuelle nées après l'apparition des émissions emblématiques de la télé-réalité. Ces processus existent depuis de nombreuses années et constituent parfois de longue date le mode d'exposition type choisi par un programme pour traiter le réel[67]. La même tendance marquant la société actuelle semble donc avoir à la fois été à l'origine de ce mode de saisie télévisuelle de la réalité et de la *real-tv*. Mais cette dernière a contribué à sa généralisation.

Les émissions de télé-réalité peuvent aussi exercer une influence formelle sur le registre d'énonciation auquel recourent les magazines d'information et les émissions de nouvelles. Il est ainsi frappant de constater la concordance temporelle existant entre l'apparition des programmes de *real-tv* et la banalisation du recours à des bandeaux de textes défilant au bas des écrans pendant les JT de certaines chaînes et se trouvant désormais en permanence sur les chaînes « *All News* ». Or, les émissions de télé-réalité recourent elles aussi, de manière systématique, à l'insertion de bandeaux de textes afin de contextualiser les situations qu'elles présentent à l'image. Comme les photographies de presse, ces séquences deviennent ainsi scripturairement légendées, ce qui permet d'en supprimer toute intervention de voix-*off*[68] avec, pour conséquence, de renforcer l'impression d'une immersion sans intermédiaire dans le réel montré.

Ni les chaînes de nouvelles ni la télé-réalité ne sont à l'origine de ce retour de l'écrit dans le monde de l'image. Il s'est manifesté concomitamment dans des *talk-shows* nord-américains et sur certaines chaînes d'informations économiques[69] où se mêlent en permanence images et textes. Le modèle du multimédia, célébrant le retour au scriptural, à l'œuvre dans Internet, n'y est par ailleurs pas étranger.

Les émissions de télé-réalité ont participé à la banalisation et à la vulgarisation de ce système de multicommunication qui connaît désormais des répercussions dans d'autres secteurs de la programmation télévisée, notamment via l'insert en bas des écrans de messages SMS.

Au-delà de cet élément, la structure formelle des émissions de télé-réalité a aussi une influence mimétique sur d'autres programmes : séquences courtes, brefs génériques, ponctuations musicales… organisent la structure du récit de certaines émissions jusqu'à la copie. Un programme scientifique d'une chaîne publique qui n'avait rien d'une émission *de real-tv*, relatant une expérience vécue par des jeunes, a ainsi été post-produit de la sorte dans le but d'entrer plus aisément en communication avec les téléspectateurs situés dans la tranche d'âge visée…

• Les *talk-shows*

Déjà naturellement proches des programmes de télé-réalité, les *talk-shows* représentent sans doute le secteur de la programmation télévisée le plus directement affecté par l'apparition de ces nouvelles émissions. On a, par ailleurs, souligné ici dans quelle mesure les *talk-shows* constituaient des signes avant-coureurs de la *real-tv*. Celle-ci a renforcé les sillons qu'ils creusaient déjà. En effet, les thématiques des *talk-shows* de société ne cessent de se rapprocher de la quotidienneté et de l'exception naissant du quotidien. Ils sont abordés sous l'angle de récits d'expériences personnelles qui dépassent le niveau du témoignage pour se fonder sur la monstration de tranches de vécu. Ces immersions dans la vie, présentées comme réelles, apparaissent fréquemment comme étant le fruit de sérieuses scénarisations. Des cas de recours à des personnages fictifs ou semi-fictionnalisés y ont même parfois été dénoncés. Et ils sont vraisemblablement plus nombreux qu'on ne le croit.

Sous la poussée de la télé-réalité, les *talk-shows* aux thèmes jadis plus traditionnels se sentent maintenant obligés de s'orienter vers des sujets plus proches de l'intime ou du dévoilement. Certains choisissent de mettre l'accent sur des cas extrêmes, liés à la révélation publique de conflits de conscience ou de comportements asociaux[70].

Sans aller aussi loin, le succès du *néo-talk-show* qu'est *C'est mon choix*[71] s'inscrit incontestablement dans cette ligne, tant par les sujets qui y sont abordés que par l'identité des personnes qui y participent. Il n'est pas innocent que ce programme quotidien ait entamé sa diffusion fin 1999, soit au moment des prémices des premiers programmes de télé-réalité, et n'ait cessé de gagner en notoriété au fil des années, parallèlement aux productions de *real-tv*.

La tendance matérialisée par la télé-réalité a aussi contribué à faire disparaître, au bénéfice des *talk-shows*, les émissions de débats tournant autour de thèmes de société. Après s'être interrompu le 29 octobre 2001, soit en pleine vague montante de la *real-tv*, la transformation en janvier 2002 de l'émission de la RTBF *L'Écran témoin* en un *talk-show* intitulé *Chacun son histoire* est signifiante à cet égard.

La télé-réalité a également participé au renforcement de la légitimité de certains types de *talk-shows* qui auraient, par le passé, été considérés comme relevant de la *trash-tv* (« La télé-poubelle »). Ce genre de programmes existait avant que les émissions de télé-réalité ne s'installent sur les écrans. Mais l'appréciation positive qui entoure le phénomène de la télé du réel en a modifié le statut. L'exemple emblématique de cette évolution est celui du *Jerry Springer Show*[72], dont l'arrivée sur les écrans européens est parallèle à celle de la *real-tv*. Ce programme basé sur la révélation de détails plus ou moins sordides de la vie privée et sur les réactions violentes qu'elle peut entraîner, est, à de multiples égards, considéré comme une des émissions précurseurs de la télé-réalité. Seul son dispositif le distingue clairement des programmes classiquement considérés comme relevant de la *real-tv*[73]. Diffusé à ses débuts en Europe à des moments où l'audience est réservée aux adultes, ce *talk-show* a vu sa case horaire descendre dans les grilles au fil du temps. En France, en 2004, il est proposé sur la chaîne thématique AB1 à 19 h 55...

Ce *talk-show* a aussi directement inspiré le programme franco-belge *Ça va se savoir*, qui peut en être considéré comme un véritable clone, au détail près que les sujets traités font ici l'objet de reconstitutions jouées par des acteurs[74]. Ce programme a entamé sa vie sur les antennes à l'époque où sont apparues les premières productions de *real-tv*[75]. Davantage encore que le concept dont il s'inspire, il se présente comme un succédané de télé-réalité. Non seulement on y traite des thématiques en lien avec les affres de la vie quotidienne, mais ces sujets ont, la plupart du temps, trait à la vie privée, affective et sexuelle des personnes concernées. Celles-ci sont des êtres ordinaires, incarnés par des acteurs dont il apparaît qu'il s'agit souvent de semi- ou de non-professionnels, soit des personnages proches de ceux dont ils interprètent le rôle. Enfin, il s'agit d'un programme construit, scénarisé, au départ d'éléments de réalité. La maîtrise de la trame narrative y est donc, théoriquement, entre les mains de la production comme il s'avère que cela se déroule fréquemment dans les productions de *real-tv*.

La tension entre réel et fiction, qui traverse notamment la télé-réalité, trouve ici une de ses manifestations les plus explicites du côté des programmes théoriquement considérés comme relevant de la sphère du réel.

- **Les jeux**

Les productions de la télé-réalité comprenant au moins une part de compétition, on peut considérer qu'un pan important du renouvellement de la sphère télévisuelle procuré par ce type de programmes a concerné le genre des « jeux télévisés ». Et ce, même si ce caractère ludique ne montre qu'une des faces du Rubick's cube qu'est la *real-tv*.

Mais la télé-réalité a-t-elle influencé les jeux existants ? On l'a déjà évoqué : les jeux télévisés classiques n'avaient pas attendu la télé-réalité pour mettre en scène des candidats communs dans des situations banales. La télé du réel a donc conforté cette tendance en concourant au mariage des genres. Un programme comme *Le BigDil*[76], qui mélange jeux, variétés, sketches et participation du public représente cette tendance. Mais il est antérieur à la naissance de la *real-tv*. Une émission de télé-réalité, reposant sur le principe de faire accomplir des épreuves à des candidats privés de sommeil[77], s'est d'ailleurs elle-même inspirée de la configuration de ce jeu. Mais a séduit tellement peu de spectateurs qu'elle a été retirée de l'antenne après sa première diffusion.

L'influence directe de la *real-tv* dans de nouveaux jeux télévisés est faible. Un programme récent, comme *Attention à la marche*[78], constitué d'un quiz n'exigeant aucune connaissance particulière et comprenant des questions relatives à l'intimité, peut être considéré comme s'inscrivant dans l'air du temps de la télé-réalité. Les concurrents de plusieurs programmes de *real-tv* de TF1 ont d'ailleurs participé à ce jeu. Mais la révélation de la vie privée dans les jeux télévisés n'est pas une nouveauté. Dès le début de la néo-télévision et de la compétition entre les chaînes, les environs de la chambre à coucher avaient passionné les concepteurs de jeux. Ils permettaient notamment à des couples de concurrents de révéler leur degré de connivence, de complicité et d'intimité[79]. Les thèmes chers à la télé du réel appartiennent de longue date au monde des jeux.

Il n'en est pas de même de leur cadre formel. Les jeux télévisés reposent depuis leur création sur une logique de fidélisation de l'audience par sérialisation, mais celle-ci ne se fondait pas sur l'existence de groupes. Les jeux télévisés qui reposent sur l'élimination successive de compétiteurs organisaient toujours cette opération au cours de la même émission, le vainqueur d'un jour se voyant ensuite confronté à d'autres concurrents. Le principe de l'élimination sérielle a été apporté par la télé-réalité, et en reste l'apanage.

Les jeux d'aventure de la première génération, de type *Fort Boyard*, ont par contre tenu compte de la dynamique temporelle et groupale induite par la télé-réalité. Dans ce jeu, les objectifs se sont ainsi mis à suivre les concurrents en dehors du temps réservé aux épreuves. La compétition a aussi davantage été inscrite dans la durée. Elle comprend désormais un jour et une nuit. Le caractère groupal de l'action a également été renforcé. Les compétiteurs y restent, toutefois, des êtres connus, alors que la sélection d'individus présentés comme « normaux » constitue, dans le prolongement de la longue histoire des jeux, un des éléments essentiels de l'alchimie de la télé-réalité.

Enfin, de nouveaux programmes, à mi-chemin entre le jeu et le divertissement, commencent à envahir la télévision dans la foulée des programmes de télé-réalité : les « grands tests »[80]. Reposant sur l'évaluation de compétences ou de connaissances élémentaires, ces tests ne sont pas destinés à être réussis par des candidats en studio, mais par les téléspectateurs à domicile. Même si la réalisation englobe des participants sur le plateau et les confronte à des célébrités, le centre de la dynamique du jeu est déplacé du studio de télévision au salon du téléspectateur, chacun étant invité à participer de chez lui à l'émission. L'audience n'intervient donc plus par délégation, en sélectionnant un vainqueur ou un perdant, comme dans la *real-tv*, mais devient elle-même le compétiteur du jeu. Ces programmes poursuivent ainsi les ambitions de centration sur l'usager et les intentions d'interaction de la télé-réalité.

• **La fiction**

Davantage que dans l'information, la tension entre réel et fictionnel se manifeste dans l'évolution des programmes de fiction. Si le traitement du réel tend à s'inspirer du fictionnel, le traitement du fictionnel, lui, cherche manifestement à se rapprocher du réel. C'est-à-dire du fameux monde de la télé-réalité. Le statut des héros des fictions télévisuelles, le contexte de leur positionnement et certains éléments de filmage, on l'a vu, illustrent depuis quelques années ce fléchissement de la fiction télévisée. De plus, on ne peut perdre de vue que les premiers programmes considérés comme relevant de *real-tv* furent conçus comme des *docu-soaps*, à la frontière du réel et du fictionnel. Cette veine continue à être exploitée et prolifère sur toutes les chaînes. Des *Osbournes*[81] aux *Pfaffs*[82] en passant par *60 jours 60 nuits*[83], *Johnny J-60*[84] ou la masse de *docu-soaps* proposés par les télévisions flamandes, les séries diffusées par la télévision puisent toujours davantage leur matière première dans un réel ayant le goût et la couleur du fictionnel. Une saveur obtenue grâce au type de personnages mis en scène, à l'action qui occupe l'écran et à la dynamique temporelle qui sérialise le programme. Seule différence entre ces docu-dramas et la télé-réalité : les récits n'y reposent pas sur une dynamique de type compétitive et éliminatoire, mais sur l'approfondissement de la découverte du vécu d'un personnage. Et ce dernier, ainsi que ceux qui l'entourent, bénéficient d'ordinaire d'une forte notoriété. Il ne s'agit donc pas d'individus communs inscrits dans des cadres peu ordinaires mais de se familiariser avec le banal quotidien de (semi-) célébrités.

Encore davantage à mi-chemin entre fiction et réalité se trouvent des shows de réel « incroyables », appréciés par les jeunes générations, dont *Jackass*[85] peut faire figure d'archétype. Il s'agit d'une série d'émissions constituées de séquences au cours desquelles une bande de jeunes adultes ne cesse de se soumettre à des épreuves pseudo-acrobatiques se déroulant dans un cadre quotidien. À chaque reprise, celles-ci se soldent inévitablement par une chute, un coup ou une autre issue douloureuse. Les séquences de ce programme reposent sur des actions réelles, accomplies par des personnages réels, et ont des conséquences réelles. Pourtant, la configuration du programme est présentée comme fictionnelle, les acteurs de l'émission étant supposés être des cascadeurs, c'est-à-dire des personnages sachant éviter la souffrance consécutive aux actes posés. Toutefois, si l'on ajoute que le filmage de l'émission est réalisé à la manière d'une prise de vue amateur, on peut estimer que *Jackass* doit être considéré comme un simulacre de réel, comme le sont, au moins en partie, tous les programmes de télé-réalité. Mais n'est-il qu'un simulacre ? Le « concept » a en tout cas fait école et inspire d'autres productions[86] de même genre.

• **Le divertissement**

Enfin, comme on a déjà pu le souligner, un genre télévisuel a été largement sauvé par la télé-réalité : celui des variétés. Même si les « Radio-crochets »[87] existaient déjà avant la naissance de la télévision, un nouveau type d'émissions de variétés est véritablement né avec la télé-réalité, reléguant aux oubliettes la plupart des formules antérieures et, hormis dans les programmes de *real-tv*, obligeant les artistes à quitter le cadre des émissions de chansons pour pouvoir encore se produire en télévision. C'est ainsi qu'ils ont désormais investi les *talk-shows* de personnalités, dont certains[88] sont en passe de devenir des *talk-shows* de divertissement. Cette évolution est particulièrement patente, car la participation (sans chanter) de vedettes à des programmes de divertissement et de *talk-shows* n'est pas chose neuve à la télévision.

Le média a aussi cherché à renouveler ses émissions de variétés traditionnelles en veillant à y faire participer les téléspectateurs. Des référendums destinés à élire les meilleures chansons du moment ou de toujours prolifèrent sur les écrans. L'évolution du mode électif de la chanson gagnante de l'Eurovision témoigne aussi de la génération européenne de ce type de votation au sein des émissions de variétés. Les formes d'interaction utilisées à ces moments s'avèrent fort semblables à celles qui sont mises en œuvre dans les programmes de télé-réalité, et une comparaison peut être faite entre le rôle des animateurs de ces émissions et ceux de la *real-tv*.

Toutefois, il ne faut pas perdre de vue qu'il ne s'agit pas là, à proprement parler, d'une nouveauté. Par le passé déjà, les téléspectateurs avaient été appelés, par des méthodes plus traditionnelles, à prendre part à des programmes basés sur la sélection de chansons[89]. L'originalité du processus actuel est qu'il porte parfois non sur des compositions musicales mais sur des personnages, et présente des mécanismes de sélection qui s'apparentent à ceux de la télé-réalité.

• **Les *reality shows***

Étonnamment, la télé-réalité n'a pas fait disparaître tous les *reality shows*, au sens où on définit ce type d'émissions en Europe. Toute la veine des produits télévisuels proposant des images « originales » captées par des caméscopes familiaux peut être considérée comme en assurant la continuité[90]. Les « exploits » montrés dans ces émissions de gags sont souvent involontaires, voire « réellement » douloureux, mais ils sont accomplis dans un cadre quotidien par des êtres que rien ne distingue a priori de leurs semblables. Il semble cependant que la télé-réalité n'a pas d'effet direct sur la nature de ce type d'émissions dont les contenus et la formalisation n'ont pas connu de grands changements.

Par contre, la télé-réalité a aussi redonné de l'impulsion au genre. Un programme qu'on ne peut considérer que comme un *reality show* est ainsi réapparu sur RTL-TVI à l'automne 2003[91]. Animé par une vedette mythique de la chaîne, l'émission cherche à résoudre un problème de type relationnel vécu par un couple. Elle met en scène la vie de personnages banals, mais fait également intervenir leur entourage, des vedettes du *show-business* et un conseiller extérieur. Cette production représente un intéressant mélange de genres télévisuels différents : *reality show*, télé-réalité, variétés, émission d'infos service. La combinaison de ces différents éléments peut être perçue comme une des conséquences de l'arrivée de la *real-tv*.

• Conclusion : un avenir métissé

Dire que la télé-réalité est seule à l'origine des transformations qui marquent le paysage audiovisuel actuel est assurément exagéré. Dans de nombreux cas, il paraît clair que la télé-réalité et la manière dont évoluent certains genres télévisuels trouvent leur racine dans un élément commun, déjà à l'œuvre dans la néo-télévision. Mais il est tout aussi patent que la banalisation des programmes de télé-réalité a concouru au renforcement et à la généralisation de ces éléments au sein de la programmation.

Toute la télévision n'est pas en passe de devenir de la télé-réalité. Mais les ingrédients qui font la télé-réalité, et qui sont eux-mêmes le fruit de processus longs à l'œuvre depuis des années, se répandent pour l'instant dans l'ensemble du média. Certains d'entre eux se marient mieux que d'autres avec l'un ou l'autre genre et donnent le jour à de nouveaux produits, où l'on retrouve certaines des fragrances inhérentes à la télé-réalité.

Les germes de la néo-télévision et de la télé-réalité ont entrepris de contaminer les différentes parties du corps de la télévision, mais chacun de manière spécifique. Cette dissémination ne fait que renforcer l'impression d'assister à l'éclosion d'un nouveau modèle télévisuel. L'hypothèse est tentante et à la mode. Au terme de ce parcours, il y aurait toutefois peut-être lieu de se demander si l'on n'assiste pas là davantage à une mutation, à un nouveau changement de carapace du média. Ou si, plus simplement encore, la « post-télévision » que l'on voit poindre ne se présente pas d'abord comme une nouvelle étape d'une évolution presque « normale » des rapports entre un média et une société dont la télévision est à la fois le reflet, l'amplificateur et un agent producteur de sens.

Les programmes de télé-réalité « connus » en Belgique francophone – Présentation analytique

Frédéric ANTOINE
Professeur au département de communication de l'UCL
Membre de l'Observatoire du récit médiatique

Historique

Les origines de la télé-réalité sont nombreuses et les étymologies de l'expression variées. Les prémices en remontent aux années 1970, et le premier programme à être désigné de la sorte date du début des années 1990. La question est évoquée par ailleurs dans cet ouvrage. Toutefois, ce que l'on désigne aujourd'hui couramment en Europe sous le nom de « télé-réalité » apparaît pour la première fois à l'automne 1999 aux Pays-Bas, lorsque la société Endemol se met à diffuser sur la chaîne de télévision privée Veronica la première émission de longue durée basée sur l'enfermement dans un lieu déterminé de candidats voués à être observés à longueur de journée par des caméras et à être éliminés jusqu'à ce qu'il ne subsiste plus que l'un d'entre eux. Ce qui est alors présenté comme une expérience fait l'objet d'une démonstration internationale lors d'une conférence de presse organisée au *Mipcom* de Cannes quelques jours après le début du programme. Le sujet et le titre qui lui a été donné – *Big Brother* – paraissent à peine croyable aux journalistes. Il ne faudra que quelques semaines pour qu'il se révèle un succès.

Le 30 décembre 1999, la télévision célèbre le premier vainqueur d'une émission de télé-réalité. Il y en aura par la suite beaucoup d'autres. Dans un premier temps, les chaînes de télévision chercheront à acquérir les droits pour reproduire le « format » inventé par Endemol. Le *Big Brother* hollandais connaîtra ainsi de nombreux clones dans toute l'Europe du Nord. La même société se spécialisera dans ce créneau et imaginera d'autres programmes reposant sur les mêmes ingrédients. Des concurrents verront aussi le jour, empruntant au concept de base quelques-uns des éléments qui le caractérisent et les mélangeant de manière différente.

Le sud de l'Europe, dans un premier temps échaudé par la réputation sulfureuse de ce type d'émissions, sera plus lent à entrer dans le mouvement que les pays du Nord.

Entre les deux, en Belgique, c'est la Flandre qui franchira le pas en 2000. La France sera le dernier grand pays du continent à entrer dans l'ère de la télé-réalité en 2001, au moment où le genre se diversifiera et passera de simples programmes de « vivre ensemble » à des *shows* d'aventures et de variétés.

Jusqu'à ce jour, la Belgique francophone n'a connu qu'un seul programme de *real-tv* : une version locale de *Star Academy*, réalisée à l'automne 2002. Mais un nombre appréciable de programmes français du genre ont pu être suivis par les téléspectateurs belges, d'abord via TF1, ensuite via le relais des productions diffusées sur la chaîne M6 par la station belge Club-RTL, qui appartient au même groupe[92]. Ces derniers temps, la chaîne AB3 a aussi entrepris de rediffuser des programmes de *real-tv* français.

On présentera ci-après les principales productions du genre qui ont touché ou fait l'objet de débat en Belgique francophone, en mettant l'accent sur les éléments spécifiques à ces émissions. Les tableaux repris en fin de ce texte permettent d'opérer des comparaisons entre les différentes productions présentées. Toutefois, les composantes générales communes à la plupart des émissions ne seront pas développées ici. Elles font l'objet d'explications présentées par ailleurs dans cet ouvrage.

Panorama des émissions

Loft Story : le *Big Brother* à la française

C'est l'archétype du genre, celui par qui le scandale est arrivé. Dans tous les pays où il s'est déroulé, le format du programme a été le même. Seules quelques variantes de détails y ont été apportées. Dans la version française, l'une d'entre elles concerne le nom de l'émission. Après deux ans de polémiques portant sur les qualités du concept, il eût été difficile que la chaîne qui le propose reprenne simplement le nom sous lequel le format avait fait l'objet de tant de débats.Le titre français induisait aussi l'idée de création d'une histoire d'amour, et donc de constitution d'un couple, qui ne figure pas au menu de la plupart des autres variantes du format *Big Brother*, et qui connota le programme dès ses premiers jours, suite aux ébats aquatiques de deux des candidats, retransmis complaisamment en direct sur les canaux réservés à cet effet.

En pratique pourtant, les vainqueurs du programme n'ont jamais formé de couple[93].

a) Contexte de diffusion

Deux éditions de *Loft Story* ont été diffusées en France par la chaîne M6. La première au cours du printemps 2001, la seconde pendant la même période en 2002. L'édition 2002 a fait l'objet d'une diffusion en Belgique par Club RTL.

Le programme, visible en (quasi) *live* en France sur le bouquet TPS ainsi que par Internet, comprenait également une émission quotidienne, diffusée en *access-prime time*[94], et un *prime* hebdomadaire, proposé le jeudi de 20 h 50 à 23 h 30 environ.

Au cours des deux années, l'animation de ces émissions a été confiée à la même personne.

Une émission télévisée hebdomadaire, animée par un *disc-jockey* de la radio musicale FM Fun radio et comprenant un contenu légèrement décalé, complétait le dispositif le samedi tard dans la soirée.

b) Principes du programme :

• Le cadre

Douze candidats, réputés célibataires, partagent pendant dix ou douze semaines (selon les cas) un logement préfabriqué de 225 à 250 m^2, doté de 26 caméras et 50 micros, espace duquel ils ne peuvent sortir pendant toute la durée du jeu. Ce lieu est appelé « le *loft* » dans la version française du format.

• Le mécanisme

Tout au long du jeu, les candidats s'éliminent et se font éliminer selon un mécanisme bien établi, toutefois parfois modifié au fil des semaines.

Le premier principe de l'élimination repose sur la nomination. Chaque semaine, un nombre restreint de candidats au départ (d'ordinaire deux) sont sélectionnés par les compétiteurs de sexe opposé. Cette désignation se réalise de manière individuelle, lors d'un passage au « confessionnal ».

Les « nominés » sont ensuite soumis au vote des téléspectateurs via les techniques d'interaction mises en place par la production. Au début de la première édition de *Loft Story*, le choix proposé aux téléspectateurs était d'éliminer un candidat. Après quelques semaines, on positiva la démarche en invitant à voter pour celui qui resterait.

Les votes sont recueillis pendant toute la période séparant la nomination de la fin de la soirée de *prime time* au cours de laquelle un compétiteur est éliminé. Le perdant est désigné en direct et doit quitter le *loft*. Il est accueilli dans le studio, qui jouxte le lieu de tournage, par un public où l'on a incorporé des membres de sa famille, des amis et des connaissances.

Au bout du jeu ne subsistent que deux candidats, un homme et une femme, supposés former le couple gagnant de l'émission.

• **La récompense**

La première année, le couple gagnant avait l'obligation de passer trois mois dans une maison située dans le sud-est de la France, recevait 20 000 FF par mois durant cette période, plus un chèque de 1,5 million de FF chacun à la fin de ce temps supposé de vie commune.

La seconde année, les vainqueurs devaient se partager 500 000 euros pour l'acquisition d'un bien immobilier commun. Or, l'on sait que, dans les deux cas, les vainqueurs n'ont pas constitué le couple attendu.

Chaque semaine passée dans le *loft* permettait aux concurrents de gagner un peu d'argent. Lors de leur élimination, un cadeau leur était également offert ainsi que, fréquemment, une éventuelle possibilité de carrière ou d'activité dans le *show-business* (essentiellement : la radio-télévision thématique, éventuellement la chanson ou le cirque).

• **Le déroulement**

La dynamique du programme repose essentiellement sur la banalité du déroulement de la vie commune d'un groupe de jeunes adultes. Pour éviter la monotonie et l'inaction, les candidats sont amenés à réaliser des défis que leur impose « le propriétaire » des lieux. La réussite de ces défis permet d'améliorer le confort quotidien et la variété de la nourriture. Au cours de la première année, le nombre de ces défis avait été très limité et les candidats avaient passé une partie de leur temps en pleine oisiveté.

Lors de la seconde édition, les défis furent quasiment hebdomadaires.

Au fil du jeu, des contraintes de diverses natures sont aussi imposées aux candidats. Elles entendent handicaper leur existence et permettre l'émergence d'une certaine anormalité.

c) Les candidats

Les compétiteurs, de jeunes adultes, sont normalement choisis au terme d'un *casting* réalisé dans toute la France. Dans la seconde édition, la sixième fille a été choisie en début de jeu par les cinq garçons retenus à l'origine, et il en a été de même pour le sixième garçon, choisi par les filles.

La spécificité des personnages repose en grande partie sur leur caractère, les possibilités d'identification qu'ils peuvent inspirer à l'audience et leurs capacités exprimées à assumer un rôle exigeant une forte part de révélation personnelle et de monstration de soi (ou une puissance suffisante leur permettant de tenir un rôle pendant une longue période).

Nice People : le clone

Après que M6 eut, pendant deux saisons, dominé la scène de la télé-réalité « en direct » grâce à *Loft Story*, TF1 décida de se lancer dans la même aventure, malgré les engagements précédemment exprimés à ce sujet par son PDG Patrick LE LAY lorsque M6 avait franchi le Rubicon. Il s'était alors demandé, dans les colonnes du journal *Le Monde*, si l'on pouvait vraiment tout montrer à la télévision[95]. Deux ans plus tard, il devait avoir trouvé réponse à cette question puisque TF1 se testait à la diffusion d'un programme identique, quant au fond, au concept originel du format *Big Brother*. Avec, seulement, la volonté d'apporter quelques « plus » à la formule de base : plus d'argent, plus d'activités, plus de différences…

a) Contexte de diffusion

Nice People fut un programme de télé-réalité du même ordre que *Loft Story*. Diffusé en 2003 à la même saison que *Loft Story* au cours des années antérieures, le programme était visible en (presque) direct sur un canal réservé du bouquet satellitaire TPS, dont TF1 est l'actionnaire de référence, et faisait l'objet de diffusions complémentaires via Internet. Chaque jour, un résumé des événements vécus par les *Nice People* était programmé sur TF1 dans une case d'*access-prime time*[96], la semaine étant couronnée par un « *prime* » occupant la soirée du samedi à partir de 20 h 50. La présentation des émissions était assurée par un couple d'animateurs attitrés de TF1 comptant en son sein un des hauts responsables de la société chargée de la production du programme.

b) Principes du programme :

• Le cadre

Nice People est identique à *Loft Story* et l'imite jusque dans le nombre des compétiteurs en présence. Douze candidats, répartis de manière équilibrée selon les sexes, occupent pendant douze semaines une villa située à Nice, au bord de la Riviera, et ne peuvent en sortir. Leur lieu d'enfermement est plus vaste et confortable que le préfabriqué ou le *loft* traditionnel (450 m^2, une vaste piscine, une vue vers la mer), mais est organisé selon une disposition identique. Les lieux collectifs y priment sur les endroits privatifs, et certains espaces symboliques, comme la salle de bains, y ont même été dotés de davantage d'équipements. Seule différence : l'existence d'un cabanon extérieur, chambre de luxe permettant un relatif isolement, bien qu'il soit normalement réservé à un invité extérieur. 50 caméras et autant de micros auraient été chargés de ne rien perdre de la vie de ces différents endroits, soit quelques moyens d'observations supplémentaires par rapport à ceux que comprenait le *loft*.

• Le mécanisme

Les ressorts du programme sont, sur leurs principes, comparables à ceux de *Loft Story*, au détail près qu'il s'agit de choisir un vainqueur, et non de désigner un couple gagnant. Les mécanismes d'élimination sont fort semblables à ceux du produit modèle : nominations par les « colocataires », sélection finale sollicitée auprès des téléspectateurs et révélation du résultat lors du « prime » hebdomadaire. Seule différence : l'objectif du programme n'étant pas d'élire un couple, les nominations ne sont pas organisées sur base d'une opposition entre les sexes.

• La récompense

Celui qui sort vainqueur du jeu se voit attribuer une somme importante (300 000 euros), théoriquement majorée du montant de la cagnotte accumulée par les compétiteurs pendant le jeu. Ces sommes devaient être destinées à développer un projet de vie. Il s'avérera en pratique que pareil projet visait, dans le chef de la plupart des participants, à se doter des moyens de fonder une entreprise ou d'ouvrir un commerce, dans le secteur des loisirs ou du *show-business*. Un seul candidat[97] évoqua un projet de type humanitaire.Dans la pratique, les concurrents convinrent de partager entre eux le montant de la cagnotte au prorata du temps passé dans la villa.

• **Le déroulement**

Comme dans *Loft Story*, la vie des *Nice People* fut rythmée par la réalisation de défis imposés par la production. Leur réussite permettait notamment de nourrir la cagnotte du jeu.

Une des particularités de *Nice People* est d'avoir, chaque semaine, ouvert la villa à une personnalité du monde extérieur, venue animer la vie des reclus volontaires. Issues de milieux très divers, mais proches du *show-business*, ces vedettes (souvent déclinantes) avaient pour mission de nourrir la vie de la villa d'événements destinés à casser la monotonie du jeu.

Cet ajout à la version originale est révélateur de la difficulté que l'on peut éprouver à bâtir un programme sur des personnages sans notoriété. L'immersion dans la villa de gens connus était supposée apporter une réponse à ce problème. La pratique révéla que ce ne fut pas toujours une réussite.

c) Les candidats

L'identité des candidats constitue la principale différence entre *Nice People* et les autres produits issus du format *Big Brother*. Si l'on en croit les producteurs du programme, leur intention aurait été de réaliser un rassemblement européen microcosmique destiné à démontrer les qualités de représentants de divers pays d'Europe, et leur capacité à vivre ensemble. Cette louable intention, destinée à positiver l'image du jeu et, partant, de la chaîne, n'a pas eu que des effets positifs. S'agissant de produire un programme en langue française, il s'avéra nécessaire de recruter des Européens de diverses nationalités, mais sachant s'exprimer dans cette langue. La maîtrise d'un idiome étranger, et a fortiori du français, n'étant pas chose courante dans toutes les couches des populations européennes, les candidats retenus appartenaient tous à un milieu plutôt favorisé et se révélèrent souvent plus proches de la culture française que de leur nationalité d'origine. Le casting ayant précédé le programme avait toutefois veillé à ce que, dans la mesure du possible, ces concurrents correspondent aux représentations archétypales que l'on véhicule sur les ressortissants des différents pays d'Europe. Ces points de vue manichéens, renforcés par les animateurs du programme, ne créèrent cependant pas les points de tensions attendus des producteurs. Il en fut de même du caractère lisse et trop policé des participants, dont les personnalités convenues ne permirent pas au spectacle de se révéler avec autant de richesse que dans les adaptations plus basiques de *Big Brother*.

Star Academy : la télé-réalité musicale

Avec les différentes versions et adaptations françaises de *Big Brother*, *Star Academy* est le seul autre programme de télé-réalité visible en Belgique francophone qui respecte la règle de la retransmission permanente et du suivi quotidien qui constituent certains des fondements du genre.

Ce programme ajoute au concept de base l'idée de la monstration d'une occupation ayant une finalité manifeste, et va donc à l'encontre de l'impression dilettantiste, voire négative, que pouvaient inspirer les autres produits de *real-tv* issus de la même veine.

L'appréciation positive dont bénéficie *Star Academy* dans de larges couches des populations n'est pas étrangère à ce renversement.

a) Contexte de diffusion

Adaptation française du concept *Starmaker* imaginé par Endemol pour les Pays-Bas au début 2001, *Star Academy* fut proposé à TF1 à peu près à la même époque, alors que M6 fourbissait ses armes en préparant la première édition de *Loft Story*. Les similitudes entre les deux produits sont trop criantes pour ne pas reconnaître qu'ils représentent presque les deux variantes d'un même format originel. En pratique, M6 fut plus rapide, et le produit destiné à TF1 s'inscrivit, à la rentrée de septembre 2001, dans les marques de la télé-réalité telles qu'elles avaient été tracées sur la chaîne concurrente.

Depuis lors, TF1 produit chaque année une version de *Star Academy*, et le format a connu un tel succès international que, en avril 2003, TF1 prit le risque d'organiser un super *Star Academy* européen réunissant les vainqueurs de tous les programmes du genre. Sous le nom d'*Eurobest*, ce spectacle, qui n'avait de compétition que le nom, fut organisé pendant le *MIP TV* de Cannes.

Les conditions de vision des différentes éditions de *Star Academy* diffèrent peu de celles de *Loft Story*. Le programme peut être vu en quasi direct sur un des canaux du bouquet TPS, dont TF1 est l'opérateur, et est relayé sur Internet, en large partie moyennant un accès payant. À côté de ces visions (et auditions) en *streaming*, la fidélisation au programme est assurée par la diffusion d'émissions quotidiennes, en période d'*access-prime time*[98], ainsi que par un « *prime* » hebdomadaire, occupant la case de soirée de TF1 du samedi. Les épisodes de la vie quotidienne du château, mais aussi les apprentissages des candidats et leurs évaluations par les professeurs, font partie des sujets montrés dans les comptes rendus quotidiens. Les shows du samedi soir donnent l'occasion aux élèves d'accomplir des prestations musicales, seuls ou en groupe, ainsi qu'en compagnie d'artistes affirmés.

Chaque « *prime* » se clôture par la révélation du nom du candidat éliminé et par le retour des compétiteurs subsistants au château où ils poursuivent leurs aventures.

b) Principes du programme :

• Le cadre

Star Academy *présente un contexte relativement semblable à celui des autres produits de télé-réalité du même genre, mais possède une autre finalité.*

Seize jeunes candidats sont ici retenus, comme en pensionnat, dans une demeure appelée château et se trouvant dans la grande banlieue parisienne, à Dammarie-lès-Lys. La disposition intérieure du lieu est identique à celle que l'on retrouve dans la plupart des programmes de *real-tv*. Mais le château et ses dépendances comportent d'autres espaces, réservés à l'apprentissage des arts (chant, danse, expression théâtrale, fitness…). L'espace ouvert, sous forme de parc, est également plus vaste.

La clôture du lieu n'est pas totalement hermétique. De temps à autre, des candidats peuvent s'en extraire, et des sorties sont même organisées pour certains d'entre eux à divers moments du jeu.

Les concurrents ne sont par ailleurs pas seuls dans le château. Ils fréquentent en permanence des « professeurs » qui les suivent pendant leur séjour et assurent un lien entre le monde du dedans et celui du dehors. Cette liaison avec l'externe peut aussi s'accomplir via les brefs échanges téléphoniques que les candidats sont autorisés à avoir avec des proches.

• Le mécanisme

Comme tous les programmes de *real-tv*, *Star Academy* est une compétition. Les modes opératoires de la sélection et de l'élimination y sont toutefois plus complexes que dans les produits de base du genre. Ici, en effet, il n'appartient pas aux candidats de s'éliminer mutuellement. La sélection des compétiteurs qui seront soumis à l'appréciation du public est réalisée par un jury composé des professeurs. Parmi leurs élèves, ceux-ci retiennent chaque semaine les trois (puis deux) moins bons candidats. À partir du moment où ce choix est rendu public, ces « nominés » sont soumis aux votes des téléspectateurs. Les votations pourront se poursuivre jusqu'à la fin du « *prime* » pendant lequel les concurrents se produiront. Au cours des premières étapes du jeu, le candidat le mieux classé par les votes des téléspectateurs est automatiquement sauvé. Parmi les deux « nominés » restants, un est ensuite sélectionné par ses camarades, votant à visage découvert. Celui qui n'a pas été retenu lors de ces deux scrutins est éliminé. Lorsque le nombre de candidats diminue, cette procédure de sélection connaît quelques modifications. À la fin du jeu, une demi-finale oppose les derniers candidats deux à deux. Les vainqueurs de cette compétition participent ensuite à une finale d'où sort un vainqueur. Au cours des trois premières éditions de *Star Academy*, la finale a chaque fois mis en présence un garçon et une fille (ce qui, théoriquement, n'est pas obligatoire mais survient toujours). À chaque fois, le candidat masculin était soit étranger, soit coloré, tandis que les filles étaient des Françaises à la peau blanche. Et elles ont, toutes, remporté l'épreuve.

• La récompense

Seul celui qui gagne la finale a théoriquement droit à être récompensé, sous forme d'une forte somme d'argent (un million d'euros). Le vainqueur est aussi assuré d'enregistrer un album et de se produire à l'Olympia. Ces différents prix semblent toutefois liés, dans la mesure où la somme attribuée consiste en une avance sur recette faite par la société Universal aux ventes du futur disque réalisé par le gagnant.

L'ensemble des participants à une session de la *Star Academy* sont aussi récompensés dans la mesure où ils participent tous à un spectacle qui se produit en France (et en principe aussi dans les pays limitrophes) à la suite de chaque émission. Ce qui peut, dans certains cas, servir de premier tremplin à une entrée dans le *show-business*[99].

• Le déroulement

À l'inverse des autres programmes de télé-réalité basés sur « le direct », les concurrents de *Star Academy* n'ont pas besoin de défis ou d'épreuves à réaliser pour émailler la vie de leur communauté, puisque le programme dans son ensemble est conçu comme un grand (et impossible ?) pari : celui de devenir star en trois mois.

Ce débat, qui n'est pas étranger au rapport entre « réel » et « fictionnel » tel que le montre la télé-réalité, porte sur la capacité de la télévision de permettre pareille formation, en un laps de temps si court et dans un contexte si particulier. Alors que tous les professionnels du *show-business* soulignent le temps nécessaire à l'apprentissage de ce genre de métier. Devenir star en trois mois relève autant du réel que l'ambition de la télé-réalité de vouloir montrer le réel.

Pareil débat n'avait pas de raison d'être dans les programmes de base de la *real-tv* dans la mesure où aucun d'entre eux ne revendiquait d'intention performative et n'affichait d'obligation de résultat.

Quoi qu'il en soit, la vie des concurrents au château n'est donc composée que d'épreuves, liées aux cours et aux évaluations dont ils sont l'objet. Celles-ci s'ajoutent aux expériences rencontrées dans une vie commune à laquelle les concurrents sont contraints et aux relations qu'ils y nouent.

Les prestations à réaliser chaque semaine au cours du « *prime* » télévisé permettent de ponctuer concrètement les étapes de la compétition. Elles font aussi ensuite l'objet d'évaluation entre candidats et professeurs.

Le programme est par ailleurs émaillé d'événements ponctuels créés pour dynamiser la monotonie de la vie d'élève : venue au château de professionnels, déplacements en extérieur, autorisation pour un participant de quitter la compétition quelques jours... Tout est bon pour diversifier le récit et créer, dans le méga-récit originel, autant de micro-récits spécifiques que possible.

Star Academy ressemble ainsi à un lieu d'apprentissage en alternance, où la vie se partagerait entre temps de formation et moments d'activité professionnelle supervisés par des pairs. Si l'on y ajoute la part de vie commune permettant de cadrer le programme, l'ensemble n'est pas loin de pouvoir être assimilé à la manière dont vivent les artisans en compagnonnage. À la différence près que cette vie-ci se déroule sous l'œil de caméras et constitue la base d'une émission de télévision donnée à voir chaque jour de la semaine à des millions de téléspectateurs.

c) Les candidats

Issus d'immenses castings, les jeunes retenus appartiennent en nombre égal aux deux sexes. Par rapport aux autres programmes de *real-tv* certains d'entre eux sont particulièrement jeunes, afin de démontrer que, en matière d'apprentissage, « la valeur n'attend pas le nombre des années ». Le cadre scolaire de l'Académie est d'ailleurs propice à l'accueil de participants plus près de la fin de l'adolescence que d'une inscription ferme et définitive dans le monde des adultes. Cette proximité avec l'adolescence permet par ailleurs une identification plus aisée pour le cœur de cible du programme.

Certains candidats font preuve d'évidentes capacités musicales, d'autres n'en possèdent pas et sont davantage retenus pour leurs autres côtés (leur caractère charmeur, leur physique ou leur capacité à animer un groupe) que parce qu'ils se révéleront les futurs stars de la chanson. En ce sens, *Star Academy* prépare bien au métier de vedette du *show-business*, mais pas nécessairement à une carrière dans la chanson.

La personnalité des candidats joue ainsi un rôle aussi important que leurs potentialités musicales et artistiques. On pourrait en dire de même de leurs capacités à être eux-mêmes (ou à savoir jouer un rôle convaincant) face aux caméras. Les choix de sauvetage de nominés opérés par le public ne reposent en effet pas seulement sur une évaluation des compétences des concurrents, mais sur l'impression de sympathie ou de compassion qu'ils dégagent.

Les candidats sont aussi choisis et formés afin d'être des exécutants, c'est-à-dire des interprètes. On ne leur demande d'être ni auteur ni compositeur, et ces qualités peuvent même être considérées comme des défauts. Il s'agit ici de pouvoir entrer au mieux dans le moule de standards internationaux de la chanson, comme le confirment les programmes de *prime time* où les élèves exécutent certaines de ces compositions en présence de leurs auteurs et/ou interprètes en titre. Cet élément rapproche *Star Academy* des « Radio-crochets » de jadis. Il concourt aussi à inscrire ce programme parmi les éléments fédérateurs d'une culture de masse néo-télévisuelle où les standards de la chanson d'hier sont en passe d'atteindre l'éternité en devenant aussi ceux des générations d'aujourd'hui. Ce phénomène, qui n'eut pas besoin de *Star Academy* pour exister en Amérique du Nord, est en train de se généraliser à toutes les cultures de la planète grâce aux interprétations assurées par les candidats des programmes de télé-réalité.

Star Academy Belgique

La version belge de *Star Academy*, diffusée sur RTL-TVI au cours de l'automne 2002, constitue la seule émission du genre à avoir été conçue, réalisée et émise en Belgique francophone à destination du public spécifique de cette communauté.

Ses similitudes formelles avec *Star Academy* France ne rendent pas nécessaire de lui consacrer un descriptif particulier : cadre, mécanismes, type de récompense, déroulement... étaient identiques dans les deux programmes, la production belge ressemblant à une « copie » du programme français (en pratique, elle ne fit en vérité qu'appliquer la même bible de format que la version française).

Lancée plus tôt que la *Star Academy* française, l'édition belge lui a toutefois constamment été comparée, dans la mesure où cette version locale succédait à une première édition du programme proposée en France en 2001 et dont un des finalistes n'était autre qu'un Belge. Alors que les mécanismes de proximisation, sur lesquels se fonde la télé-réalité, auraient dû bénéficier à la version belge, le programme conçu en Belgique n'a jamais suscité un enthousiasme équivalent à son homologue français. Une preuve indiscutable en a été fournie le vendredi 11 octobre 2002, lorsque les deux productions ont été contraintes de diffuser leur « *prime* » au même moment, suite à la programmation d'un événement sportif en direct sur TF1 dans le créneau habituel de l'émission, le samedi soir. Ce soir-là, la version TF1 a récolté en Belgique 38,4% des parts de marché (PdM) (estimation : plus de 573 000 téléspectateurs), contre 19% de PdM pour la formule RTL-TVI (± 291 000 téléspectateurs).

Les préférences avaient été clairement exprimées. Elles s'expliquent en partie par les différences marquant les deux versions, par les moyens moins importants investis par la chaîne belge, mais aussi par l'attrait inéluctable que les programmes français exercent depuis toujours sur le public belge.

Les différences

• Le contexte de diffusion

Les émissions quotidiennes de *Star Academy* occupaient en Belgique également une case d'*access-prime time*, mais celui-ci étant plus précoce sur RTL-TVI en fonction de l'heure du JT de la chaîne, elles étaient diffusées vers 18 h 30. Lors de sa première édition sur M6, *Loft Story* était proposé à la même heure. Paradoxalement, cette case de programmation permit aux téléspectateurs belges de suivre en parallèle les quotidiennes de la *Star Academy* française, proposées plus tard (toujours en fonction de l'heure pivot du JT).

Les «*prime*» étaient organisés le vendredi, et non le samedi (sauf exception). À nouveau, cette programmation permit de suivre en parallèle les deux émissions, en France et en Belgique.

RTL possédant en Belgique radios et télévisions, Bel RTL sera mise à contribution pour promotionner le programme. Toutefois, des liens plus marquants seront organisés avec Radio Contact, dont le RTL Group est également actionnaire.

Dans son ensemble, la version belge a duré moins longtemps que la version française, mais avait débuté plus tôt, organisant la sélection des candidats par étapes au cours d'une procédure un peu longue et compliquée s'étalant sur près d'un mois et recourant à la fois à la télévision et à la radio.

En semaine, la présentation du programme quotidien fut assurée par une jeune animatrice de la chaîne. Elle était rejointe le vendredi pour le « *prime* » par un présentateur masculin.

• **Le cadre du programme**

La *Star Academy* belge s'est déplacée dans plusieurs lieux. Le « château » de Waimes où ont résidé les candidats ne les a vus arriver qu'au terme de la procédure de sélection, pendant laquelle un autre lieu (le domaine d'Hélécine) fut utilisé. Même s'il s'agissait d'une abbaye, Hélécine avait davantage des airs de château que le bâtiment de Waimes, plus proche d'un pensionnat.

Pour des raisons économiques et financières, les lieux de la *Star Academy* belge ne furent pas truffés de caméras automatiques et la diffusion de ce qui se passait sur place ne fut pas assurée 24 h/24. Les images étaient saisies par des équipes de vidéo légère et montées en fonction des diffusions lors des émissions quotidiennes et des « *prime* ».

À plus d'un titre, le filmage du programme belge ressembla davantage à celui de *Popstars* qu'à celui de la *Star Academy* dont fut ainsi absente une part du rapport à la réalité.

• **Le casting**

En phase finale, la *Star Academy* belge comptait moins de candidats que le modèle français. Le panel des personnalités était donc naturellement moins riche. Il semble aussi que la production encouragea la sélection d'un nombre important de candidats issus des anciens bassins industriels wallons. Considérés comme trop populaires par une partie des téléspectateurs, ces personnages ne suscitèrent pas les processus d'identification espérés et plusieurs ne présentèrent pas des forces de caractère convaincantes.

L'identité des professeurs, les compétences de certains d'entre eux et le rôle de directeur attribué à une vedette belge controversée pour la qualité de ses compétences artistiques n'ont par ailleurs pas valorisé le programme.

Popstars

Popstars est la version française du programme néo-zélandais de même nom qui vit le jour en 1999[100], se répandit ensuite en Australie début 2000, puis conquit les autres pays de langue anglo-saxonne avant d'arriver en France en 2001. Si ses producteurs originaux l'avaient décrite comme une « série documentaire », les versions suivantes de l'émission ont été considérées comme des programmes émargeant à la télé-réalité.

En France, les différentes éditions de *Popstars* proposées chaque année depuis 2001 ont été programmées sur M6. En Belgique francophone, Club RTL, qui appartient au même groupe que M6, en a diffusé la seconde édition (2002), avec quelques semaines d'écart sur M6. En 2003, le relais a été pris par la chaîne AB3.

Si *Star Academy* se veut le récit de la naissance d'une vedette, *Popstars* entend, pour sa part, narrer le récit de la création d'un groupe pop.

a) Le contexte de diffusion

Contrairement aux programmes de télé-réalité reposant sur la saisie directe et permanente de la vie d'un groupe d'individus, le genre d'émissions dont relève *Popstars* n'entend capter que des morceaux de réel. La prise de vue n'est volontairement pas permanente et il en est dès lors de même des opportunités de vision. L'enregistrement précède largement la diffusion.

Ce programme n'est donc pas proposé sur un canal numérique ou en *streaming* sur Internet. Sur la chaîne généraliste qui le diffuse, il ne fait pas l'objet d'une programmation quotidienne. Seule est conçue une production hebdomadaire, située en *prime time*. *Popstars* se résume ainsi à un programme de télé-réalité de 14 épisodes.

b) Principes du programme :

• Le cadre

L'histoire de la constitution d'un groupe s'accomplissant par étapes, *Popstars* ne se déroule pas dans un lieu unique et clos. L'action occupe toutefois des espaces privilégiés : dans un premier temps, dans les divers lieux où ont lieu les castings. Ensuite, dans l'atelier où se déroule l'apprentissage de base des techniques de chant et de danse. Puis, pour les candidats retenus, dans un lieu moins défini, s'apparentant à une villa. Conséquence de la curiosité médiatique dont ils sont l'objet, les candidats sont forcés d'y vivre reclus, mais cela ne constitue pas une condition imposée par la production. Ils doivent par contre y vivre en collectivité, afin de forger la cohésion de leur groupe, mais disposent d'une forte dose d'autonomie et d'intimité. Ils ne sont soumis à aucune contrainte supplémentaire.

Les lieux où se déroule le programme sont aussi fréquentés par l'équipe qui soutient les candidats : un chorégraphe et un *coach* musical.

• Le mécanisme

Popstars n'est pas un programme de télé-réalité comme les autres. Il montre bien la « vraie » histoire de véritables candidats à la célébrité. Mais il ne se contente pas de ne pas recourir au direct. Les mécanismes de sélection y sont également très particuliers et ne font pas appel à des systèmes d'interaction avec le public. Les éliminations, réalisées à plusieurs étapes du jeu, ne sont réalisées que par un jury composé de trois spécialistes suivant les candidats d'étape en étape.

• La récompense

La contrainte à laquelle doivent se soumettre les compétiteurs n'est cependant pas mince : pour réussir, elle les oblige à former un groupe musical. Les individualités et ceux qui visent une carrière en solo n'ont aucune chance de terminer en tête de cette compétition. La récompense, qui ne constitue pas l'ultime étape de l'émission, réside en la possibilité de constituer un groupe, puis de réaliser un disque et d'en assurer la promotion, notamment via une tournée.

Il semble ne pas y avoir de récompense directe en argent. Par contre, un dédommagement financier a été plusieurs fois accordé au groupe perdant… afin qu'il ne révèle pas anticipativement l'identité des gagnants.

• Le déroulement

Le découpage de *Popstars* est très précis et organise la trame dramatique du jeu. Il se repère aisément au fil des étapes, matérialisées dans chacun des épisodes diffusés sur antenne. Ceux-ci ont d'ordinaire présenté la configuration suivante :

Épisodes 1-3 : les différents castings.

Épisode 4 : la sélection par le jury de ceux qui participeront à l'atelier (de 30 à 40 candidats).

Épisodes 5-7 : à l'atelier, avec élimination progressive des mauvais candidats par le jury.

Épisode 8 : réduction du nombre des candidats à la taille du groupe prévu.

Épisodes 9-10 : travail « en maison » pour constituer le groupe.

Épisodes 11-14 : réalisation du premier disque par le groupe, puis du clip et de la tournée.

Ce principe a chaque année été adapté afin de ne pas produire de manière répétée des groupes identiques. En France, comme dans le monde entier, la première édition de *Popstars* a visé à mettre sur pied un groupe de filles (« de 3 à 5 membres »). L'année suivante, il s'est agi de créer un groupe mixte, théoriquement de « de 5 à 6 membres », mais de facto composé de 4 personnes. La troisième année a été présentée comme celle d'un « duel » où se sont affrontés un groupe de filles et un autre, de garçons. En France, le groupe de garçons a été désigné vainqueur, mais les filles ont été rappelées et ont eu également droit à un enregistrement.

c) Les candidats

De plusieurs milliers lors des castings, les compétiteurs sont réduits à une quarantaine lors du passage en atelier. En 2003, la proportion de filles y était plus importante que celle des garçons. En 2001, le groupe gagnant fut composé de cinq filles. Il comptait 2 garçons et 2 filles en 2002, et 3 garçons en 2003.

À la recherche de la nouvelle star

Ce programme est la version française de l'émission *Pop Idol*, dont le format fut conçu en Grande-Bretagne et pour la première fois diffusé sur les ondes de la télévision privée britannique ITV (Channel 3) en 2001.

En France, le programme a connu, au cours du premier semestre 2003, sa première diffusion sur la chaîne M6. Reprogrammé en 2004 au cours de la même période de l'année, il a été rebaptisé *Nouvelle star* et sa diffusion se partage entre M6 et Fun TV.

En Belgique, le programme a été diffusé en 2003 sur Club RTL.

Aux quatre coins de l'Europe, ce programme a été si fortement apprécié que *À la recherche de la nouvelle star* a reçu une Rose d'Or au festival de télévision de Montreux et a été classé « meilleur programme de divertissement » par l'Académie britannique de la télévision.

a) Le contexte de diffusion

Contrairement à *Popstars*, mais dans la lignée de la tradition de la *real-tv*, le principe d' *À la recherche de la nouvelle star* est d'occuper les écrans de manière régulière tout au long de la durée du programme. Théoriquement, la diffusion se répartit ainsi entre un programme quotidien et un « *prime* » hebdomadaire. En Grande-Bretagne, la chaîne complémentaire ITV2 consacre de la sorte chaque jour 3 heures de direct (rediffusés à deux reprises) à *Pop Idol Extra*, en plus des émissions hebdomadaires proposées sur le premier canal de ITV.Le même concept devait être appliqué en France en 2003, inscrivant sur M6 *À la recherche de la nouvelle star* dans la continuité des éditions de *Loft Story* proposées les années antérieures.

Toutefois, la réussite ne fut pas au rendez-vous et la formule quotidienne proposée en *access-prime time* par le même animateur que celui de *Loft Story* ne dura que… 4 jours. Le 1er mai 2003, M6 remplaçait sa quotidienne d'*À la recherche de la nouvelle star* par la rediffusion d'une série américaine. Le principe du « *prime* » hebdomadaire n'était, lui, pas mis en cause. C'est sous cette formule que le programme poursuivra alors son existence sur M6, jusqu'aux marges de l'été 2003.

b) Principes du programme :

• Le cadre

Il n'y a pas de cadre précontraint déterminé pour *À la recherche de la nouvelle star.* Le projet du programme est davantage de révéler une star que de la voir vivre. Le cadre évolue donc essentiellement en fonction des étapes du jeu. Le fait que ce programme ne repose pas sur la monstration d'un apprentissage permet d'en libérer les trop fortes contraintes de lieu.

•Le mécanisme

À la recherche de la nouvelle star repose sur le même principe que tous les programmes de télé-réalité : celui de l'élimination successive de compétiteurs, jusqu'à ce qu'il ne subsiste qu'un gagnant. Selon les étapes du programme, le processus de sélection est tantôt entre les mains d'un jury, tantôt entre celles du public. Les présélections sont l'œuvre de quatre spécialistes, délibérant ensemble. Les finalistes, au nombre de dix, se produisent ensuite devant le public lors des « *prime* », les moins appréciés étant éliminés au fil des semaines. Au cours de cette étape du programme, le jury n'est plus utilisé que pour apporter une appréciation d'experts sur les prestations des candidats. Son choix peut différer de celui du public. Il semble que cela a été le cas lors de l'épreuve décisive de l'édition 2003.

• La récompense

Le vainqueur gagne l'enregistrement d'un album. Lors de la version 2003, un cas presque aussi important a été fait du perdant de la finale (un Français) que du gagnant (un Belge). Il a, lui aussi, pu enregistrer et fut promotionné de la même manière que le gagnant par les chaînes du groupe M6.

• Le déroulement

Il n'y a pas d'apprentissage organisé dans le cadre du programme. Les futures nouvelles stars sont supposées déjà posséder le bagage technique leur permettant de progresser dans le métier. Cette différence distingue fondamentalement *À la recherche de la nouvelle star* des autres programmes musicaux de *real-tv* et la rapproche davantage du concept originel du « Radio-crochet ».

Le programme progresse, de semaine en semaine, au fil des étapes de la sélection et s'étale sur 16 épisodes. Les trois premiers, enregistrés, illustrent le casting. Celui-ci se déroule en deux temps : une sélection locale, réalisée dans des villes du monde francophone, d'où émergent une centaine de candidats. Puis, pour les compétiteurs retenus, une nouvelle audition se déroule à Paris, devant un jury de quatre professionnels. Trente candidats y sont retenus.

À partir de ce moment, le programme passe en plateau et est diffusé en direct. Dans un premier temps, à l'aide des moyens d'interactions classiques de la télé-réalité, le public aura à retenir dix concurrents. Par la suite, il aura de la même manière à en éliminer un par émission, jusqu'à la nomination de la nouvelle star.

c) Les candidats

Un certain équilibre entre les sexes tend à être respecté au cours des étapes de l'émission et, notamment, parmi les dix finalistes. Ceux-ci peuvent être très jeunes, mais doivent faire preuve de talent, et ne sont évalués que sur leurs capacités musicales. Comme dans *Star Academy*, les futures vedettes de *À la recherche de la nouvelle star* sont essentiellement des interprètes de standards de la chanson française.

Koh-Lanta

Adaptation française de l'émission américaine *Survivor*, *Koh-Lanta* a débuté sur TF1 pendant l'été 2001, au moment où M6 terminait la diffusion de la première édition de *Loft Story*, qui fut particulièrement sulfureuse. Avec ce programme, TF1 entendait démontrer que l'on pouvait faire de la télé-réalité sans tomber au niveau de ce que son directeur qualifiait de « Télé-poubelle ».

Alors que les programmes de télé-réalité basés sur l'observation du vivre-ensemble et le direct n'ont pas aisément accroché le public américain, *Survivor* s'est imposé dès sa première diffusion sur la chaîne CBS, au début de l'an 2000. Sans doute, parce que les valeurs qui sont exposées dans *Survivor* ne sont pas de même nature que celles des autres programmes de *real-tv* et que les situations montrées en diffèrent aussi très largement. Aux USA, ce programme n'est d'ailleurs pas considéré comme relevant directement de la *real-tv*, mais du monde des « *controversial game shows* », ce qui représente plus qu'une nuance.

a) Le contexte de diffusion

Koh-Lanta n'appartient pas à la veine des programmes de télé-réalité en direct. La nature du produit, le lieu où il se déroule et les événements qui le parsèment obligent d'en réaliser l'enregistrement préalablement à la diffusion. Les épisodes de la vie des équipes concurrentes, construits sur base de l'accomplissement d'épreuves, organisent le rythme du jeu et en structurent le mode de diffusion hebdomadaire, durant treize semaines, en *prime time*, le vendredi, pendant la période d'été.

b) Principes du programme :

• Le cadre

Le programme se déroule dans un lieu symboliquement clos : une île. À proprement parler, il se situe plus exactement au moins en deux lieux, puisque deux territoires sont assignés aux deux équipes en présence, auxquels doivent encore être ajoutés les endroits où se déroulent les épreuves. Le suivi de ce qui se passe à ces différents endroits est assuré par des équipes dotées de caméras mobiles. Les campements font ici office de lofts, mais l'action montrée par le programme déborde ce lieu de vie et ses environs immédiats.

• Le mécanisme

Comme tout programme de télé-réalité, *Koh-Lanta* est une compétition par élimination. Mais elle se présente également comme un jeu de solidarité, dans la mesure où les épreuves qui émaillent le programme doivent être réussies par toute une équipe, œuvrant collectivement au bien commun, afin de pouvoir bénéficier d'avantages ou de meilleurs moyens de subsistance. Le produit repose donc à la fois sur une obligation de collaboration, contrainte par les conditions de vie imposées, et sur un devoir de lutte contre les autres concurrents, afin de remporter le jeu. L'essentiel de la dynamique du programme provient de l'articulation paradoxale entre ces deux objectifs, ainsi que sur les jeux d'alliances stratégiques (et de dupe) dont ils sont la conséquence.

Autre élément courant de la télé-réalité, les candidats de *Koh-Lanta* s'éliminent mutuellement tout au long du jeu, lors de séances de votes télévisuellement mises en scène de manière dramatique. Lors de la dernière étape du jeu, l'animateur qui accompagne les concurrents n'ouvre pas l'urne révélant le gagnant sur les lieux du tournage. Celles-ci sont ramenées à Paris et les scellés retirés au cours d'un direct télévisé.

Un animateur accompagne en effet les candidats tout au long du jeu, leur révèle les épreuves qu'ils ont à accomplir mais recueille aussi leurs confidences et cérémonise les procédures d'élimination.

• **La récompense**

Le vainqueur du jeu reçoit une somme d'argent appréciable. Les autres concurrents sont indemnisés. Participer à ce programme n'est toutefois pas sans danger. Des rapatriements sanitaires doivent parfois être organisés et, lors de l'édition 2003, un candidat dut être amputé après avoir contracté la gangrène. Preuve si besoin en était de l'ancrage du programme dans la réalité, et de l'inanité de la désignation de cette émission comme étant un « simple jeu ».

• **Le déroulement**

Le programme se présente comme une histoire : seize candidats sont débarqués sur une île déserte avec un paquetage minimum. Répartis en deux « tribus », ils doivent s'organiser pour survivre. Des épreuves leur sont imposées, les forçant à s'opposer à l'équipe adverse. Certaines de ces épreuves, appelées « jeux de confort », permettent d'améliorer les conditions de vie. D'autres, dénommées « jeux d'immunité », permettent de conserver ou forcent à perdre un des membres du groupe. Vers la moitié du jeu, les deux tribus fusionnent et, au terme d'une survie de quarante jours, le gagnant est élu parmi les derniers survivants.

Chaque épreuve offre l'opportunité de démontrer les capacités de chacun, mais révèle aussi les stratégies employées par les concurrents. Certains se montrent comme ils sont, d'autres interprètent un personnage, feintisent ou cachent leur jeu. Les conditions de vie, les tensions humaines, suscitent le surgissement de situations de discorde ou de crise. La caméra n'en perd pas une miette.

c) Les candidats

De tous les programmes de télé-réalité, *Koh-Lanta* est celui dont les participants sont les plus âgés. Il ne s'agit pas ici de paraître ou de séduire mais de faire preuve de résistance, de connaissances, de tactique et de cran. Il n'est donc pas rare de voir concourir des personnes ayant une longue vie d'aventure, de même que des mères de familles. Les jeunes qui prennent part à ce type d'émission le font davantage par défi que par compétence. Les qualités psychologiques jouent ici autant que les potentialités physiques.

D'autres produits de la *real-tv*

De manière moins développée, parce qu'ils occupent moins de place dans l'imaginaire télévisuel belge francophone, nous évoquerons encore ci-dessous quelques autres programmes de télé-réalité. Certains d'entre eux sont aussi présentés dans les tableaux qui complètent ce texte.

a) *L'île de la tentation*

Adaptation de *Temptation Island*, ce programme entend mettre quatre couples en présence de la tentation d'adultère. Dans ce but, les couples sont séparés pendant douze jours, les quatre femmes et les quatre hommes étant mis en présence de deux fois seize jeunes célibataires plus séduisant(e)s les un(e)s que les autres. Chaque concurrent doit accepter de réaliser certaines épreuves avec une partie des célibataires qui l'entourent.

À chaque épisode du programme, un feu de camp est organisé, pendant lesquels l'animateur sonde le cœur des concurrents. Par vidéo, des morceaux de la vie de leur partenaire, captés à l'autre bout de l'île, sont montrés aux conjoints dans le but de faire s'immiscer le doute dans leur esprit. Les conjoints peuvent procéder à l'élimination de certains des célibataires qu'ils estiment dangereux, mais, sauf exception[101], ne peuvent agir directement sur ce qui se passe dans l'autre partie de l'île.

Le programme est diffusé, l'été, dans une case de deuxième partie de soirée de TF1. Il est constitué d'épisodes préenregistrés montés en parallèle afin d'assister en même temps à ce qui se passe des deux côtés de l'aire du jeu que constitue *L'île de la tentation*.

Il semble qu'aucun prix particulier ne soit attribué à l'issue du jeu, sinon celui d'avoir pu mesurer la (non-) fidélité potentielle de son conjoint au cours d'un tournage qui n'occupe, en réalité, que moins de deux semaines d'une vie.

b) *Greg le millionnaire*

Un jeune homme sans argent, supposé richissime, réunit une bonne vingtaine de jeunes femmes de 18 à 35 ans dans une villa aux Baléares, affirmant qu'il entend choisir l'une d'entre elles pour devenir sa compagne. Au fil des huit épisodes du jeu, il élimine celles qui lui paraissent « vénales » et seulement intéressées par ses richesses. Quand il ne reste plus que deux jeunes filles, il sélectionne sa promise puis doit lui avouer n'être pas le millionnaire promis. Restera-t-elle ensuite avec lui ? L'histoire démontre que oui.

Adaptation française du programme américain de la Fox *Joe Millionnaire*, cette émission diffusée par TF1 l'été en deuxième rideau de soirée est préenregistrée et montée à la manière d'un récit de conte de fées. Le processus d'élimination est ici assuré par le principal intéressé, et non par les concurrentes, qui sont soumises au bon vouloir du « prince charmant ».

Aux côtés du suspense dû à l'élimination, la rivalité entre compétitrices constitue l'autre clé dramatique fondant l'émission.

Le programme, qui a connu un grand succès d'audience, a été décrié à propos de l'identité usurpée de la personne jouant le rôle du millionnaire.

Les programmes de M6 *The Bachelor* et *The Bachelorette*, reposant sur la recherche de l'âme sœur par un (ou une) célibataire, fonctionnent selon des mécanismes à peu près identiques à ceux de *Greg le Millionnaire :* même proportion de candidats (±25), même durée de jeu, mêmes procédés d'élimination, même enjeu fondamental.

On retrouve aussi en partie la même alchimie dans les autres productions de télé-réalité de M6 que sont *Opération Séduction 1 et 2*, dans lesquelles un quarteron de jeunes filles, puis l'année suivante de jeunes hommes, doit sélectionner le séducteur (puis la séductrice) de l'année parmi un bataillon de candidat(e)s embarqué(e)s sur un bateau.

c) *Fear factor*

Très gros succès aux USA, ce programme qui n'a débarqué sur TF1 en 2003 qu'après de multiples hésitations se distingue des productions habituelles de la télé-réalité dans la mesure où il ne s'inscrit pas dans une dynamique sérielle. Chaque épisode met en scène des personnages différents (3 femmes, 3 hommes), obligés d'affronter leurs angoisses et de vaincre leurs phobies dans la réalisation de trois défis exigeant courage, endurance et dépassement de soi. Même s'il ne s'agit jamais d'actes d'héroïsme. À mi-chemin entre *Fort Boyard* et *Koh-Lanta*, ce programme repousse un peu plus loin les limites du tolérable, et s'immisce donc davantage dans la partie intime de l'individu. Il fonctionne autrement selon les règles classiques du genre, les processus d'élimination y étant évidemment moins contraignants que dans le cadre de programmes sériels.

d) *La ferme célébrités (TF1, 2004)*

Le 10 avril 2004, sept femmes et sept hommes considérés comme des « célébrités » ont pénétré sous le regard des caméras de TF1 dans une ferme préfabriquée où ils auront dû rester au maximum quatorze semaines, y accomplissant au jour le jour les charges qui d'ordinaire incombent à des exploitants agricoles.

Sur le principe de base, le programme *La ferme célébrités* repose sur les mêmes mécanismes que toutes les autres émissions de télé-réalité : constitution d'un groupe au départ de personnages disparates, vie communautaire obligatoire, relatif enfermement, épreuves et conditions de vie imposées, élimination progressive des compétiteurs par présélection par le groupe puis par vote des téléspectateurs. Et détermination d'un vainqueur final.

Le mode de diffusion médiatique de ce programme est également proche de ce qui a déjà été pratiqué par le passé : émission permanente en « *streaming* » sur le canal d'un bouquet numérique, diffusion « *live* » visible sur Internet moyennant abonnement, émission sur une chaîne généraliste d'un résumé quotidien et production d'un *prime time* hebdomadaire chargé de récapituler les événements de la semaine et d'orchestrer les procédures d'élimination.

Le programme est toutefois aussi doté de quelques différences qui expliquent, au moins en partie, les raisons de son succès.

La ferme célébrités enregistre en effet des réussites d'audience supérieures à celles de la variante « européenne » testée en 2003 par TF1. Dès ses premières émissions hebdomadaires, le programme a dépassé les 35 % de parts de marché. Ce pourcentage s'est toutefois un peu tassé par la suite. Une des caractéristiques de l'audience de ce programme semble être de se distinguer par sa grande diversité. Alors que les émissions traditionnelles de télé-réalité touchent d'abord les tranches d'âge jeunes, un programme comme celui-ci s'adresse directement à tous les publics. Il s'avère ainsi davantage fédérateur que les productions plus habituelles. Les éléments particuliers à ce programme n'y sont pas étrangers.

Le premier élément distinctif concerne les personnages. Alors que le principe de base de la télé-réalité est de projeter sous la lumière des spots de jeunes inconnus, La ferme choisit de rassembler des personnes déjà connues ou bénéficiant au moins d'une certaine publicité. Il ne s'agit donc pas cette fois de révéler des personnages, mais d'exploiter le potentiel de notoriété, de sympathie ou d'antipathie dont ces individualités disposent déjà a priori.

Ces personnages n'appartiennent, par ailleurs, pas tous à la même classe d'âge, ni tout à fait au même milieu. Ce brassage accroît les possibilités d'identification tout comme il renforce les potentialités dramatiques, narratives et psychologiques de l'émission.

Le lieu même constitue aussi une des raisons de l'attrait du programme. Alors que la télévision réalité a coutume de ne pas situer son lieu d'action et de constituer son propre objet, il est ici d'emblée annoncé que l'implantation sera rurale et concrète. La France, comme de nombreux pays post-industrialisés, cultive un étrange rapport de nostalgie à la ruralité. Il suffit, pour s'en rendre compte, d'apprécier le succès que rencontre chaque année à Paris le Salon de l'Agriculture. Ce rapport peut ici se développer dans toutes ses dimensions, renforcé par le divorce comique que manifeste le décalage entre la marque d'urbanité que portent la plupart des protagonistes et leur enracinement forcé dans le vécu agricole. Le rural se transforme ainsi à la fois en lieu d'expérience, d'évaluation de capacité d'adaptation et en lieu de mémoire. Ce qui explique à la fois le plaisir que de nombreux téléspectateurs éprouvent à suivre le programme, tout comme il justifie les vives réactions à son égard manifestées par des syndicats du monde agricole.

Comme plusieurs autres productions récentes du même genre, cette télé-réalité là a donc un substrat de contenu, et celui-ci balise les épreuves auxquelles sont soumis les candidats. Ce contenu est renforcé par le fait que les conditions de simplicité de vie sont ici présentées comme étant parties prenantes du contexte naturel sur lequel repose le programme, et donne au sens du mot « rusticité » tout son contenu. Les candidats appartenant au monde des célébrités, la nature du décalage ne peut, à nouveau, que jouer en faveur du programme.

On sait qu'en pratique, ces conditions de rusticité ne revêtent sans doute pas tout le caractère d'exigence qu'elles paraissent avoir à l'image. Néanmoins, elles formatent le programme. Tout en entretenant à son égard cet étrange et plaisant doute qui fait voyager le spectateur entre fiction et « réalité vraie », reproduction et production.

Autre particularité de ce nouveau genre de production : la nuance dans le rapport à l'argent. Bien sûr, celui-ci n'est pas absent du discours, mais les candidats sont ici supposés non tant concourir pour eux-mêmes que pour une association, comme cela se pratique par exemple à *Fort Boyard*. La télévision amplifie ainsi son rôle de médiatrice, tout en revêtant ses compétiteurs du manteau du désintéressement. Et ce, même si on sait toutefois, par la bande, que chaque participant a été fortement dédommagé par jour de participation au jeu.

En agissant de la sorte, la production modifie le rapport des compétiteurs vis-à-vis du jeu. Ceux-ci s'avèrent bien davantage en représentation que dans une configuration de concours. Pour une célébrité rémunérée par ailleurs, l'essentiel n'est pas nécessairement de remporter le jeu, mais de contribuer au succès du programme. Les candidats n'hésiteront donc pas à se montrer ici sous un angle plus véridique que dans les programmes habituels. Et cette « naturalité » contribuera à nourrir le succès du programme.

Plusieurs mécanismes liés au fonctionnement de l'émission, enfin, la distinguent aussi de ses concurrentes. L'un des plus marquants est l'organisation d'une hiérarchie au sein des concurrents par la désignation d'un « régisseur » chargé d'organiser le travail. Ce rôle étant confié au candidat nominé sauvé par le public, son rapport avec les autres participants ne s'en voit que complexifié, et ce, au bénéfice de la dynamique dramatique.

Même si elle est très éloignée de la version américaine originale du programme, *La ferme célébrités* affirme assurément l'évolution de la « télé-réalité » et confirme que le genre n'est pas figé. Complétés, contextualisés autrement et modifiés, par exemple en ce qui concerne les personnages, les programmes de télé-réalité de ce type risquent encore d'avoir de « beaux » jours devant eux…

• **Les principaux programmes de télé-réalité :**

	Loft Story 1	*loft Story 2*	*Nice People*	*Star Academy 1*	*Star Academy 2*	*Star Academy 3*	*Star Academy Belgique*
Production	Endemol	Endemol	So Nice - Endemol	Niouprod - Endemol	Niouprod - Endemol	Niouprod - Endemol	Endemol Belgique
Chaîne TV	M6	M6	TF1	TF1	TF1	TF1	RTL-TVI
Candidats	11 (+2)	10 puis 12	12	100 puis 16	16	16	11
Lieu	Loft	Loft	Villa	Château	Château	Château	Château
Durée	70 jours	84 jours	2 mois et demi	3 mois	3 mois	3 mois	84 jours
Début	26/04/2001	11/04/2002	26/04/2003	mi-octobre 2002	31/08/2002	20/08/2003	27/09/2002 (prédémarage 23/08/2002)
Fin	05/07/2001	04/07/2002	mi-juillet 2003	12/01/2002	20/12/2002	21/12/2003	15/11/2002
Gagnants	Christophe et Loanna	Carine et Thomas	Serena	Jenifer	Nolwenn	Élodie	Mélanie
Gains	1,5 million de FF chacun	500.000 pour le couple	300.000 pour un “projet de vie”	1 million	1 million	1 million	Enregistrer un album

	Popstars 1	*Popstars 2*	*Popstars 3*	*À la recherche ...*
Production	Expand	Expand	Expand	Fremantle média
Chaîne TV	M6	M6	M6	M6
Candidats	5 au final	5 au final	5 au final	20 000 puis 30
Lieu	Divers	Divers	Divers	Divers
Durée	14 épisodes	17 épisodes	14 épisodes	16 semaines (3 mois)
Début	27/09/2001	29/08/2002	19/09/2003	27/03/2003
Fin	20/12/2001	19/12/2002	28/11/2003	10/06/2003
Gagnants	L5	Whatfor	Link Up	Jonatan Cerrada
Gains	Contrat maison de disque	Contrat maison de disque	Contrat maison de disque	Contrat maison de disque BMG

	Opération séduction 1	*Opération séduction 2*	*Fear factor*	*La ferme Célébrités*
Production	Endemol	Endemol	Endemol	Endemol
Chaîne TV	M6	M6	TF1	TF1
Candidats	14 + 4	14 + 4	12	
Lieu	Bateau (Caraïbes)	Bateau (Caraïbes)	Afrique du Sud	une ferme en Provence
Durée	Diffusion : 10 épisodes	Diffusion : 10 épisodes	Diffusion : 8 semaines	
Début	11/07/2002	02/07/2003		10/04/2004
Fin		25/08/2003		2004
Gagnants	Thomas Meg	Carole		
Gains	20 000	20 000		

	Koh-Lanta 1	*Koh-Lanta 2*	*Koh-Lanta 3*	*Greg le millionnaire*	*L'île de la tentation 1*	*L'île de la tentation 2*
Production	Expand	Expand	Expand	GLEM	GLEM	GLEM
Chaîne TV	TF1	TF1	TF1	TF1	TF1	TF1
Candidats	16	16	16	20	8 + 16	8 + 16
Lieu	île Koh Rok	Costa Rica	Bocas del Toro	Villa (Ibiza)	île (Thaïlande)	île (Thaïlande)
Durée	Jeu : 40 jours Diffusion : 43 jours	Jeu : 40 jours Diffusion : 3 mois	Jeu : 40 jours Diffusion : 3 mois	8 semaines	Jeu : 12 jours Diffusion : 8 semaines	Jeu : 12 jours Diffusion : 8 semaines
Début	04/08/2001	28/06/2002	06/06/2003	06/06/2003	06/07/2002	12/07/2003
Fin	22/09/2001	13/09/2002	29/08/2003	26/07/2003	24/08/2002	29/08/2003
Gagnants	Gilles	Amel	Isabelle et Delphine	Marika	-----------	-----------
Gains	100 000	100 000	100 000	-----------	?	?

(tableaux réalisés avec l'aide de documents personnels et notamment des sites http ://www.realtv-fr.net et de www.actustar.fr)

La télé-réalité est-elle soluble dans le service public ?

François HEINDERYCKX
Professeur de sociologie des médias, Université libre de Bruxelles (ULB).

Au nom d'une certaine conception de la télévision de service public, on considère a priori la « télé-réalité » comme relevant d'un registre vulgaire et racoleur incompatible avec les standards de qualité attendus des chaînes incarnant encore les dernières traces de programmation scrupuleuse. Ce climat d'opinion, amplifié par le discours des responsables publics jurant, la main sur le cœur, qu'ils ne se rabaisseront jamais à ce niveau, résulte des connotations négatives associées à un genre pourtant mal défini. Voyeurisme, exhibitionnisme, rivalité malsaine, complots et traîtrises, cupidité, autant de propriétés prêtées à la télé-réalité dans son ensemble parce que fondatrices des émissions emblématiques (et surmédiatisées) du genre.

Cette vision manichéenne se trouve catalysée par l'obsession maladroite et réductrice de typologiser les programmes de télévision en « genres ». Le risque tient au fait que l'exercice nécessite la définition de caractéristiques communes discriminantes lesquelles sont, en l'occurrence, difficiles à cerner. Pour comprendre le caractère artificiel de ces nomenclatures, il faut considérer la production de contenu télévisuel comme une industrie toujours à l'affût d'un produit innovant et attractif. Il s'agit de combiner un nombre assez limité d'ingrédients et de trouver les bons dosages. Le succès planétaire de certains formats, et la faillite complète de concepts pourtant très proches nous démontrent en permanence à quel point ce « bon dosage » est une affaire très délicate. Puis, de temps à autre, un nouvel ingrédient fait son apparition. Innovation technologique, inspiration géniale, air du temps, quel que soit le déclencheur, l'ingrédient, s'il est associé à un succès d'audience, sera très rapidement réapproprié par l'ensemble du secteur qui tentera de le décliner avant qu'il ne lasse et ne se démode.

L'ingrédient principal fondateur de la télé-réalité est d'ordre technique et formel : l'omniprésence de caméras et de micros permet d'observer en permanence les faits et gestes d'un ou plusieurs individus dans un univers défini, souvent clos. Cette composante fondamentale ne présente, *a priori*, pas d'incompatibilité insurmontable avec le service public. Les problèmes surgissent lorsque ce procédé de forme est mis en œuvre dans un contexte où l'observation rapprochée se fait indiscrète voire indécente, futile voire ridicule, déplacée voire dégradante. La méfiance s'aggrave lorsqu'un processus de sélection encourage la tromperie, la cruauté, l'humiliation ou la dégradation.

S'il se tient à l'écart de ces procédés litigieux et des dérives qui y sont associées, le service public, non seulement *peut*, mais *doit* se risquer à la télé-réalité, sous peine de se priver de l'attractivité et du pouvoir fédérateur du genre. Cependant, service public oblige, il ne s'agit pas de céder aux avances des maisons de production spécialisées et de commander une énième déclinaison des « formats » usés jusqu'à la corde. Il s'agit au contraire d'introduire intelligemment l'innovation pour améliorer, moderniser peut-être, certains segments de programmation, y compris ceux qui sont les plus intimement liés à l'identité « service public ».

Il en va ainsi d'un genre aussi ancien que la télévision elle-même, consubstantiel du service public : le documentaire. Alors que celui-ci souffre de l'usure de son modèle ancestral, mélange de narration linéaire et d'images à la photogénie convenue, alternance de monstrations et de démonstrations, d'expertises et de témoignages, le documentaire risque de se marginaliser par une télégénie désuète. Il est dès lors parfaitement opportun d'intégrer dans sa conception toutes les innovations qui peuvent moderniser ses procédés de fabrication et optimiser son attractivité aussi bien que sa qualité intrinsèque. C'est ainsi que furent progressivement adoptées les images de synthèse, permettant d'étonnants films sur l'univers, sur la préhistoire, sur le corps humain, amenant le documentaire à se projeter au-delà du réel en créant des mondes virtuels représentant des réalités sinon inaccessibles. Le documentaire ainsi modernisé est à la fois plus attrayant et plus performant.

De la même manière, le service public s'est timidement mais effectivement approprié la télé-réalité pour agrémenter le documentaire. Un certain nombre d'exemples spectaculaires et, par bien des aspects, probants, peuvent être trouvés dans le registre historique.

Dans *The trench* (BBC, 2002), des volontaires s'immergeaient durant deux semaines dans une reconstitution des conditions de vie d'un bataillon de soldats britanniques sur le front des tranchées, dans la France de 1916. L'émission comprenait des témoignages de vétérans et les confidences des participants qui partageaient leurs impressions avec les téléspectateurs. La confidence, mélange d'introspection, de réflexion rétrospective, parfois de confession, constitue une composante fondamentale de la télé-réalité. Appliquée à des émissions à finalité plus ou moins documentaire, elle permet au téléspectateur de vivre par procuration les aventures mises en scène, de s'y projeter. Et le résultat sera d'autant plus probant s'il s'accompagne d'une identification avec l'un ou l'autre des participants. Ceci explique le soin apporté au casting qui veille avant tout, selon les canons de la télé-réalité, à assurer une diversité des profils de personnalité.

Les mêmes mécanismes ont été déployés dans *The ship*, co-production de la BBC et de History Channel (2002). Il s'agissait de reconstituer le voyage de James COOK lorsqu'il explora l'océan Pacifique autour de l'Australie à la fin du XVIIIe siècle. Quarante et un participants, encadrés de quinze membres d'équipage ont navigué durant six semaines à bord d'une réplique fidèle du *Endeavour*. Là encore, les témoignages et confidences des participants, leurs observations et impressions doivent permettre au téléspectateur de comprendre les conditions de vie de l'époque, de vivre l'aventure et l'expérience par procuration et, au-delà, de réfléchir à ses propres conditions de vie.

Cette télé-réalité à finalité pédagogique, ou presque, a donné lieu à de nombreuses déclinaisons plus ou moins abouties. En 2000, PBS (service public américain) diffusa *1900 house* montrant la vie quotidienne d'une famille plongée dans les conditions de vie de l'époque victorienne. Channel 4 spectacularisa quelque peu le concept dans *The Edwardian country house* où la moitié des volontaires incarnaient une riche famille, l'autre moitié… les serviteurs. En 2002, PBS installa trois familles dans le milieu rural du Montana en 1883 (*Frontier house*).

Mais le service public ne limite pas son appropriation de la télé-réalité aux vertueuses initiatives pédagogiques. Des manifestations beaucoup plus traditionnelles de ce genre émergent dans les grilles des émetteurs publics. D'abord en déclinant l'approche pseudo-documentaire autour de sujets plus racoleurs. Dans *The heat is on*, la BBC (2001) conviait des volontaires à un entraînement aux techniques de survie puis à une expédition dans la jungle du Pérou. Dans *SAS : Are you tough enough ?*, les candidats subissent les tests de sélection des forces spéciales. Cette émission marque un pas supplémentaire vers le modèle classique de la télé-réalité en introduisant un processus de sélection. Mais à deux nuances près : les éliminations ne sont pas décidées par le public, et les candidats soumis à la sélection ne sont motivés que par leur curiosité ou leur amour-propre, puisque le vainqueur ne gagne rien.

Ensuite, des chaînes publiques ouvrent leurs antennes à des déclinaisons de concepts connus et éprouvés sur les chaînes privées. Pour *Fame Academy*, la BBC a simplement fait appel à Endemol, comme le font les chaînes privées (par exemple TF1 en France pour *Star academy*). Même le sulfureux *Fear Factor* connaît un proche ersatz sur BBC avec *I'd do anything*, production maison mettant en scène des candidats qui doivent surmonter leurs phobies pour gagner des prix, ou plus exactement (s'agit-il de la nuance qui distingue encore le service public ?) pour faire gagner des prix à leurs proches.

Mais la contagion s'opère également dans l'autre sens, et les chaînes privées n'ont pas tardé à s'inspirer de la télé-réalité historico-documentaire de leurs concurrents publics, mais pour produire des émissions qui dénaturent considérablement le format. Prenons comme exemple le fertile concept de la vie à la ferme au siècle passé. En 2003, la télévision publique suisse romande (TSR) a produit l'intéressant *Le Mayen 1903* mettant en scène une famille ordinaire acceptant de vivre deux mois dans une ferme des Alpes dans les conditions de vie de 1903. La même idée transposée aux télévisions commerciales, tout en gardant le ressort du contraste entre la vie moderne urbaine et la vie rurale d'antan, a nécessité l'introduction d'une bonne dose de *people* et de fantasque, au point d'occulter complètement le concept d'origine. Le succès de *La Ferme* produite pour TF1 par Endemol repose sur une bonne dose de fantaisie et de (pseudo-)célébrités. Sans doute a-t-on jugé l'attractivité du seul saut dans le temps insuffisante. Aux États-Unis, *The simple life* exploite les contrastes entre la vie des riches (et célèbres) en milieu urbain et des gens modestes en milieu rural en montrant Paris Hilton (fille de Rick Hilton des hôtels du même nom) et Nicole Richie (fille de Lionel Richie) vivant durant un mois dans une ferme de l'Arkansas profond.

Ce dernier exemple relève presque d'un sous-genre particulier, le *docu-soap*, qui propose de suivre le quotidien d'une personne, d'une famille, d'un lieu, d'un groupe. Le découpage en épisodes s'apparente à celui d'un feuilleton et le téléspectateur découvre, puis se familiarise avec les personnages, leur caractère, leur métier, leurs goûts, leur vie. La série *Airport* montrant les coulisses de l'aéroport londonien de Heathrow fut un succès retentissant sur la BBC. Les déclinaisons du concept sont illimitées (hôpital, caserne de pompiers, commissariat de police, cabinet vétérinaire, école) et le succès presque assuré, surtout si l'environnement dépeint est spectaculaire ou mystérieux. Là encore, les chaînes commerciales n'hésitent pas à solliciter les célébrités pour catalyser la réaction et attirer le téléspectateur à qui il sera donné de voir le quotidien de l'une ou l'autre star. Les déboires d'Ozzy Osbourne et de sa famille passionnent les téléspectateurs de MTV (*The Osbournes*), Francis Lalanne et de Joey Starr s'exhibent dans *60 jours, 60 nuits* (Canal+), Jean-Marie Pfaff sur VTM.

Le docu-soap nous ramène à la fois aux origines de la télé-réalité, et au service public, puisque c'est dans ce registre que la télé publique fit œuvre de pionnière. Ne citons que deux exemples. *An american family*, mère de toutes les émissions de télé-réalité, montra aux téléspectateurs américains l'intimité de la vie quotidienne de la famille Loud dès 1973, pour le meilleur et pour le pire. Plus récemment, mais encore avant l'avènement du genre, la BBC avait organisé l'audacieuse expérience *Castaway 2000*. Vingt-huit adultes et huit enfants furent installés durant une année sur l'île de Taransay (au large de l'Écosse) avec pour mission d'y organiser une vie autarcique à partir d'un minimum d'équipement et de ressources. L'expérience a connu quelques incidents, mais fut présentée comme quasi scientifique, anthropologique. Là encore, images prises sur le vif (mais pas indiscrètes) et témoignages face caméra.

Rien ne semble s'opposer à la présence de télé-réalité sur les antennes du service public qui en revendique d'ailleurs la paternité. L'observation rapprochée d'individus auxquels le téléspectateur peut s'identifier permet, si les situations créées sont porteuses de sens, de vivre une expérience qui dépasse la passivité et la distance généralement associées au spectacle télévisé. Les vertus pédagogiques de ces procédés sont fragiles, mais séduisantes et méritent donc d'être considérées. En revanche, le service public serait bien avisé de se tenir à bonne distance des excès et des dérives qui n'ont pas tardé à marquer la jeune histoire de la télé-réalité. Cette prudence ne doit pas être prise pour quelque pudibonderie d'un autre âge. Il s'agit plutôt de préserver, par une utilisation mesurée et ciblée, un ensemble de procédés de production télévisuelle qui suscitent proximité, interactivité, participation et identification projective, soit un ensemble de propriétés qui, loin d'être inconciliables avec le service public, peuvent être mises au service de ses missions.

Régulateur et télé-réalité

Evelyne LENTZEN
Présidente du Conseil supérieur de l'audiovisuel.

La télévision a ses langages, ses proximités, ses modes. Les relations entre la télévision et le public sont complexes et évolutives. Une télévision « extérieure », petite lucarne ouverte sur le monde, grande présentatrice de films de fiction et qui a pour vocation de « distraire, instruire, informer et cultiver », évolue vers une télévision dite de proximité davantage axée sur les préoccupations et la vie quotidiennes des téléspectateurs et une télévision qui pratique de subtils mélanges entre réalités et fiction. Les raisons en sont nombreuses.

Le régulateur qu'est le Conseil supérieur de l'audiovisuel est un observateur privilégié de ces évolutions. Il est à l'écoute des réactions du public et des éditeurs de services que sont, par exemple, la RTBF et RTL-TVi. Il s'interroge et interroge.

Il mène des discussions avec l'ensemble des acteurs du secteur qui aboutissent à l'adoption d'avis[102] ou de recommandations[103]. Ces dernières ont force obligatoire dès leur approbation par le gouvernement.

Le Conseil supérieur de l'audiovisuel est sans doute davantage connu dans ses fonctions de contrôle qui peuvent aboutir à des décisions de sanction prononcées par le Collège d'autorisation et de contrôle, organe indépendant des intérêts en présence.

Mais il est essentiel d'insister sur le fait que le Conseil supérieur de l'audiovisuel n'intervient en aucune manière et à aucun moment dans la production, la diffusion et la réception des programmes et des émissions de radio et de télévision. La responsabilité de la production et de la diffusion revient aux éditeurs de services.

Le rôle du Conseil supérieur de l'audiovisuel est celui d'un régulateur et non celui d'un censeur ou d'un garant de l'ordre moral ou de la qualité des programmes diffusés. Le CSA constitue en quelque sorte le dernier filtre, après tous les autres filtres (producteur, éditeur, téléspectateur,...). Ses missions sont définies strictement par un texte législatif et ses arrêtés d'exécution.

Que dit la législation dans le cas des programmes dits de télé-réalité ?

Le décret sur la radiodiffusion est muet sur ce type de programmes comme tel. Mais il affirme avec force le principe du respect de la dignité humaine. Il le fait à la suite d'autres textes tant relatifs aux matières audiovisuelles que de portée générale, tant en Communauté française qu'en Europe.

Le respect de la dignité humaine est reconnu comme une des composantes de l'ordre public. Il constitue un des rares cas légalement admis de limitation de la liberté (d'expression). La directive « Télévision sans frontière » et sa suite le décret sur la radiodiffusion sont très clairs : ils ne permettent pas aux éditeurs de services d'éditer des programmes contraires aux lois ou à l'intérêt général, portant atteinte au respect de la dignité humaine ou contenant des incitations à la discrimination, à la haine ou à la violence, en particulier pour des raisons de race, de sexe, de nationalité, de religion ou de conception philosophique, ou tendant à la négation, la minimisation, la justification, l'approbation du génocide commis par le régime nazi pendant la seconde guerre mondiale ainsi que toute autre forme de génocide. Ils ne leur permettent pas davantage d'éditer des programmes susceptibles de nuire gravement à l'épanouissement physique, mental ou moral des mineurs, notamment des programmes comprenant des scènes de pornographie ou de violence gratuite. Cette dernière interdiction s'étend aux autres programmes ou séquences de programmes, notamment les bandes annonces, susceptibles de nuire à l'épanouissement physique, mental ou moral des mineurs, sauf s'il est assuré notamment par le choix de l'heure de diffusion du programme que les mineurs se trouvant dans le champ de diffusion ne voient pas ou n'écoutent pas normalement ces programmes et pour autant que ce programme soit précédé d'un avertissement acoustique ou identifié par la présence d'un symbole visuel tout au long de sa diffusion.

La question du respect de la dignité de la personne humaine a maintes fois été posée à l'occasion de la diffusion des programmes dits de télé-réalité. De très nombreux débats ont porté sur les éléments de la production et de la diffusion de ces programmes qui seraient ou pourraient être attentatoires à ce principe fondamental.

Sont visés – tant en radio qu'en télévision – des émissions telles que Loft Story ou Star Academy construites sur un même modèle et un même scénario. Mais aussi des émissions où la violence verbale est montée et montrée de manière répétitive. Sont concernées également des émissions ou parties d'émissions qui consistent à présenter de manière banale, sans recul ni mise en cause critique, voire à mettre en valeur, des comportements dangereux, notamment des pratiques d'altération physique et des émissions qui traitent de manière exhibitionniste et sensationnaliste des questions de mœurs.

Les notions de dignité humaine ou de violence gratuite ne sont pas définies par la loi pour ne pas les enfermer dans un carcan qui les rendrait soit inapplicables, soit applicables à tant de situations que son utilisation serait invoquée à la moindre occasion par les tenants sinon d'un retour à l'ordre moral, du moins de l'expression via les médias d'une vision idéalisée et aseptisée de la vie en société. Elles doivent s'apprécier dans le contexte social qui est changeant et pluriel et dans le contexte particulier des médias. Et c'est loin d'être simple. À côté de contenus qui font l'objet d'indiscutables interdictions – la pornographie infantile, l'incitation à la haine et à la violence, par exemple –, d'autres contenus sont moins aisés à qualifier de manière définitive ou sont l'objet d'appréciations contrastées (ce qui est « indécent » ou « obscène » pour les uns ne l'est pas toujours pour les autres).

Les régulateurs sont pleinement conscients de la difficulté de la tâche. Ils agissent avec précaution et aux termes de longs débats. Leur intervention s'inscrit dans la société et à la croisée des libertés fondamentales dont les effets contradictoires font l'objet d'appréciations nuancées.

En Communauté française, le Collège d'avis du Conseil supérieur de l'audiovisuel – organe consultatif représentatif de l'ensemble des acteurs du secteur de l'audiovisuel – a adopté le 12 juin 2002 des recommandations relatives à la dignité humaine et à la télévision de l'intimité. C'était le moment où des projets de programmes de téléréalité étaient en cours d'élaboration en Communauté française, offre qui devait venir compléter celle en provenance des télévisions françaises.

Le Collège d'avis a estimé :

- qu'il n'est pas souhaitable d'intervenir de manière réglementaire dans ce domaine et privilégie l'émergence d'une série de grands principes normatifs acceptés par les opérateurs ;

- que la cession d'une partie des droits liés à la personnalité est autorisée pour autant qu'elle respecte certaines conditions, notamment celles liées aux principes de spécialité (la cession ne peut porter que sur un objet précis) et de précarité (possibilité de retrait) ;
- que, dans les programmes audiovisuels, l'exposition de l'intimité, la suppression de frontières entre ce qui relève du domaine public et du domaine privé peuvent être considérées, si elles sont totales, comme une atteinte à la dignité de la personne humaine.

Le Collège recommandait dès lors aux éditeurs le respect de six principes généraux :

Les organismes de radiodiffusion s'engagent à ce qu'aucune émission qu'ils diffusent ne porte atteinte aux droits de la personne relatifs à sa vie privée, son image, son honneur et sa réputation ;

les organismes de radiodiffusion veillent en particulier à ce que la participation de non-professionnels à des émissions de plateau, de jeu ou de divertissement, ne s'accompagne d'aucune renonciation de leur part, à titre irrévocable ou pour une durée indéterminée, à leurs droits fondamentaux, notamment, le droit à l'image, le droit à l'intimité de la vie privée, le droit d'exercer un recours en cas de préjudice ;

en cas d'émissions, notamment de jeu, impliquant un enregistrement permanent et sur une longue durée des faits, gestes et propos des participants, l'opérateur s'engage, d'une part, à mettre en permanence à la disposition des participants un lieu préservé de tout enregistrement et, d'autre part, à prévoir des phases quotidiennes de répit d'une durée significative et raisonnable ne donnant lieu à aucun enregistrement sonore ou visuel ni à aucune diffusion. Les participants doivent en être clairement informés.

Les organismes de radiodiffusion veillent à ce qu'il soit fait preuve de retenue dans la diffusion d'images ou de témoignages susceptibles d'humilier les personnes, à éviter la complaisance dans l'évocation de la souffrance humaine, ainsi que tout traitement avilissant ou rabaissant l'individu au rang d'objet et à ce que le témoignage de personnes sur des faits relevant de leur vie privée ne soit recueilli qu'avec leur consentement éclairé ;

les émissions pour lesquelles il est fait appel à des comédiens, professionnels ou amateurs, qui sont susceptibles de provoquer une confusion chez le téléspectateur ou l'auditeur sur la réalité des situations doivent être clairement signalées en début et en fin d'émission, le nom de ces comédiens devant figurer dans le générique de fin de ces émissions ;

les organismes de radiodiffusion veillent dans les émissions de jeux pour lesquels il est mis en place un processus d'élimination basé sur l'exclusion d'un participant par les autres à éviter tout recours oral ou physique à l'humiliation ou l'avilissement des personnes concernées.

Trois décisions du Collège d'autorisation et de contrôle sont intéressantes à relever.

La première date du 18 décembre 2002 ; elle sanctionne la société YTV, éditrice du service AB3, pour l'émission *Ça va se savoir* considérant que cette émission, par sa conception, *est de nature à troubler le jeune public en ce qu'elle inspire aux mineurs une perception des relations interpersonnelles non respectueuse de la dignité humaine.*[107] Dès lors, le Collège d'autorisation et de contrôle a considéré que cette émission doit être signalée par un triangle blanc sur fond orange et diffusée après 20 heures. La sanction a consisté en l'obligation de diffuser un communiqué au public à des heures de grande écoute.

La deuxième a trait à l'émission *Star Academy* diffusé sur RTL-TVi, sanctionnée le 21 mai 2003 non pour atteinte à la dignité humaine mais pour publicité clandestine, mettant ainsi en évidence un autre aspect des émissions de télé-réalité, à savoir leur rentabilité.

La troisième ne concerne pas un programme de télé-réalité mais des reportages diffusés dans *Explosif* sur AB3, reportages qui *contiennent des scènes de violence et des scènes portant atteintes à la dignité humaine, accompagnées de commentaires désinvoltes qui tournent en dérision, tant par leur formulation que par leur ton, les pratiques et les individus impliqués dans les reportages*. Il s'agissait de scènes montrant une pratique initiatique de passage à l'âge adulte au Brésil, d'une part, et le jugement d'une femme adultère en Egypte, d'autre part. L'éditeur, YTV, a reconnu l'infraction. Toutefois, il a rediffusé les mêmes images quelques semaines plus tard, s'exposant à une deuxième décision pour récidive. YTV a ainsi été condamnée le 4 juin 2003 à un avertissement et à la diffusion d'un communiqué et le 26 novembre 2003 à une amende de 5 000 euros et à la diffusion d'un communiqué.

L'exigence de diffuser un communiqué à des moments fixés par le régulateur est une sanction importante, parfois ressentie par l'éditeur plus lourdement que le versement d'une amende, car elle informe directement le public de l'infraction.

Les actes posés par le CSA, et notamment les décisions de sanction, sont des actes administratifs passibles de recours devant le Conseil d'État. Ces décisions sont prises au terme d'une procédure fixée de manière précise par décret.

Le lancement – et le succès – de nouveaux genres de programmes a mis à l'avant-plan la question du respect de la dignité humaine. Des mises en garde sur d'éventuelles dérives des médias sont régulièrement énoncées. Des questions sont posées sur l'état de nos sociétés à leur écoute.

Le régulateur n'a pas à condamner ou à soutenir un genre télévisuel ou radiophonique. Il doit par contre être attentif à ce que, leur diffusion ne porte pas atteinte aux principes fondamentaux et aux contraintes générales qui régissent la radiodiffusion. Sa responsabilité sociale commence et s'arrête là.

Deuxième partie

Points de vue et témoignages sur la télé-réalité

Le point de vue d'une sociologue

Dominique MEHL,
La télévision de l'intimité, Paris, Seuil, 1996, 253 pages.

Dominique MEHL est sociologue au Centre d'étude des mouvements sociaux (CNRS-EHSESS). Elle a publié notamment, avec Monique DARGAUD, *Merlin l'enfanteur (1987)* et, sur la culture populaire véhiculée par la télévision, *La fenêtre et le miroir* (1992).

L'ouvrage entend dépasser le stade de la critique facile (télé-poubelle, voyeurisme malsain…) et de l'encensement naïf (nouveau mode de communication démocratique, télévision miroir de la société) pour dégager et examiner les causes et le sens social de l'émergence de la télévision de l'intimité. Selon l'auteur, celle-ci *(…) mêle deux inspirations conjointes : l'irruption de la parole profane sur la scène publique d'un côté, la valorisation du témoignage privé de l'autre.* (p.8)

Il faut ici signaler que l'ouvrage s'appuie sur une enquête réalisée entre 1992 et 1994 et prend pour objet des programmes (*L'amour en danger, Mea culpa, Bas les masques, La grande famille…*) qui, s'ils ont marqué l'émergence du phénomène en France, ont aujourd'hui disparu.

L'intérêt de la démarche réside néanmoins dans le modèle proposé[108] et qui s'applique de manière tout à fait pertinente aux émissions de télé-réalité contemporaines.

L'auteur identifie les causes de l'émergence de la télévision de l'intimité. En premier lieu, l'expansion de la culture psy qui *(…) contraste, dans notre société, avec l'opacité et la relative inaccessibilité des milieux spécialistes. Le petit écran, dès lors, se permet d'accueillir des plaintes existentielles et de mimer la cure. Il devient un canal d'expression du verbe thérapeutique.* (p.11)

Ensuite, la télévision de l'intimité révèle la défection des liens sociaux (personnes en marge du système de production et de protection sociale, individus isolés par suite d'une maladie, groupes stigmatisés pour leurs particularismes…) qui se traduit chez l'ensemble des participants par un sentiment de solitude.

Au troisième rang des causes de l'apparition du phénomène, on trouve les difficultés rencontrées par beaucoup de citoyens à vivre la modernité culturelle : le déclin des repères normatifs et la relativité des systèmes de valeurs.

Quatrièmement, *la télévision de l'intimité signale (…) la crise du discours expert et la mise en cause de l'assurance pédagogique des savants et des spécialistes.* (p.11)

Enfin, la société est marquée par la faiblesse des *corps intermédiaires* censés offrir un espace de médiation entre le corps social et ses élites.

Mais, la télévision de l'intimité n'est pas qu'un *micro-réceptacle de crises contemporaines*. Selon l'auteur, elle est aussi un *révélateur d'évolutions sociales significatives* au premier rang desquelles on trouve la mutation des rapports entre vie privée et vie publique. L'auteur nous montre que l'articulation entre espace privé et espace public n'a cessé d'évoluer au cours des siècles selon un double processus de privatisation de l'espace public et de publicisation de l'espace privé. Dans ce mouvement, la télévision joue un rôle actif en favorisant l'apparition de nouvelles formes de la parole publique. Ainsi, la télévision de l'intimité devient le média qui permet la diffusion d'un *message personnel* (vers la famille, les amis, les collègues) ou *collectif* (qui n'est *(…) énonçable que parce qu'il est incorporé à un discours à la première personne. Alors, le message collectif relaie, en le personnifiant, le message associatif* (p.131).), du *verbe thérapeutique* (de nombreuses émissions faisant intervenir un psy, le plateau de télévision devient le lieu où l'on attend que se règlent les problèmes), de la *confession cathodique* (la neutralité du dispositif télévisuel, *(…) l'impression qu'ont les témoins de n'être pas jugés, ni par les professionnels du média ni par le public (…) l'absence de blâme, le silence de la critique autorisent la divulgation d'informations vécues jusqu'alors comme un peu honteuses ou taboues.* (p.107)

Après la *télévision messagère* qui visait la transmission de connaissances (des débuts de la télévision aux années 80), après la *télévision relationnelle* où le rapport entre les professionnels du petit écran et le public prime sur le message (les années 80), les années 90 entament l'ère de la *télévision actrice* dont le principe repose sur sa capacité à intervenir dans le champ social. Et l'auteur de préciser : *la télévision a accompagné l'évolution des mœurs, des valeurs et des modes de vie selon un tempo saccadé. Dans les premiers temps, elle se préoccupe peu de ces questions qui, pourtant, commencent à obséder la société, notamment ses jeunes. Puis, quand l'explosion des années post-soixante-huit occupe le devant de la scène, la télévision se retranche dans un grand silence sur ces questions. À l'inverse, lorsque le corps social se replie sur ses antres et choix privés et semble s'accommoder de ces nouveaux* modus vivendi, *la télévision passe à l'offensive, se porte candidate à la gestion des crises de la modernité. Ainsi, le rôle du petit écran dans le domaine de la propagation des normes et valeurs semble inversement proportionnel à la vitalité des institutions sociales.*

La télévision connaît également une évolution notable dans les pactes qu'elle noue avec son public. À côté de la télévision messagère, centrée sur l'offre de programmes, de la télévision relationnelle focalisée par la demande du public, émerge un troisième modèle : la télévision actrice qui accompagne l'action collective ou y supplée. Aujourd'hui, la télévision de l'intimité occupe ce créneau en prenant en charge la compassion moderne (pp.222-223).

Cette *télévision compassionnelle*, comme la qualifie l'auteur, *en portant l'accent sur la dimension émotionnelle des expériences, (...) induit une forme d'apprentissage qui s'appuie sur des leçons de vie plutôt que sur la rationalité* (p.193).

La télévision de l'intimité peut-elle dès lors être considérée comme un substitut communicationnel palliant les manquements des canaux traditionnels ? Si l'auteur considère que ces *shows* télévisés posent la question du statut de la culture et des institutions psy, qu'ils marquent l'inadéquation entre la forte demande de prise en charge et la faible réponse institutionnelle, que la psychologisation des écrans accompagne la psychologisation de nos sociétés, elle ne manque cependant pas de relativiser fortement la portée de leurs effets réparateurs. Ainsi, les entretiens réalisés avec les participants aux émissions révèlent que les attentes de ces derniers vis-à-vis du partenaire (époux, conjoint, amant...), du destinataire du message (famille, amis...) et/ou de l'équipe de l'émission sont rarement rencontrés.

On a vu que l'émergence de ce type de programmes visait à la base à remplir un vide d'autant plus prégnant que la demande était forte de le voir combler. Mais leur généralisation, la diffusion de leurs ressorts dans l'ensemble des programmes posent de nouvelles questions.

Cette télévision forum a des effets parfaitement ambigus et contradictoires. D'un côté, elle contribue à la popularisation de la culture de l'usager ou du consommateur. C'est là son atout maître. Cependant, coupée des connaissances académiques, scientifiques, sociales, elle est condamnée à ne livrer que des dossiers partiels et partiaux. Là, réside sa faiblesse. Ainsi la télévision de l'intimité interroge sur le statut du témoignage dans l'espace public. Elément d'un argumentaire, pièce d'un dossier par ailleurs débattu, il apporte le label de l'authenticité. Présenté de façon isolée à l'appui d'une controverse encore balbutiante, il risque de n'être plus qu'un prisme déformant. (p.193)

Éric FRANSSEN

Le point de vue d'un défenseur de la télévision publique

Hugues LE PAIGE, *Télévision publique contre World Company*, Bruxelles, Labor, Quartier Libre, 2001, 96 pages.

Alors journaliste à la RTBF, Hugues LE PAIGE continue dans ce livre les analyse présentées dans son ouvrage précédent, *Une minute de silence, crise de l'information, crise de la télévision, crise du service public*, Bruxelles, Labor, La Noria, 1997.

La critique de la télé-réalité y est développée pp.7 à 33, sur un ton vif et polémique : il évoque la société Endemol et de nombreuses émissions qui, à l'époque, ne sont pas encore très connues du public, mais qui représentent, pour lui, la marque de la **mondialisation de l'audiovisuel.**

Qui sera millionnaire ? offre un spectacle qui, avec la fin de la crise, cesse d'être indécent, le **spectacle de l'argent** facilement gagné. Cette émission bon marché, financée par les appels téléphonique du public, permet aux spectateurs de s'identifier à un candidat dont le profil est moyen, qui ne doit pas faire preuve d'érudition, mais qui met en jeu sa vie privée.

Big Brother, ou l'écran **trou de serrure**, représente la synthèse de la télévision et de la caméra de surveillance. Dans la suite de *Psy Show* et des *reality shows,* l'émission offre le spectacle du vécu vrai de vraies gens, ou du moins supposés tels puisqu'un casting s'efforce de sélectionner les plus intéressants.

Le maillon faible est une télévision de la **cruauté** où il s'agit d'éliminer les faibles et de leur imposer, à leur sortie, une promenade de la honte qui peut-être permet à certains spectateurs d'exorciser des moments aussi désagréables qu'ils ont eu à vivre.

Cette télévision mise sur la **proximité.** Si elle est démocratique quand elle s'intéresse aux préoccupations des citoyens, elle est démagogique lorsqu'elle supprime toute distance critique, toute mise en perspective et se dit simplement aux côtés des « **vraies gens** » (*Le populisme, qui comprend toujours une part de mépris du peuple, utilise souvent cette appellation de 'gens' ou même mieux encore de 'petites gens' au détriment de la femme, de l'homme, de l'individu, du citoyen, bref de l'être acteur et responsable.)*

La télé-réalité participe de **trois phénomènes sociaux qui marquent notre époque :**

- la **valorisation absolue de la transparence.** Mais, *pour accéder au sens – à la vérité des êtres et des choses –, il faut vaincre un obstacle. C'est en cela que la transparence est essentiellement une illusion : elle permet éventuellement le constat, pas la compréhension... On peut penser que la propension du téléspectateur à intervenir sous les projecteurs non plus à côté mais en lieu et place de l'expert, et la volonté de la télévision d'exploiter ce dispositif ont quelque rapport avec la mythification (et la mystification) de la transparence.*

- la **spectacularisation** de la vie sociale. *Tout est spectacle. À commencer par l'information télévisée elle-même. Tous les grands événements des deux dernières décennies ont été l'occasion de mises en scène qui avaient souvent (trop) peu de rapport avec l'information... On a envie de dire, en caricaturant à peine : 'il suffit de montrer le monde pour le rendre incompréhensible'. Dans le domaine de l'information, on communique sans véritablement transmettre, on montre – en permanence et en direct – sans tenter d'expliquer (la Roumanie, la guerre du Golfe, la commission d'enquête, la vache folle, etc.) Il s'agit, d'une manière générale, dans la vie sociale, de donner à voir plutôt que de donner à comprendre ;*

- la **domination de la sphère privée sur la sphère publique**, qui réduit le champ de la vie collective et de l'expression publique. « *L'individualisme, porté par Mai 68 et hypertrophié par l'ultralibéralisme, a réduit le champ de la vie collective et de l'expression publique. L'homme est à la fois 'privatisé' et a été 'marchandisé'. En retrait de l'implication collective, il peut donner libre cours à son domaine privé. Il ne s'agit pas seulement d'un 'repli sur le privé' comme on disait dans les années 80 pour expliquer, notamment, la désaffection de la vie publique. On se trouve aujourd'hui face à l'exaltation du 'privé' qui serait en quelque sorte la 'vraie vérité' de la vie.*

La télé-réalité débouche sur ce que Dominique MEHL appelle la télévision de l'intimité et que LE PAIGE lui-même, dans son livre précédent, nommait **télévision de fusion.** Si elle est surtout le fait des chaînes commerciales, elle n'est pas absente de certaines chaînes publiques (*Le maillon faible* est une création de la BBC !)

Comment, et avec quel avenir, le Service public en général, et la RTBF en particulier, peuvent-ils résister, c'est ce qui fait la suite de l'ouvrage.

Gabriel THOVERON

Le témoignage d'internautes

Gérald VIDAMMENT & Mathias WAELLI, *Hors Loft, Journal d'une folie médiatique*, Paris, Grancher, Juillet 2001, 203 pages.

Les auteurs, un journaliste, un sociologue, ont, dès l'ouverture de *Loft Story*, ouvert un site de débats et de confrontations intitulé *loft story ?*, un site qui attira, à certains moments, plus de 35 000 visiteurs par 24 heures. Le livre est un journal de l'expérience, écrit du 26 avril au 3 juillet, au jour le jour et à tour de rôle par les deux auteurs. Cette organisation du travail leur a permis d'être parmi les premiers à sortir un ouvrage sur le sujet.

Le livre est une **chronique** de l'émission et des réactions qu'elle a suscitées, non seulement chez les visiteurs du site, mais même en dehors, dans la presse. Le 9 mai, les auteurs refusent une proposition d'éditeur, car *notre histoire est-elle pour autant digne d'intérêt pour des lecteurs potentiels* (p.74), mais ils acceptent tout de même le 29 mai : *Un livre serait le meilleur hommage à rendre aux visiteurs et à cette aventure interactive* (p.134). Le travail n'est guère construit, et l'intérêt, certes limité, peut naître des idées mises en avant par les mieux inspirés des interlocuteurs ou des thèmes de débat proposés à ceux-ci : ils peuvent donner lieu à des discussions qui ne sont ici qu'esquissées.

Quelques exemples :

- Les producteurs de ce type d'émission revendiquent une « démocratisation » du regard. Ils oublient purement et simplement que la frontière entre vie privée et vie publique est au centre du processus démocratique moderne. (...) un véritable débat politique ne peut se dérouler que si les intérêts personnels et « indignes » restent refoulés à une sphère des intérêts privés. (30 avril, pp. 12-13)

- Raphaël BARONI, sociologue, Lausanne : *La forme même du voyeurisme que flatte ce genre d'émission a changé : on ne jouit plus de voir nos idoles rabaissées mais au contraire de trouver plus stupide que soi. (…Ce) qui nous donne l'illusion de surnager au-dessus d'une masse dont le destin est encore plus lamentable que le nôtre.* (2 mai, p.37)

- *Personne n'aime, mais tout le monde mate.* Jean Michel HELVIG, dans Libération : *Au royaume des faux-culs, la couronne revenant d'ailleurs à ceux qui « jamais n'iront voir ça », mais sont intarissables sur les dangers de la chose.* (3 mai, p.40)

- *De plus en plus, l'intérêt n'est plus au voyeurisme et la vie du Loft n'attire pas beaucoup l'attention. Ce qui fait grimper l'audimat, c'est le débat général autour du concept même de l'émission.* (4 mai, p.50)

- *D'un côté, il y a ceux qui ne voient en* Loft Story *qu'un divertissement (…) De l'autre, nombreux sont ceux qui prennent l'affaire très au sérieux (…) convaincus que se cache au-delà de ce programme une réelle manipulation, difficilement identifiable, mais assurément omniprésente, et qu'il est de leur devoir de mettre au jour.* (7 mai, p.64)

- … *les ados, qui s'attachent à cette émission comme à une série télévisée, en retirent le message qu'il n'y a plus d'interdit, qu'on peut fouiner dans la vie et les turpitudes éventuelles des autres sans que ce soit mal.* (12 mai, p.89)

- … *les stars ne sont plus une pseudo-élite quasi divine – avec des talents qu'on pensait exceptionnels (…). Ce sont de moins en moins des personnalités fortes et la « star » s'uniformise.* (17 mai, p.107)

- Une mère de famille : Les parents d'un côté : *cherchons-nous à comprendre une jeunesse avec qui souvent nous craignons de perdre le contact ? Qui sont-ils ces jeunes d'aujourd'hui ? Qu'avons-nous fait de nos enfants ?* Et les jeunes *: Qui sommes-nous ? Quelle est notre identité ? Pour que l'on nous regarde et qu'on nous écoute, faut-il passer à la télé ?* (18 mai, p.112)

- … *les exploits cinématographiques de Catherine Reuillat ou la bravoure littéraire de Catherine Millet, qui sont exactement la même chose que* Loft Story *dans des emballages destinés aux Bobos.* (citation par un internaute d'un article de Jean-Claude KAUFMANN, sans indication de source, 21 mai, p.116)

- *…tous les habitants sortis du loft sont d'origine étrangère ou représentants de la communauté homosexuelle.* (31 mai, p.135)

- I. RAMONET *n'hésite pas à qualifier l'émission d'Endemol de « jeu de crise »* (En référence, par exemple, au marathon de danse d'*On achève bien les chevaux*) *Comment ne pas penser à l'exemple de Loana, prête à tout pour offrir de bonnes conditions d'éducation à son enfant.* (...) *en cette phase cannibale de la culture de masse* (...) *il s'agit de fabriquer des célébrités jetables.* (2 juin, p.140-141)

- Il y a tellement d'acteurs qui ont un minimum de capacité et qui se battent pour avoir des petits rôles dans des films ou des pubs, et voilà que parce que des quidams se sont exhibés – seulement quelques jours pour certains – devant des caméras, on leur propose des rôles au cinéma et dans la pub. (13 juin, p.167)

On trouvera aussi dans le livre le compte rendu d'un débat mené dans une classe par Carine NAUDIN – BERGERON, professeur de lettres modernes à Mantes la Jolie. (p.176-181)

Gabriel THOVERON

Le point de vue d'un psychanalyste

Serge TISSERON, *L'intimité surexposée*,
Paris, Hachette, Littératures, Pluriel 2001, 180 pages.

Serge TISSERON est psychiatre et psychanalyste. Il est l'auteur d'une série d'ouvrages et d'articles ayant notamment trait à l'influence des médias sur les jeunes. *Enfants sous influence, les écrans rendent-ils les jeunes violents ?, Psychanalyse de la bande_dessinée, Y a-t-il un pilote dans l'image ?* Dans *L'intimité surexposée*, Serge TISSERON analyse le phénomène *Loft Story* et les raisons pour lesquelles beaucoup de jeunes y voient une nouvelle « éducation sentimentale ».

TISSERON s'intéresse prioritairement à ceux qui ont regardé *Loft Story*. Ils furent, certains soirs, jusqu'à dix millions et on peut donc légitimement s'interroger sur leurs motivations. D'entrée de jeu, TISSERON émet une hypothèse : *beaucoup, nous dit-il, eurent l'heureuse surprise de trouver enfin sur leur écran des héros qui leur ressemblaient, partageant leurs questions et leurs intérêts*. En d'autres termes, ils auraient trouvé, dans *Loft Story*, une occasion unique d'échapper à la monotonie de la programmation classique pour découvrir enfin de l'authenticité, ou ce qu'ils imaginaient être de l'authenticité. Ceci ne veut pas dire qu'il y eut parmi ces jeunes une unanimité de réactions et de comportements…

Quelles que soient les opinions à son sujet, il est clair que ce type de programme témoigne d'évolutions et de glissements importants, sans qu'on puisse nécessairement parler de dérives. L'effet « télé-réalité » en tout cas, a démontré l'importance de voir certaines catégories sociales représentées enfin à l'écran, a mis en évidence des modifications très claires au sein du noyau familial et a fait apparaître une mutation réelle du concept d'intimité.

De par sa nature première, *Loft Story* s'apparente au conte de fées et au rêve que celui-ci peut induire chez chacun d'entre nous. Le conte implique tout un dispositif et des conventions, qui participent de la mise en scène et (de) l'artifice. Son attrait réside en grande partie dans sa présentation imagée du passage de l'enfance à l'âge adulte et dans son évocation de problèmes relationnels avec les membres de la famille ou avec les pairs.

En fait, *Loft Story* s'inscrit assez bien dans cette optique en proposant des références, voire des possibilités d'identification et de nouveaux repères. Beaucoup de jeunes téléspectateurs ont pu ainsi découvrir comment vivent « les plus grands », quelles sont leurs valeurs, leurs intérêts, les solutions qu'ils échafaudent pour leurs problèmes quotidiens, même si ces solutions nous apparaissent comme du bricolage relationnel ou sentimental. Un univers, au fond, où les générations pouvaient se croire plus proches les unes des autres, où les miroirs pouvaient se multiplier à l'infini offrant toutes les possibilités de « vision-fusion » et de confusion…

Si l'on s'en tient aux contenus mis en scène dans la version M6 de Loft Story, *on comprend donc que beaucoup de téléspectateurs aient pu y trouver une sorte de miroir d'eux-mêmes. Et ce d'autant plus qu'ils étaient invités, par la construction de l'émission, à s'identifier alternativement à ceux des participants qui parlaient d'eux, à ceux d'entre eux qui regardaient ou écoutaient les précédents, ou encore à l'ensemble des téléspectateurs qui observaient la situation. Mais, en même temps, le dispositif de cette émission (vingt-cinq caméras cachées…) encourageait incontestablement l'illusion de « tout voir » et de « tout comprendre », dans une sorte de confusion, mélangeant le regard et la pensée, soi-même et l'autre.*

*Cette émission offrait donc en permanence deux registres possibles de réception : une « vision-fusion » d'un côté, nourrie aux illusions de toute-puissance de la petite enfance auxquelles l'adulte ne renonce jamais totalement ; et une « vision-défusion » de l'autre, guidée par l'espoir d'acquérir une meilleure compréhension « en miroir » de sa propre personnalité. Le premier de ces registres était souvent le seul à être perçu par les opposants à l'émission, tandis que ceux qui la regardaient avec plaisir étaient en majorité sensibles au second. (*p.38)

Ces notions de « fusion » et « défusion » sont chères à TISSERON et correspondent à un choix stratégique. La « défusion » est notamment la phase au cours de laquelle l'enfant est amené à exprimer ses émotions par la verbalisation, l'expression corporelle, le jeu de rôle ou d'autres formes ludiques d'imitation. Nous reviendrons sur ce point dans le chapitre consacré à l'approche didactique de la télé-réalité.

Cette fusion émotionnelle doit effectivement pouvoir s'expliquer, se déconstruire. Elle est sous-tendue par une confusion grandissante entre espace public et espace privé, une érosion voulue ou librement acceptée de l'intimité, une tendance à l' »extimité».

Et TISSERON d'associer à cette «extériorisation» des phénomènes que nous connaissons bien comme le succès du téléphone portable, les *chats* sur Internet ou la *webcam*. Il s'agit bien là d'évolutions technologiques qui nous renvoient à ce discours sur l'intimité et à de nouveaux repères, qui ont pu tenir en haleine pas mal de spectateurs. L'intimité apparaît ici comme une affirmation de liberté et pas simplement comme une forme d'exhibitionnisme.

De la même manière, Tisseron conteste le voyeurisme auquel beaucoup ont identifié *Loft Story* et il entend nuancer le rapport qui s'établit entre le public, les *lofteurs* et leurs parents sur le plateau, mais aussi entre leurs images ou représentations respectives, entre l'apparence que chacun se donne et sa vraie identité. « La mise en scène de la vie quotidienne » d'Erving GOFFMAN mériterait, en tout cas, d'être remise au goût du jour, pour mieux comprendre…

Tout ceci est indissociable d'une nouvelle mythologie du quotidien, du choix par les jeunes de leurs nouveaux héros et de la fabrication de ces héros par les médias, qu'il s'agisse de *Lara Croft*, des *Pokémons*, de *Harry Potter* ou de *Hélène et les garçons*. C'est aussi indissociable d'une véritable démarche initiatique. Cette initiation est présente dans le *Loft*.

Les nouveaux héros sont à la fois, et sans qu'aucun lien puisse être établi entre ces deux faits, reconnus dans leur banalité quotidienne et distingués magiquement par les médias. (p.126)

Cette nouvelle mythologie de la banalité est aussi indissociable d'une véritable démarche initiatique. Une telle initiation est présente dans le *Loft*.

Mais TISSERON nous propose également des réflexions ou interprétations complémentaires concernant d'autres concepts psychanalytiques qui figurent parmi les composantes de l'émission, cela va du complexe de castration à la complémentarité homme-femme en passant par le culte de soi et de la célébrité, par l'identité à protéger, l'esprit de revanche sur le quotidien ou l'angoisse de l'abandon. C'est l'occasion aussi d'explorer quelques *Petites mythologies d'aujourd'hui* (pour reprendre le titre d'un de ses ouvrages paru en 2000 chez Aubier).

Les relations enfants/parents et l'expression de la sexualité sont aussi évoquées comme étant une des composantes du dispositif proposé à propos de *Loft Story*. Et TISSERON souligne à ce propos une ambiguïté de ce type d'émission. *Les réalisateurs de Loft Story, soucieux de ne provoquer ni les foudres du CSA ni celles des pouvoirs publics, sont, il est vrai, restés relativement sages sur cette voie. Pour préserver leur audience familiale, ils ont notamment rapidement privilégié le discours sur la sexualité à la mise en scène de celle-ci. Mais c'est certainement du côté de cet équilibre fragile entre excitation sexuelle et crainte du regard familial (et notamment maternel) que se trouve le plus grand risque de perversité de ce genre d'émission.* (p.165)

Tout ceci nous fait, en tout cas, percevoir que l'on ne peut se limiter à propos de *Loft Story* à des constats et jugements simplistes sur l'exhibitionnisme, la starisation et autres stéréotypes du genre. C'est, notamment, un des principaux mérites de cette approche très nuancée.

Michel CLAREMBEAUX

Témoignages de deux psychologues du Loft

Didier DESTAL, *Les miroirs du Loft, récit*,
Paris, Plon, 2001

Marie HADDOU, *La psy du Loft raconte, récit*,
Paris, Flammarion, 2001

Didier DESTAL, psychiatre de la famille, chef de service d'un centre de santé mentale à Paris et Marie HADDOU, psychologue clinicienne dans un grand hôpital psychiatrique parisien, ont tous deux vécu l'aventure du *Loft* de l'intérieur.

Intéressés par le contexte de création particulier de l'émission de jeu *Loft Story*, ils acceptèrent de participer à cette aventure en tant que soutien psychiatrique des onze *lofteurs*. Leur analyse des comportements des jeunes, de leurs motivations, de leur état d'esprit et de leur appropriation de l'espace du *Loft* ainsi que de ses règles internes de vie commune sont complémentaires et permettent de mieux relativiser ce phénomène. D. DESTAL découvre, sous un autre angle, le monde de la télévision, *le second Loft*, ainsi qu'il le nomme, tandis que M. HADDOU envisage sa participation comme une manière d'en apprendre davantage sur soi-même. D. DESTAL a choisi de ne pas entrer dans le déchaînement médiatique extérieur déclenché par ce programme.

(...) *Cette entreprise commune à une certaine presse spécialisée dans le dévoilement de l'autre, et qui répond à un besoin réel de voyeurisme, m'a semblé inutile. Car elle espionne et met à nu, avec toutes les outrances et les contrevérités habituelles, des jeunes gens et des jeunes femmes privés du droit de réponse et sans défense.* (p.76)

M. HADDOU contribue au débat public en répondant à ceux qui, abusivement, ont qualifié *Le Loft* de phénomène de société et donne aux dernières pages de son livre le titre évocateur de *Beaucoup de bruit pour rien.*

Son point de vue remet en bonne place les responsabilités de chacun et n'hésite pas à relever dans le dispositif la volonté de faire de l'audience, de privilégier les images, de supprimer tout ce qui fonde les rapports à la culture, la lecture, l'écriture, la musique, les jeux de société. Elle met en évidence les conditions de vie pratique contraignantes des *lofteurs,* très modestement défrayés, et certains aspects de leur enfermement qui, coupé du monde, situé en dehors du temps ne permettait aucune intimité, ni aucun repli sur soi.

La communication entre ces onze jeunes participants, non représentatifs de leur génération, devait y être verbale, visuelle, privilégier l'action, le but final du jeu étant d'aboutir à la constitution d'un couple. *(….) Cette génération, marquée par le chômage, le sida, l'éclatement de la famille, rendue plus fragile, semble moins attirée par ce qui peut se passer à l'extérieur et plus accaparée par ses problèmes personnels.* (M. HADDOU, p.43)

Dans ce système humain fermé avec son lot de malentendus, Didier DESTAL améliore notre compréhension du fonctionnement des processus d'élimination. D'autre part, dans son chapitre intitulé *Les motivations des jeunes,* il met en évidence le fait que ceux-ci ne s'identifient pas facilement au projet social actuel. Pour eux, la concurrence forte entre les projets personnels basés sur le profit, la multiplicité des offres et les carrières courtes imposent de se révéler rapidement, de saisir les opportunités et d'accepter la règle d'inhumanité du *show-business,* persuadés, qu'aujourd'hui, le temps d'apprentissage et la qualité ne sont plus à prendre en considération.

La jeunesse actuelle est née et vit dans l'univers de l'image. L'image personnelle représente aujourd'hui une valeur en soi. Elle entraîne et nécessite l'exacerbation du narcissisme. (…)

Dans cette civilisation de l'image, la télévision constitue un excellent tremplin de promotion. (…) l'émission Loft Story pose une sorte de cas d'école, car elle cristallise et met en œuvre tous ces jeux de miroirs de la personnalité et de l'image. (D. DESTAL, pp.78-79)

Tandis que M. HADDOU décrypte les événements qui, durant dix semaines, alimentent l'histoire de la vie communautaire des *lofteurs,* révèlent leurs fragilités et les différences significatives dans les comportements et les attitudes des filles et des garçons.

Ce qui dynamise *Loft Story,* selon Didier DESTAL, c'est le concept de détournement qui transfère la réalité vers sa représentativité, un procédé qui peut entraîner une perte de maîtrise du contenu et bouscule la hiérarchie des valeurs.

Les transformations actuelles des règles structurantes de la vie sociale font glisser les cadres de références habituellement rattachées à un groupe naturel ou à une identité culturelle vers des cadres de références basées sur l'individu, mouvement consécutif à l'effet de globalisation de l'économie mondiale. *Dans ces nouveaux formatages de la société, les faits se trouvent pris en compte uniquement dans leur immédiateté et non plus à travers une perspective historique, si bien que la hiérarchie des valeurs reconnues ou acquises s'en trouve bousculée jusqu'à perdre parfois sa légitimité ou la brouiller. La période de l'adolescence ou de la post-adolescence constitue en elle-même, le lieu et le moment de ces bouleversements où l'on retrouve en jeu le principe du détournement.* (D. DESTAL, p.87)

Il constate que les *lofteurs* ont construit dans le *Loft* des relations d'amitié fortes en s'appuyant sur la séduction, avec peu de sources d'échange, et en s'appropriant les règles du groupe, la plus importante étant celle de l'exclusion.

Il est logique que les jeunes téléspectateurs s'identifient aux *lofteurs* qui, dans cette vie en vase clos, montrent les règles habituelles d'alliances et de séparations. En observant leurs comportements, les téléspectateurs se reconnaissent dans leurs attitudes, leurs émotions ou leurs sentiments même si la réalité du *Loft* se situe entre la virtualité, la fiction et la réalité.

L'identification des jeunes à la famille hétéroclite des *lofteurs* se produit à partir de nombreux thèmes. Elle intervient dans le champ de la sociabilité entre jeunes au sein du groupe ou dans leur capacité à accueillir les différences des autres ou à fusionner avec celles-ci : identification à la vie communautaire, au plaisir comme projet de vie, à la précarité du futur, à la faculté de changement. Il s'agit soit d'une identification individuelle, soit d'une identification au groupe de pairs. (D. DESTAL, p.98)

L'entreprise commerciale complexe du *Loft* comporte pour D. DESTAL une part d'inconnue et de nécessaire coopération entre les *lofteurs* et la production, et fut contrainte d'associer les impératifs de la production et la dimension humaine.

Pour la durée du jeu, ils perdent le contrôle de leur image, en même temps qu'ils font le sacrifice de toute information concernant la vie à l'extérieur sur un plan tant général que personnel, c'est-à-dire les proches et la famille. Plus précisément, ils n'ont à leur disposition aucun moyen de maîtriser ce qui sera utilisé, amplifié, minimisé, oublié de ce qui compose leur personnalité et leur être dans leurs manifestations les plus intimes. (...) Quant à la production, on peut avancer l'idée qu'elle est totalement dépendante de ce que les lofteurs vont vivre et produire. À première vue, sur un plan strictement humain, le marché semble inégal pour les lofteurs, eu égard à la dépossession à laquelle ils se livrent. Toutefois, ils demeurent, les lofteurs, la clef de voûte de l'histoire et de sa réussite commerciale. (D. DESTAL, p.159)

D'autre part, D. DESTAL considère que la chaîne ne prend pas de risques, ne montre pas l'envers du décor et est peu disposée à s'exposer comme la partie du réel qu'elle représentait dans une télévision qualifiée « du réel ».

Son ouvrage est, avant tout, un travail de thérapeute soucieux de comprendre le rôle et les raisons de l'impact des médias dans la vie sociale, psychique et culturelle des jeunes d'aujourd'hui. Toute expérience, telle que celle du *Loft,* sorte de concentré d'espace humain appelant un certain nombre de précautions lors de la réintégration des jeunes dans le monde extérieur, est porteuse de changement.

La psychiatrie se doit donc d'être informée de cette évolution incontournable afin de répondre au mieux, dans l'avenir, à ses éventuels effets déstabilisateurs ou néfastes.

Marie HADDOU souligne l'incohérence de la presse française, qui tout en fustigeant le succès de *Big Brother* aux États-Unis et en Europe, s'est tue avant l'apparition de *Loft Story* en France mais s'est précipitée sur le succès de ce programme.

Le débat n'est intéressant que s'il n'est pas faussé. Quand on commence à dire qu'une émission ressemble à un camp de concentration, y a-t-il vraiment matière à discuter ? Que répondre à des interlocuteurs qui vous désignent comme tortionnaires et prennent l'opinion à témoin de vos évidentes turpitudes ? N'est-ce pas injurier tous ceux qui en ont été les victimes, lorsque l'on parle d'univers concentrationnaire, de fascisme à propos d'une émission de télévision telle que Loft Story ? Les mots ont un sens et particulièrement ceux-là, et la dramatique réalité qu'ils véhiculent n'a strictement rien à voir avec cette émission. Ce type de dérapage est dangereux car il ampute ces mots de ce qu'ils veulent dire et représenter. (...) La violence est toujours le symptôme d'un malaise qu'il nous importe de décrypter et d'analyser. Ce déchaînement médiatique traduisait une gêne qui peinait à s'exprimer... (M. HADDOU, pp.106-108)

A-t-on galvaudé, comme le souligne Marie HADDOU, les notions de voyeurisme et d'exhibitionnisme qui ne correspondent pas au processus du *Loft ?*

Dans la mécanique de Loft Story, tout le monde est à la fois voyeur et exhibitionniste, au sens le plus anodin du terme. « voyeurs » et « exhibitionnistes » prennent du plaisir ensemble : les uns à se montrer, les autres à regarder. Or, jamais dans la perversion, un exhibitionniste et un voyeur ne peuvent cohabiter.

Ils ne partagent rigoureusement rien en commun. Le plaisir de l'un ne pourra jamais rencontrer celui de l'autre. Ils gravitent sur des planètes trop éloignées. Pour jouir de ce qu'il obtient par effraction, le voyeur a nécessairement besoin d'être caché. À l'inverse, l'exhibitionniste, lui, a besoin de provoquer un choc, littéralement, offert au regard de tous. (page 109)

(...) *Les fantasmes n'étaient pas dans les images que les téléspectateurs ou internautes pouvaient capter mais dans leurs têtes et de toute façon bien en deçà de ce que la publicité et la télévision nous montrent quotidiennement.* (M. HADDOU, p.110)

La presse a-t-elle eu beau jeu en accusant les psys, Marie HADDOU et Didier DESTAL, de faute éthique et de vénalité ?

Cette aventure m'a permis de prendre conscience de l'hypocrisie d'une certaine presse. (...) Que ne ferait-on pas pour vendre du papier ! (...) La presse a monté cette affaire en créant de toutes pièces un scandale franco-français sans objet. (M. HADDOU, p.117)

Le bilan de Marie HADDOU reste positif. Les jeunes ont compris le système et ne sont pas dupes. Mais ils tentent leur chance pour une vie après le *Loft,* tandis que ce jeu laisse les parents désemparés et sur le sentiment d'un échec éducatif.

L'objectif de Marie HADDOU et de Didier DESTAL n'est pas, bien entendu, de faire de l'éducation aux médias. Cependant, leurs convictions éthiques et sociales et leurs souvenirs du *Loft* rencontrent, indirectement, plusieurs dimensions de l'éducation aux médias. Les analyses comportementales dont ils émaillent leurs récits peuvent enrichir la réflexion des formateurs.

Leurs interrogations à propos de la santé mentale et de l'évolution du public cible, des objectifs de la production et de la chaîne, de l'évolution de la télévision ou de l'impact et de la cohérence de la presse rejoignent nos préoccupations. Leurs réflexions et leurs questionnements liés à notre rapport à l'image ou à l'évolution de la nature de notre relation à l'intime relèvent, à la fois, d'un engagement idéologique et du souci de la nécessité d'une prise de distance indispensable par rapport aux médias.

Pauline HUBERT

Le point de vue d'un professeur de philosophie

Vincent CESPEDES, *I Loft you, essai*, Paris, Mille et une nuits, 2001

Professeur de philosophie dans un lycée en zone dite sensible près de Creil. Outre *I Loft You*, CESPEDES a publié d'autres ouvrages qui abordent des problématiques sociales liées à la culture réelle des masses actuelles. Il y souligne systématiquement le rôle joué par les médias. On retiendra notamment *La cerise sur le béton : violences urbaines et libéralisme sauvage*, Flammarion (2002), qui aborde le problème de la violence de certains jeunes, et *Je t'aime*, Flammarion (2003) qui se penche sur le naufrage du couple occidental.

Les intentions explicites de l'essai sont clairement liées à l'engagement social de l'auteur : professeur de philosophie dans un lycée en zone sensible.

Le livre est né d'une réflexion nourrie par une expérimentation pédagogique autour de l'émission *Loft Story*. Il prolonge cette expérimentation en s'adressant explicitement à plusieurs reprises à un public de jeunes. L'analyse de CESPEDES, essentiellement éthique même s'il la nourrit volontiers de considérations plus techniques sur les caractéristiques de l'émission, dépasse le procès de *Loft Story* en particulier pour interpeller les jeunes sur une dérive culturelle globale dont ils seraient massivement les victimes. Le succès de cette émission ne serait alors que le symptôme d'un état moral alarmant de la jeunesse actuelle, et au-delà, d'une dérive non moins préoccupante de la culture ambiante qui imprègne ces jeunes.

C'est à cette jeunesse démunie, privée des moyens intellectuels de se mobiliser contre une telle dégradation de l'homme par l'homme, que ce livre s'adresse d'abord. Il espère lui redonner les instruments de la critique et de l'insurrection face à l'intolérable. Il espère la faire sortir de son état d'hypnose et d'anémie en prenant Loft Story comme l'inassimilable denrée qu'elle se doit de vomir au lieu d'en être absorbée, au lieu d'en être captivée. Nous souhaitons lui fournir des lumières et des armes afin qu'elle reconnaisse le terrible piège qui menace sa liberté et qu'elle puisse s'en prémunir durablement, se raffermir à son contact, le mettre à mort en recouvrant la santé. Loft Story est le poison de trop qui doit la faire guérir – le renversement possible des tendances que notre étude n'aura de cesse de reconnaître tout en ouvrant la voie d'une inversion salvatrice. Dernier ultimatum : qu'à la fin de cet ouvrage, la télévision s'éteigne, le Loft implose et la vraie vie commence !

Parce que *Loft Story* est un des produits les plus aboutis et les mieux diffusés de cette culture, son analyse constitue une voie éducative privilégiée pour tenter d'éveiller les jeunes au caractère aliénant de la culture ambiante qui les imprègne. Une bonne partie de la réflexion de CESPEDES est constituée par une analyse serrée, plutôt empirique (pas de référence scientifique à des modèles psychologiques) mais très fine, de la manière dont le produit médiatique de l'émission, par ses enjeux et ses structures propres, détermine des relations humaines systématiquement inauthentiques, hypocrites, voire cyniques et au-delà, une manière d'être au monde, aux autres, à soi-même, soumise à la dictature d'une sociabilité où il ne reste de convivialité que ce que doit habiller l'impératif absolu de la concurrence, et de partage, que ce qui peut servir l'ambition finale de la notoriété. CESPEDES insiste, comme bien d'autres critiques de la télé-réalité, sur le fait que ce type de relations humaines doit être perçu comme un des effets du bouleversement axiologique profond de nos sociétés. Il insiste cependant sur le rôle amplificateur que peut jouer la télévision, donc sur la responsabilité des diffuseurs d'émissions.

Les producteurs et les partisans de ce genre d'émission se défendent de céder à la trash TV *avec un argument fallacieux : la télévision ne peut être tenue pour responsable, car elle n'est qu'un réceptacle des tendances actuelles. Or la télévision ne peut se résumer à cela. Même dans le spectacle, la variété, le divertissement et autres Bigdil débiles, elles n'est pas seulement un témoignage neutre des opinions : elle les conforte parce qu'elle les diffuse. Elle n'est pas un miroir objectif de la société car, pour les classes moyennes, elle propage des valeurs, elle enseigne cela même qu'elle transmet de façon ininterrompue. La télévision est une école sournoise, aux leçons d'autant plus attrayantes qu'elles s'insinuent sans effort, sans mémoire active, sans réflexion.*

Ce constat général est précédé de toute une série de considérations particulières sur les multiples aspects du « jeu » qui s'avèrent problématiques sur le plan éthique, notamment la promotion de l'irresponsabilité et la proscription de l'intériorité.

Vivre dangereusement était pour Nietzsche le seul devoir possible. Il visait l'accomplissement de soi : « Deviens ce que tu es ! », c'est-à-dire ce que tu n'es pas encore. Il est de bon ton, aujourd'hui, d'éviter le danger sous toutes ses formes et, par conséquent, la vie elle-même : « reste ce que tu es ! », c'est-à-dire ce que tu es déjà. Puisque la vie est imprévisible, ne cherche pas à jouer son jeu incertain : joue ton Je(u) sans coup férir, jusqu'au bout ! La fidélité à soi-même, principe de la responsabilité, de l'engagement et de l'honneur, se dégrade dès lors en lâcheté et en pusillanimité : inutile en effet de répondre volontairement de ses actes puisqu'ils émanent naturellement (mécaniquement, fatalement) de notre personnalité. Je suis comme je suis, répètent en chœur les candidats et les élèves. Traduisons : « Je n'y peux rien ! », comme si le Je(u) n'était pas le leur. Mauvaise foi revendiquée sans vergogne.

Ce qui hante CESPEDES, c'est une attitude répandue parmi les jeunes, attitude dont la consommation télévisuelle est, sinon la cause, du moins un élément amplificateur majeur. Cette attitude, c'est une sorte de passivité existentielle globale complexe, à laquelle les enseignants sont de plus en plus souvent confrontés.

Être « tranquille », c'est, pour nos élèves, l'attitude absolue de celui qui jouit sans effort de l'existence. Plutôt que d'œuvrer énergiquement afin d'atteindre la tranquillité après le labeur comme une récompense finale, on part d'elle et on évalue tout à son aune. Mais a-t-on seulement vu une jouissance sans fatigue ?

La jouissance elle-même est méprisée car elle demande une activité réelle, une entière participation de l'être ; elle demande de la patience, le temps qu'un crescendo grandisse et l'atteigne comme son point d'acmé.

CESPEDES insiste sur les mutations fondamentales que connaissent aujourd'hui nos sociétés, mutations qui se marquent inévitablement dans la culture massive réelle et dont il déplorera que la télévision en amplifie les effets avec tant de complaisance ?

Nous devons voir, dans la notion de loft, la métaphore d'une transformation plus ample : transformation des mœurs, des désirs et des valeurs qui annonce un XXIe siècle axé sur l'interconnexion des individualités en un réseau global, en un méga loft dépourvu de singularités, de délai, et, partant, de désir.

Par ailleurs CESPEDES mène une réflexion, sans doute élémentaire, mais bien avertie, sur la nature ontologique des jeux du Loft. Insistant sur la scénarisation du jeu (préscénarisation par le casting, scénarisation par les règles même du jeu, par le travail de régie et de montage), il développe le concept de « réalité virtuelle », ni réalité ni fiction, ni simple transition entre les deux, mais concrétion des deux qui relève du rêve éveillé. Un rêve éveillé où tout se joue « pour **de faux** », à l'instar des jeux d'enfants. Un jeu dont les acteurs sont condamnés à une permanente parodie d'eux-mêmes.

Le virtuel est un réel calculé, mécanisé : une pure simulation sans profondeur ontologique, un être qui n'a pas d'être même s'il en possède tous les attributs. Il n'y a plus rien à défendre ni à rejeter – rien qui vaille la peine. Tous les efforts tendent vers l'abolition de l'Effort, intellectuel comme physique, et cette lassitude fait du virtuel un havre de paix où l'on ne cherche rien plus que rien n'est donné. « Plus d'effort à faire, si ce n'est mes pulsions primaires à satisfaire » clament les rappeurs de NTM (dans Le rêve*). Le* Loft *est bien cette maison virtuelle, aux amitiés virtuelles, aux larmes et aux baisers virtuels, c'est-à-dire ayant réellement lieu, mais « pour de faux », comme disent les enfants dans leurs jeux plus vrais que nature. À force de tout y simuler sans dissimulation possible, les habitants, de réels qu'ils étaient, se virtualisent.*

CESPEDES ne se contente pas d'analyser, il juge et condamne. Et à la différence de beaucoup de contempteurs de la télé-réalité, il explicite le système de valeurs qui fonde son jugement. Professeur de philosophie, il a osé la carte d'un humanisme qui puise ses valeurs dans la pensée grecque classique.

Michel BOUMAL

Le point de vue d'hommes politiques

Noël MAMÈRE et Patrick FARBIAZ, *La vie rêvée du Loft*,
Paris, Ramsay, 2001

Noël MAMÈRE et Patrick FARBIAZ, qui connaissent bien l'audiovisuel pour y avoir travaillé en tant que journaliste, producteur ou créateur, apportent avec leur livre *La vie rêvée du Loft* une contribution critique et une analyse citoyenne et sociale à ce qu'ils considèrent comme un phénomène de société dont il est primordial de débattre : l'émission *Loft Story* diffusée à titre exclusif sur M6 en France, en version différée, en direct sur le réseau Internet via le serveur de M6 et en son sur Audiotel.

Leur livre s'adresse à tous les citoyens qui considèrent que la télévision est un bien commun.

Engagés politiquement, les auteurs mesurent bien la puissance de suggestion de la télévision sur les esprits et sa capacité de manipulation. Aussi, estiment-ils qu'il est impératif d'appeler à résister à ce nouvel ordre numérique qui capte et façonne l'imaginaire de milliers de jeunes.

Nous ne voulons pas rester indifférents à la société qui nous entoure. Nous n'avons pas pris la plume pour donner de leçon à qui que ce soit, et surtout pas à la jeunesse de ce pays, ni pour en appeler à une quelconque censure, mais pour contribuer au débat public et au soulèvement des consciences contre la télévision du fric, de la discrimination, du traçage et de l'exclusion (pp.14-15).

Selon eux, la création de *Loft Story* s'inscrit dans l'évolution des médias de ces vingt dernières années.

La France des années quatre-vingt est prête à cette banalisation de la folie et de la sexualité ordinaires. La crise de la famille et l'urbanisation ont favorisé le développement d'une culture psy dans le pays. On fait appel aux psychologues dans les médias à propos de tout et de n'importe quoi.(...) La caméra peut maintenant faire entrer le psy dans notre salon. La télé-divan est prête à l'accueillir. (...)

De l'explosion psy au porno soft, l'intimité est le nouvel eldorado des médias. Dans la presse écrite, dans la publicité, sur les radios, sur Internet, sur le petit écran, parler de soi, parler du sexe, parler des rapports entre hommes et femmes, parler de la famille, parler de son corps et de son mental devient à la mode. L'esprit du temps est à l'intimisme (pp.77-78-96-97*).*

Cette évolution se poursuit, vers le début des années 90, avec l'installation du *reality show*, un genre de programme qui se substitue progressivement à la disparition du lien social en France, remplaçant ainsi l'État défaillant.

Le reality show, c'est la télévision de l'héroïsme du quelconque. Nous sommes tous les héros d'une histoire. (...)

Il faut faire connaître son histoire sous peine de ne pas exister. Le héros n'existe que s'il est capable de faire savoir qu'il existe. Dans Loft Story, le reality show fonctionne de la même façon. Je crée volontairement une situation où je deviens le centre de l'attention des lofteurs et donc des téléspectateurs (pp.60-61).

Enfin, la télévision, qui a besoin d'argent, utilise tous les aspects de la souffrance humaine pour conforter son audimat, l'exhibe, la collectivise et devient ainsi la première force de pouvoir.

Tandis qu'en Italie, Berlusconi se lance dans le *télé-populisme, Loft Story,* deux ans après les USA et d'autres pays d'Europe, débarque en France et remporte un énorme succès auprès du public des 15-25 ans, la *loft generation.*

Noël MAMÈRE et Patrick FARBIAZ dénoncent ce programme de jeu comme le prototype même de la télévision-événements des années 2000.

Si Loft Story a rencontré si aisément son public, c'est que celui-ci était mûr pour une telle expérience. Les raisons en sont multiples, mais l'une d'entre elles doit être mise en avant : la vidéosurveillance a déjà pénétré la vie sociale. (...) La vie est devenue une marchandise. Loft Story n'en est que l'expression la plus médiatique et la plus sophistiquée. Tout s'achète, tout se vend. Tout se voit (pp.23, 24).

Ce genre surgit, pour eux, dans une période de crise des valeurs morales, culturelles et de rupture avec la télévision consensuelle. Une grande part de son succès s'explique par la convergence entre le *sitcom*, le *reality show*, le jeu télévisé et le *vidéo-gag* et par la réponse qu'il apporte à la génération des 15-25 ans à des fonctions telles que l'initiation, l'identification et l'intégration qui ne sont plus remplies par la société et par l'État.

Dans Loft Story on retrouve tous les ingrédients du feuilleton. Les héros sont jeunes et beaux. S'ils ne sont pas aisés matériellement, leur notoriété en fait des riches en puissance. (…) Mais, en même temps, ce sont des personnages ordinaires, ne maîtrisant pas davantage leur vie et ne sachant pas mieux résoudre leurs contradictions que n'importe qui. Leurs situations de conflits parlent à chacun – et surtout aux jeunes de la même génération – de leurs propres désirs, de leurs frustrations, de leurs espoirs, de leurs échecs. (…)

Loft Story ne remet rien en cause, mais se place dans une stratégie d'adaptation permanente du jeu social. (…)

Le téléspectateur s'implique dans la fiction. Il est à la fois à l'intérieur et à l'extérieur de l'univers du feuilleton. C'est la vie réelle du téléspectateur que le feuilleton met en résonance (pp.57-58).

La force de Loft Story réside dans cette démonstration simple : les acteurs n'en sont pas. Ils ne jouent pas. Il faut donc montrer à tout moment que ce sont des bénévoles télévisuels, comme dans les vidéos familiales (p.62).

Alors que le dispositif de l'émission repose sur un *casting* discriminatoire et un huis-clos organisé selon des règles strictes de vie en commun, ce lieu d'enfermement pathogène fait de la vie intime des participants une marchandise.

Le marketing a donc produit une projection sociologique presque parfaite de la jeunesse vue par la télévision avec, au surplus, une approche politiquement correcte. Les minorités(blacks, beurs, homos) sont représentées : il y a des chômeurs, des étudiants, des jeunes travailleurs… Le casting a été étudié pour qu'émergent des couples stéréotypés… (page 35). On pousse ces jeunes à vivre dans une représentation permanente. Le but étant de fabriquer des gens qui ne sont que l'image d'eux-mêmes, des personnages, extrêmement narcissiques et superficiels, sans identité profonde ni espace psychique où se réfugier. Le Loft est donc un lieu pathogène, qui favorise l'angoisse et la dépression, un lieu où l'on demande à des jeunes à la fois de s'aimer et de s'éliminer – donc de se tuer psychiquement – entre eux. Un lieu de déshumanisation (p.91).

Ainsi, à partir d'images banales et en jouant sur tous les tableaux de l'émotion et du narcissisme, cette émission au scénario contrôlé par la production et au développement préfabriqué fait de la télévision un événement total aux dérapages contrôlés, au *happy end* et dont les *lofteurs* volontaires constituent le prétexte.

Le public est, à la fois, le héros et un élément de l'événement, il est celui qui surveille et punit, qui voit sans être vu.

Pour N. MAMÈRE et P. FARBIAZ entamer une démarche critique vis-à-vis d'un programme dont l'objectif est de rapporter beaucoup d'argent, n'est pas simple. Combattre l'émission, c'est aussi, indirectement, la propager.

Cependant, *Loft Story* a le mérite d'ouvrir le débat public à propos du rôle de la télévision, de ses dérives et de sa logique. Il est primordial de l'entretenir afin d'amener le politique et les pouvoirs publics à gérer autrement la régulation du paysage culturel français et européen afin d'éviter que la télévision ne devienne une machine totalitaire qui relaye.

Les auteurs se tournent résolument vers des solutions éducatives : éduquer le jeune public aux médias, à la lecture des images et à la construction d' une citoyenneté audiovisuelle.

Ou encore, offrir aux jeunes la possibilité de produire eux-mêmes, de développer des médias libres et de construire une éthique de la responsabilité télévisuelle en leur donnant des repères.

En utilisant le voyeurisme et la télé-surveillance, *Loft Story* empêche de penser la prévention et dévalue la résistance du droit à l'image en légitimant le contrôle social. Lutter contre les marchands du temple de l'audiovisuel, dénoncer les mécanismes économiques de la production et responsabiliser le service public, c'est offrir aux jeunes une autre télévision et des alternatives de qualité. Il est essentiel d'interpeller le politique à propos de la responsabilité sociale et civique de la télévision afin d'engager le CSA à modifier le cahier des charges du PAF et tenter d'opérer un changement législatif qui permettrait d'ester en justice contre une émission et contre la délinquance des sociétés de production et des chaînes.

Pauline HUBERT

Le point de vue d'un analyste des médias

Ignacio RAMONET, textes divers.

Ignacio RAMONET est directeur de la rédaction du *Monde diplomatique*. Dans la revue *Manière de voir*, il réunit un ensemble de textes de ses collaborateurs sous le titre *L'empire des médias* (mai-juin 2002). Nous avons ici isolé les écrits qu' il a consacrés au succès mondial d'émissions comme *Loft Story*. RAMONET fut également l'auteur en 2000 de *Propagandes silencieuses : masses, télévision, cinéma* et, en 2001 de *La tyrannie de la communication*, Paris, Gallimard, Folio actuel, 1999.

Pour RAMONET, *Loft Story* vient précisément s'inscrire dans une transformation du système médiatique en véritable appareil idéologique destiné à domestiquer et à soumettre les individus en leur enlevant tout comportement critique, toute réaction de contestation de l'ordre établi, toute révolte.

Loft Story, nous dit RAMONET, confirme ainsi *la généralisation d'un conformisme de l'abjection* et il analyse l'ampleur du phénomène médiatique qui s'est développé autour de l'émission, la multiplication des « unes » d'hebdomadaires à grand tirage et de quotidiens importants. Tous ces gros titres ont amplifié l'onde de choc au travers de réactions en chaîne déjà mises en évidence par RAMONET dans la première édition de la *Tyrannie de la Communication*, Paris, Galilée, 1999.

Mais *Loft Story*, et les controverses qui l'ont accompagnée, est une émission qui se trouvait déjà en gestation dans un ensemble de productions cinématographiques, télévisuelles, et surtout dans une manière d'être où se « tressent inextricablement voyeurisme et exhibitionnisme, surveillance et soumission ». Depuis *Fenêtre sur cour* d'HITCHCOCK (1954) jusqu'aux exhibitions sur Internet, par le biais des *webcams*, il y a cette pulsion de voir et d'observer allant inévitablement de pair avec le besoin de se montrer, y compris dans son intimité quotidienne.

La télévision s'est emparée de ce « manque de pudeur » pour l'exploiter dans une série d'émissions dites de *trash tv*, de télé-poubelle, où vie privée et vie publique se confondent dans de violents affrontements ou dans d'incroyables déballages face-caméra. Du *Jerry Springer Show* qui, dans le genre, excelle aux USA à *C'est mon choix*, le sordide a envahi le petit écran des deux côtés de l'Atlantique, suscitant l'engouement des foules en reculant les limites du montrable et en renforçant la confusion entre vie réelle et création fictive.

Les chaînes américaines, comme MTV, ne cessent de mettre au point de nouvelles formules où l'individu est livré en pâture au grand public, qui se délecte de ces nouveaux avatars d'une « télévision miroir censée refléter les gens tels qu'ils sont ».

Et puis, il y a cette magie qui opère en transformant le personnage ordinaire en acteur d'une histoire, voire en héros de feuilleton. Cette célébrité médiatique est évidemment un autre mécanisme qui explique le déroutant succès de ce genre de télévision, une fascination que tous ces dispositifs exercent sur nos sociétés friandes de gloires passagères et de héros jetables.

Les médias, quant à eux, n'hésitent pas à s'engouffrer dans ces nouveaux espaces, appuyés dans leur fuite en avant par les nouvelles technologies, par le discours publicitaire ambiant et par un certain terrorisme intellectuel du bidonnage et du leurre.

Nous sommes entrés dans l'âge de la communication à tout prix qui vient imprégner tous les domaines de la vie sociale, économique, politique et culturelle. RAMONET avait déjà souligné ce phénomène à différentes reprises dans son ouvrage *La tyrannie de la communication*. Il en avait étudié l'incidence sur les acteurs et les organes de l'information quotidienne et en avait dégagé un des principaux concepts.

Nous avions jusqu'à présent trois sphères : celle de la culture, celle de l'information et celle de la communication (relations publiques, publicité, communiqués, marketing politique, médias d'entreprise, etc.). Elles étaient autonomes, et chacune avait son propre système de développement. Or, en raison des révolutions économique et technologique, la sphère de la communication a tendance à absorber l'information et la culture, donnant ainsi naissance à une seule et même sphère globale et universelle : la world culture, d'inspiration américaine, une sorte de communiculture de masse planétaire. L'information ne résistant pas plus que la culture à cette massification… (p.109).

On ne peut s'empêcher de penser que c'est bien à cette massification qu'appartient *Loft Story*.

Michel CLAREMBEAUX

Le point de vue d'un philosophe

Olivier RAZAC, *L'écran et le zoo. Spectacle et domestication des expositions coloniales à Loft Story*. Essais, Paris, Denoël, 2002

Olivier RAZAC est un philosophe de 30 ans qui, dans son ouvrage « L'écran et le zoo », nous propose un parallélisme entre les zoos humains de la fin du XIXe siècle et une émission comme *Loft Story*. Dans les deux cas, il s'agit bien d'offrir aux regards des curieux des gens soi-disant « authentiques » dans un cadre de vie censé être tout aussi « authentique ». Dans les deux cas, il s'agit bien de voir et d'être vu, mais la comparaison ne s'arrête pas là…

C'est un Allemand, Carl Hagenbeck, qui fut le premier – en 1874 – à organiser une « exposition exotique ». Il s'agissait d'une famille de Lapons, importés avec leurs objets quotidiens et leur campement, qui se livraient à des activités quotidiennes de construction de traîneaux ou de fabrication de chaussures en peau de renne. L'initiative remporta un vif succès et les exhibitions ethnographiques connurent un énorme engouement dans toute l'Europe.

À l'origine, ces exhibitions excluent toute représentation, toute mise en scène (sauf celle de l'habitat reconstitué). L'accent est mis sur l'authenticité de ce qui est montré et vu. Ainsi, les visiteurs imaginent aussi que les individus exhibés se comportent comme s'ils n'étaient pas observés. On perçoit ici toute la naïveté des dispositifs et leur ambiguïté.

La fin du XIXe siècle est particulièrement féconde en expositions ethnographiques avec cette prétention de montrer le vrai cadre de la vie quotidienne. Une volonté pédagogique se veut également présente avec images complémentaires et textes explicatifs, qui viennent appuyer une prétendue utilité scientifique et légitiment donc le spectacle. On en profite d'ailleurs pour élaborer certaines expériences et les dérives apparaissent. L'Exposition coloniale internationale de Paris en 1931 en est un exemple parmi d'autre, on est en pleine stéréotypie et on se donne bonne conscience d'être des colonisateurs. Le choix des « indigènes » exposés fait d'ailleurs l'objet d'un véritable casting avant la lettre. Les dérives s'accentuent, la Ligue des droits de l'homme et l'Eglise y voient un spectacle « faux et dégradant ».

Au fond, les contraintes n'ont guère changé : pour les figurants, avoir l'air naturel, même si on joue un rôle. La même consigne vaut pour les organisateurs. Il s'agit bien d'un choix (toujours difficile) entre représentations et stéréotypes, entre une certaine authenticité et son image ou le rôle qui lui correspond (et qui correspond aux attentes du public).

Dans son analyse du zoo humain, Razac souligne quatre caractéristiques : le zoo exerce un pouvoir sur les corps des hommes voués à être exposés, il doit produire un savoir sur les individus exhibés, il doit favoriser l'observation et l'étude de ce savoir, fournir aux visiteurs un spectacle qui produise l'illusion du réel.

De ces caractéristiques, on passe sans difficultés à la télé-réalité, mise en scène du réel *où l'on montre des individus banals dans des situations à la fois travaillées et explicitement authentiques.*

Comme le zoo, la télé-réalité fonctionne selon le principe du « voir et être vu », elle montre et définit des espèces ici psychologiques et sociales. Mais *la comédie sociale se transforme vite en comédie spectaculaire* et être soi-même implique une vraie mise en scène. Dans une telle comédie, le téléspectateur s'implique aussi en tant qu'acteur. Le *voir et être vu télévisuel est un mouvement d'aller-retour*, de juge et partie, et l'implication entraîne une certaine identification et une interactivité, mais aussi des renforcements comportementaux, des mimétismes, des catégorisations, d'inévitables stéréotypes. Une typologie de comportements et de combinaisons comportementales (gérées d'ailleurs par la scénarisation) s'en dégage. Ainsi, tout peut se programmer sans que ceci soit ouvertement admis par la production et Razac d'ajouter : *Les dispositifs télé-réels sont des machines à castrer l'événement en prétendant faire le contraire.* Les événements sont apprivoisés, maîtrisés par le spectacle.

Razac conclut son parallèle entre zoo humain et zoo cathodique en nous proposant une réflexion sur l'éthique d'un spectacle du réel qui expose des individus en prétendant en montrer la vérité et l'authenticité.

Les protagonistes du spectacle de la réalité sont plongés dans un décor et dressés par une mise en scène qui les contraint, mais ils sont malgré tout volontaires. Ils sont venus de leur propre chef et attendent quelque profit de la représentation dont la seule exigence explicite est d'être soi-même... On retrouve le perroquet et son propriétaire. L'anonyme imite ce que le dispositif spectaculaire demande, c'est-à-dire une identité qui lui correspond en partie, en échange d'une récompense (le biscuit). L'anonyme imite une déclinaison de lui-même dans le rêve d'être davantage lui-même. Cette hybridation produit un être qui n'est ni imaginaire ni réel mais suffisamment réel pour convaincre et suffisamment imaginaire pour séduire.

Cette réflexion a pour mérite de relativiser les discours sur la dignité humaine qui ont pu être tenus à propos de la télé-réalité. Les individus filmés *se servent de la télé,* selon Razac, *pour se montrer tels qu'ils aimeraient être vus. Ils participent volontairement à leur propre aliénation et domestication sociale.*

Le vrai danger, dès lors, ne réside-t-il pas dans cette illusion qu'il s'agit là de la réalité, alors que celle-ci est devenue inoffensive, domestiquée, aseptisée...

Michel CLAREMBEAUX

Le témoignage d'un chroniqueur de télévision

David DUFRESNE, *Toute sortie est définitive. Loft Story autopsie*, Paris, Bayard, 2002.

David DUFRESNE a publié dans *Libération* un commentaire quotidien (du 30 avril au 7 juillet 2001) sur *Loft Story*. Il a réuni ici ses chroniques.

Fasciné par ce marathon télévisuel, ce « parc audiovisuel en miniature », l'auteur décide d'analyser le phénomène et d'entamer un travail de réflexion sur un objet dont la fonction première est précisément de nous éviter de réfléchir... Il est aussi attiré par cette irruption d'une « télé multiple » (à la fois hertzienne, sur le câble, sur le web) et cet envahissement du vide. Mais parler des lofteurs, c'est aussi parler de soi-même, c'est aussi parler du monde, ou d'un simulacre de société, c'est s'interroger sur un phénomène d'hypnose collective générée par le dispositif médiatique.

DUFRESNE s'attache donc à décrire par le menu cette « transparence du vide », ce « grand déballage ». Au fil des jours, nous voyons comment une véritable assuétude se construit, une accoutumance aux caméras de surveillance, à l'enfermement, aux rats piégés dans un laboratoire, autour d'une table Ikea ou dans un confessionnal. Jour après jour, Dufresne autopsie ce faux jeu de la vérité avec ses dérapages contrôlés tandis que le CSA demande à M6 d'octroyer deux heures d'intimité sur vingt-quatre à Kenza, Aziz, Jean-Édouard et aux autres et que Le Monde s'interroge : *Peut-on tout montrer à la télévision ?*

Voici, à titre d'exemple, quelques lignes de ses notes :

Jeudi 10 mai 2001

Pour toucher la prime

En direct du net et de TPS, mercredi, 1 h 42. Kenza demande à Aziz de la comprendre : « Laisse-moi tenter ma chance jusqu'aux prochaines éliminations (...). Si je sors, j'ai pas de fric. J'ai besoin d'être éliminée pour toucher la prime. Crois-moi Aziz, je ne me sens pas bien ici. » Cette fois, c'est vraiment l'enfer. La glorieuse incertitude du Loft tourne au psychodrame. Mardi soir, les filles ont fait leurs propositions. Aux téléspectateurs maintenant de voter qui d'Aziz ou de Jean-Édouard doit être expulsé du squat. Ce soir, l'un d'entre eux partira avec sa valise. En direct sur M6. En attendant, ils tournent en rond, pestent, vannent les cameramen, cherchent à comprendre. C'est le « jeu » dans « le jeu » : l'autodestruction du groupe. Jusqu'ici, c'était « qui aime qui ? ». Maintenant, c'est « qui n'aime pas qui ? ». Précarité, quand tu nous tiens ! Chez Danone ou Marks & Spencer, on dégraisse pour engraisser les actionnaires. Dans Loft Story, c'est plus subtil : ce sont les employés qui s'autolicencient pour gonfler l'audimat et le portefeuille de M6. Real-tv, une nouvelle manière d'organiser des plans sociaux ? Même à TF1, à en croire les indiscrétions publiées ici ou là, on trouve ça limite – à moins que ce soit surtout un problème d'audimat... De toute façon, ça ne change rien, Loft Story est plein d'effets secondaires et celui-là est assez savoureux : une émission, une seule, est peut-être en train de bouleverser le PAF (et donc notre vie). (p.44)

Le 14 mai, quelques centaines de manifestants décident de libérer les « otages du Loft ». C'est la bonne conscience des uns qui se manifeste alors que les autres regardent *Arrêt sur Image* comme un ultime exorcisme. Entre temps, les téléspectateurs ne doivent plus téléphoner pour éliminer un candidat mais pour le garder. *L'honneur est sauf,* nous dit Dufresne, *l'abattage peut continuer, tout ça est sous contrôle...*

En attendant, *Loft Story* continue à faire la Une des magazines et les larmes de Loana font pleurer dans les chaumières, la déontologie, la morale ou la dignité humaine n'y peuvent rien. Et c'est peut-être un conte moderne qui s'écrit sous nos yeux avec ses paumés, ses rumeurs, ses marionnettistes, ses fausses confidences, ses petits complots, ses plans-séquences interminables, ses coups de cafard des exclus qui font leur valise, ses caméras infrarouges qui épient pour nous, ses fous rires et ses règlements de compte. « Star en deux mois, plus rien en deux minutes. »

DUFRESNE nous décortique une lassitude qui lentement s'installe au sein du Loft, mais qui n'exclut pas les moments d'hystérie que l'audimat s'empresse d'enregistrer, bref *de la grande télé-réalité, où l'on sait que rien n'est tout à fait faux, puisqu'on ignore ce qui est vrai...*

Un an après avoir écrit ses chroniques, David Dufresne essaie de faire le point et prend quelque recul ; il s'interroge sur le destin des lofteurs, leurs contrats, leurs projets, leurs illusions. Il évoque le lancement d'un

Loft Story II et les modifications envisagées par M6. Mais ce qui mérite peut-être une attention particulière, c'est la manière dont il souligne l'aliénation des lofteurs par un commentaire récurrent à l'issue de chacune de ses chroniques quotidiennes : *Pendant ce temps, et les lofteurs n'en savent rien :*... et d'évoquer ici le triomphe de Berlusconi aux élections italiennes, la libération de Patrick Henry, la palme d'or à Nanni Moretti ou la reconnaissance de l'esclavage comme crime contre l'humanité...

Michel CLAREMBEAUX

Le point de vue d'un analyste des médias

François JOST, *L'empire du loft / La dispute*, série Des mots sur les images, Paris, 2002.

François JOST, docteur ès lettres et professeur à Paris 3, dirige le Centre d'études sur les images et les sons médiatiques de la Sorbonne nouvelle. Depuis les années 90, la télévision constitue son domaine d'étude de prédilection.

Tous ceux qui s'intéressent à la télé-réalité dans son sens le plus large, c'est-à-dire aux relations complexes entre la réalité et ses modes de représentation, voire de mises en scène télévisuelles, s'arrêteront d'abord sur *La télévision au quotidien, entre réalité et fiction*[109], qu'il publie en 2001. Le livre refuse l'idée de l'apparition brutale, dans les années 90, d'une nouvelle télévision et montre que, depuis les années 60, ce média ne cesse d'augmenter sa prétention à parler au nom du réel.

Dans la première partie de l'ouvrage, Jost analyse de manière systématique et rigoureuse les multiples déclinaisons télévisuelles de la réalité et de la fiction pour montrer avec quels ingrédients et selon quels dosages un nombre toujours croissant d'émissions procèdent du mélange des deux. Cette analyse a encore le mérite de constituer une remarquable synthèse de l'état actuel des diverses approches théoriques de la question.

La deuxième partie étudie avec non moins d'expertise comment, d'une émission à l'autre, la télévision joue de la représentation qu'elle donne au téléspectateur de lui-même et de son monde quotidien, comment elle joue aussi du rôle auquel elle l'invite, pour construire une « réalité » dont chacun puisse être le héros, pour mettre en scène des individus qui jouent à être eux-mêmes, avec une spontanéité toujours relative et dont les degrés sont infiniment variables. Les émissions de télé-réalité au sens courant, ces jeux de rôle que sont *Loft Story* et autres *Koh-Lanta*, ne sont que les produits les plus aboutis de cette tendance.

Il n'est donc pas surprenant que l'année suivante, avec *L'empire du Loft*, François Jost se livre à une analyse spécifique de ce dernier type d'émissions. Dans cet ouvrage dense, mais accessible à un large public, il ne se contente pas de prolonger et d'affiner les considérations générales de son livre précédent. Il se livre en outre à une analyse attentive des enjeux de programmation et des mécanismes économiques qui expliquent la multiplication de ces émissions de jeux de rôles.

Le livre s'interroge d'abord sur la nature du spectacle offert par la télé-réalité. *Loft Story*, c'est la déclinaison française d'une émission dont le concept originel trouve son titre dans le célèbre roman de Georges ORWELL : *1984*. Dans l'univers totalitaire d'Orwell, tout le monde est télésurveillé par *Big Brother*. D'où la question : *Comment un dispositif anxiogène, symbole des excès de nos sociétés de surveillance, a-t-il pu donner son nom à une émission de télévision à succès, suivie par des millions de gens dans le monde avec un plaisir manifeste ?*

C'est que le dispositif de l'émission inverse celui imaginé par Orwell. La télé-réalité télévisuelle, c'est tout le monde qui peut regarder quelques-uns. On pourrait songer à une influence des webcams de l'internet sur les bénéfices symboliques de l'exhibitionnisme et du voyeurisme, influence étendue à la télévision. Mais Jost s'empresse de préciser que celle-ci fausse sérieusement le dispositif de la webcam. *Du fait qu'entre le téléspectateur et l'acteur s'est immiscé un troisième terme, qui est l'instance de production, le combat est inégal. Ce n'est pas ce que sont les candidats qui sera donné à voir, mais ce qu'on a décidé qu'ils paraissent.*

Un premier problème réside donc dans la vérité du spectacle offert par *Loft Story*. Le degré de réalité que nous attribuons aux images de la télévision dépend globalement du contexte dans lequel elles sont diffusées et spécialement des consignes de lecture que le message télévisuel lui-même nous donne sur son contenu. Or, d'une manière générale, les consignes données par les télévisions multiplient les confusions et brouillent la catégorisation des images que nous recevons (véridiques en direct ou en différé, ou fictives : reconstitutions à caractère véridique, fictions réalistes et vraisemblables ou librement imaginaires...). La raison de ces fréquents brouillages, Jost la voit surtout dans les enjeux commerciaux des chaînes de télévisions aujourd'hui constituées en marques avant tout soucieuses de vendre leurs produits à un téléspectateur pensé d'abord comme consommateur. *Quel est le bénéfice qu'une chaîne peut promettre à ses téléspectateurs pour les attirer le jour J devant le petit écran ? La promesse, véhiculée par le nom de genre, d'une certaine relation à un monde dont le degré d'existence et le mode d'être conditionnent les croyances, les savoirs et les plaisirs des téléspectateurs.*

Les genres télévisuels peuvent proposer trois modes de relation au monde : le mode authentifiant (C'est pour de vrai), le mode fictif (C'est pour de faux) et le mode ludique (C'est à la fois pour de vrai et pour de faux). Si les émissions de télé-réalité sont difficiles à classer, c'est parce que, par principe, elles entretiennent la confusion entre ces trois modes de manière à s'attirer ou à conserver le public le plus large et le plus varié possible.

Nous sommes entrés dans l'ère du marketing télévisuel à court terme. À cet égard, la télévision s'est alignée sur les autres industries : les retours sur investissement doivent être rapides et l'on n'investit pas sur le moyen terme. Mais elle a une supériorité, avec ces émissions de flux, sur les autres industries : la possibilité de mettre en œuvre un marketing réactif, qui transforme la critique et l'analyse en un terrain continuel et gratuit l'aidant à se mettre en phase avec les attentes du public et à éviter les « objections « que les programmes pourraient soulever.

Au passage, Jost détaille la représentation générale de la réalité que ce genre de télévision distille auprès de son public. Cette réalité est réduite au visible et à l'observable (voir, c'est comprendre). L'homme y est la mesure de toute chose (un témoin interrogé sur le trottoir vaut tous les experts). Le média s'efface et simule le contact direct avec la réalité (je vois les choses comme si j'y étais vraiment). Enfin, la quotidienneté devient l'essence de la réalité.

Jost montre que ces recettes ne sont pas nées d'hier ni de rien. Voilà un certain temps que la société développe la télévision qu'elle mérite. Il passe ensuite en revue les principales émissions de télé-réalité, en montrant chaque fois comment les représentations de la « réalité « y sont largement conditionnées par des impératifs de marketing. Il insiste ainsi sur la mise en scène systématique de cette prétendue réalité y compris lorsque celle-ci paraît relever de l'intimité la plus spontanée des participants.

Si ces mises en scène séduisent un si large public, c'est qu'elles sont destinées à lui procurer des plaisirs particulièrement attractifs, qui dépassent le simple voyeurisme. D'abord celui du sadisme : les spectateurs de *Loft Story* n'ont-ils pas voté systématiquement contre le bonheur explicite des candidats ? Par ailleurs, c'est dans la transgression que le spectacle de la banalité trouverait de quoi fasciner son public. Voilà des émissions qui montrent ce qui normalement n'est pas donné à voir : les coulisses, avec le laisser-aller, les maladresses, tous les imprévus qui y sont normalement confinés. Mettre le téléspectateur en attente de ces imprévus ne compte pas pour peu dans leur pouvoir captivant. Enfin, la mise en spectacle de la banalité favorise des processus d'identification gratifiants pour le téléspectateur. C'est la propre banalité de ce dernier qui en sort en quelque sorte magnifiée.

Loft Story est à la rencontre de l'aspiration toujours plus grande de l'individu à se penser comme l'acteur de son quotidien et du téléspectateur, qui veut non seulement jouir de sa position d'observateur, mais retrouver dans la vie des autres les schémas narratifs qui l'émeuvent ordinairement dans la fiction. Loin d'être une fenêtre sur la réalité, ce programme a eu l'habileté d'emprunter celle-ci à l'image que la télévision en donne à travers ses fictions et ses reportages.

Le livre s'arrête ensuite plus spécifiquement sur l'intérêt des émissions de télé-réalité du point de vue des stratégies de programmation. En termes stricts d'audimétrie, le succès de ces émissions doit être relativisé, même si les retombées économiques indirectes (notamment la masse des appels téléphoniques générés) sont parfois substantielles. Pour de petites chaînes privées comme M6, elles représentent des coups de marketing rentables. Pour les grosses chaînes, leur diffusion est certes plus délicate, mais peut encore répondre très efficacement aux enjeux fondamentaux de la programmation en *prime time*.

Toute la question de la programmation est, en effet, celle-ci : comment construire un programme qui ne soit pas contradictoire avec l'univers publicitaire ? Imaginez en **prime time** *un reportage sur la condition des femmes sous le régime des talibans. Le port obligatoire du tchador, l'interdiction de faire des études, d'avoir les moindres relations sociales... par quelles publicité interrompre un tel reportage pour ne pas choquer trop le téléspectateur ?*

L'univers banal, voire régressif des émissions de télé-réalité s'accorde, lui, si naturellement avec l'univers des clips publicitaires ! Il peut même favoriser un meilleur ciblage des publicités diffusées. Et à l'extrême, il peut accueillir la publicité en son sein : n'est-ce pas Ikea qui a fourni le mobilier du *Loft*, comme le précise le générique de l'émission ? Par ailleurs, ces programmes de jeux de rôle fournissent les chaînes qui les diffusent tant en produits de flux qu'en produits de stock. Toute séquence du direct ou de la première diffusion (flux télévisuel) est susceptible de devenir une archive rentabilisable (stock télévisuel). Certains enjeux économiques peuvent surprendre : en faisant admettre *Popstars* comme documentaire, le groupe Expand a obtenu un soutien financier du Centre national de la cinématographie (France). D'autres enjeux sont plus attendus. Les ressources commerciales se trouvent évidemment aussi du côté de l'industrie du disque et des entreprises du show-business, qui font plus que relayer ces émissions.

Que sera la télévision de demain ? François JOST ne voit rien qui puisse endiguer une accentuation de tous les ingrédients qui font ses recettes à succès d'aujourd'hui. Il parie cependant sur la capacité du public à prendre conscience de toutes ces dérives et, partant, à moins les subir.

Michel BOUMAL

Le témoignage d'un producteur de télévision « déconstructeur »

Daniel SCHNEIDERMANN, *Le cauchemar médiatique*,
Paris, Denoël, Impacts, octobre 2003.

Daniel SCHNEIDERMANN était – au moment de la diffusion de Loft Story – chroniqueur de télévision au journal Le Monde. Il est également producteur de l'émission *Arrêt sur images* diffusée sur France 5 et considérée comme l'un des meilleurs outils de déconstruction d'un programme TV en termes d'éducation aux médias. *Arrêt sur images* a été consacrée plus d'une fois à des débats sur la télé-réalité, celle notamment du 14/12/03 s'est attachée à étudier un certain nombre de variantes du phénomène et à s'interroger sur la différence de perception qu'en ont un public européen et un public américain.

Dans son ouvrage *Le cauchemar médiatique*, SCHNEIDERMANN aborde un certain nombre de sujets qui ont défrayé les médias au cours de ces deux dernières années, qu'il s'agisse de Thierry ARDISSON qui s'étend complaisamment sur le fait qu'aucun avion ne se serait écrasé sur le Pentagone le 11 septembre, ou encore de « la face cachée » du *Monde*, sans oublier l'existence de réseaux pédophiles ou sado-masochistes, sans négliger non plus le thème de l'insécurité dans les campagnes électorales. C'est dans ce contexte que l'auteur traite de l'émission produite par M6 : *La grande peur de Loft Story ou le cauchemar au bord de la piscine.*

Le débat sur le Loft laisse dans son sillage des souvenirs de sidération et de désespoir. Pour ou contre, on s'y jeta avec une pugnacité, une voracité, une colère qui dépassaient de beaucoup l'enjeu d'une émission de divertissement à la télévision. (p.163)

Et Schneidermann de retracer l'émoi initial. Rien ne le laissait prévoir, rien n'avait été clairement annoncé avant le 26 avril 2001 où la France découvre tout à la fois le jeu, le concept et les images des lofteurs, la brutalité de la vie avec son ennui, sa vulgarité mais aussi ses petits drames quotidiens.

Autour de ce noyau, tout s'organise rapidement, les interviews, les prises de position, les discours de tout genre, les manifestations, le délire et le dégoût, une rare « polyphonie » où chacun y va de son jugement, de ses bonnes paroles ou de son mépris.

Même le Festival de Cannes est éclipsé dans les médias par ces discours qui transforment le Loft en « phénomène de société ». La France d'en haut et la France d'en bas se sont rejointes dans une déferlante souvent hystérique où la confusion des valeurs, des jugements et des arguments s'installe loin, en définitive, du contenu du programme lui-même. Néanmoins, chacun y fonce tête baissée. C'est l'emballement...

Et moi ? Osons l'avouer : j'ai aimé Loft Story. *plus précisément, j'ai aimé les lofteurs...*

J'ai donc aimé aimer Loft Story. *Bonheur, oui, de se laisser aller dans le puissant courant. Bonheur de danser avec les danseurs, d'entrer dans la transe. Bonheur d'abandonner ses doutes, ses tortures, son recul de déconstructeur, sa triste peau de l'ancien monde. Bonheur de se laisser laver le cerveau par la perverse innocence de l'immonde entreprise. Bonheur de sentir ce qu'elle chatouille en soi d'innommable et d'éternel. Bonheur de se sentir capable de cette communion-là avec quelques millions d'inconnus.* (p.186)

Et puis vient l'heure de la relecture des chroniques que Schneidermann a écrites dans *Le Monde radio-télévision*. Vient cet exercice cruel et douloureux où l'on ne veut pas abjurer, où l'on ne souhaite pas trahir ses premières émotions mais où l'on commence à apercevoir que l'emballement a pu dissimuler certaines erreurs d'appréciation. Non, la petite bande des lofteurs n'était pas représentative de toute une génération. Non, l'univers que révèlent les lofteurs n'est pas fait de spontanéité, de révolte, de fraîcheur, c'est d'abord et avant tout l'argent, la recherche du profit et de la célébrité au prix d'un assujettissement total. Oui, *la mondialisation et son alter ego technologique Internet* ont bien transformé le monde... et la France n'y a pas échappé.

Ainsi, Schneidermann retrouve progressivement un rôle de critique de télévision et de déconstructeur de produits médiatiques. Et reprenant point par point, argument par argument, ses articles du début, il les passe au crible de la rigueur et de la lucidité. Non, Loana n'est pas Marylin. Non, le *Loft* ne peut soudain gommer les combats passés, même si l'emballement premier a fait oublier le discours critique et la prise de conscience qu'il s'agissait bien là d'un monde « complètement régressif » et d'une « mise en concentration médiatique ». On s'oriente donc vers un « abêtissement sans vergogne », « un asservissement de la pensée, une confiscation du pouvoir politique par le biais médiatique » (Jérôme CLÉMENT, Président d'Arte).

Ainsi progressivement apparaît la confiscation du pouvoir légitime par un autre, à la faveur d'un coup de force, d'un putsch... dictature de l'audimat. C'est ça *l'inhumaine exigence de la production capitaliste.*

Mais au-delà de l'effondrement de toute légitimité, il y a aussi un autre effondrement, celui du pouvoir, celui de l'école et Schneidermann de citer les paroles du directeur des programmes de M6, Thomas Valentin, qui sur le plateau d'*Arrêt sur images* déclare : *En choisissant de faire ce jeu, il y avait trente-huit mille candidats au départ, il y en a onze à l'arrivée, et c'est bien une forme d'accession à quelque chose de nouveau. Il y a les grandes écoles, il y a l'université, et puis il y a aussi d'autres choses qui permettent aujourd'hui, avec la télévision, d'arriver à quelque chose. Eh bien, pourquoi pas ?*

Schneiderman ajoute : Qu'est-ce que Loft Story, *sinon un triomphe absolu de l'idéologie de la télévision privée, dans ce qu'elle a de plus violent, sur les valeurs de Jules Ferry. Non seulement l'école ne remplit plus ses fonctions, non seulement on n'y acquiert plus les enseignements fondamentaux, mais voici qu'elle pourrait être supplantée par des universités privées de l'inculture et de la paresse, des universités aux étudiants vautrés sur les canapés. Cette image ne pourrait pas être plus violente, on n'aurait pas pu concevoir de missiles plus efficaces contre les anciens modèles de transmission, dont nous assistons au lent naufrage.*(p.219)

Quelle crédibilité peut encore effectivement avoir Jules Ferry auprès de beaucoup de jeunes à un moment où non seulement l'école est en crise, mais avec elle, un certain nombre d'autres institutions publiques issues de la démocratie ?

Michel CLAREMBEAUX

Le témoignage d'un « lofteur »

William, *Une erreur de casting*,
Paris, Seuil, janvier 2003.

William – Steven Ledru dans la vie « réelle » – offre au lecteur un témoignage qu'il veut critique de son expérience de « lofteur ». Précision importante, c'est à *Loft Story 2* qu'il a participé pendant quatre semaines. Il connaissait donc la première édition de *Loft Story* qu'il dit avoir regardée *par curiosité* tout en conservant *un œil critique sur ces feuilletons audiovisuels d'un nouveau type* (p.13). William tient, en effet, à montrer sa différence par rapport aux autres « lofteurs » ; le titre *Une erreur de casting* est clair à ce propos. Etudiant en droit, assez bon élève, *branleur chahuteur*, il a *toujours eu une envie incontrôlable de ridiculiser l'autorité* (p.26). Il multiplie dans son livre les signes de sa non-appartenance au troupeau. Les titres des trois chapitres du livre font allusion à l'époque romaine. Les références à Orwell sont indirectes, mais transparentes (allusion régulière au « Propriétaire »), il lit Barjavel, évoque les Présidentielles.

Il ne cessera de critiquer, tout au long de l'ouvrage, la production, les journalistes, l'animateur, les candidats, la plupart des lofteurs et lui-même. Le seul à être épargné est Didier DESTAL, le psychiatre. Il s'interroge constamment sur ses propres motivations. Lorsqu'il apporte une réponse, celle-ci se veut une preuve de sa « décentration » : *je n'avais rien à prouver à personne, la curiosité seule m'animait, j'irais au casting comme il m'arrivait de me rendre au bahut : pour défier l'autorité, déconner.* (p.15)

Cependant, tout en disant avoir mal vécu les quatre semaines dans le Loft, il se pliera encore bon gré, mal gré pendant quelques semaines après sa sortie, aux exigences de la production, et ce en dépit de l'un ou l'autre moment de révolte.

Le livre de William montre toute l'ambiguïté qui habite les candidats lofteurs : il se veut particulier, unique, critique, afin de se différencier des autres, mais il participe au système jusqu'au bout – son livre lui-même participe à ce processus – et le cynisme n'est pas absent de ses motivations.

William nous livre son témoignage en trois temps : avant, pendant et après le Loft.

Le casting : « Ceux qui vont mourir te saluent »

William décrit le casting comme une série d'épreuves à réussir. Tout d'abord, téléphoner à un n° vert et répondre à des questions d'ordre personnel.

Ensuite, premier casting à Nantes où il attend des heures dans un groupe de plusieurs centaines de personnes. Il y observe les candidats : *Ça parlait fringues, boîtes de nuit ou chansons de dessins animés. Certains avaient arrêté l'école très tôt pour « bosser » ; aujourd'hui ils étaient au chômage.* (p.16)

J'ai rapidement identifié deux catégories de candidats : les steevyloanas (environ 95%) et les autres (...)

(...) Le steevyloana est un nostalgique du Loft 1, sosie de son idole. La jeune fille a le regard vide et une forte poitrine qu'elle met en évidence grâce à des habits trop moulants (...) Le jeune homme est asexué, légèrement maniéré, il porte des lentilles de couleur aussi vive que ses cheveux fluorescents organisés en pics. Tous les steevyloanas masculins présents s'étaient enduits le crâne de gel (...) (pp.16-17).

William se sent différent, mais il s'exécutera jusqu'au bout, malgré quelques provocations. Il explique dans quelles conditions il est amené à signer ses différents contrats, dont les *fameux contrats de don de son image sur tous supports* et à remplir divers questionnaires indiscrets *notamment à propos de sexe.*

Après une série de rencontres, interviews, reportages, séances photo, il est sélectionné et entre dans le Loft. Cette entrée a lieu en direct et en *prime time.* Il découvre que le reportage le concernant déforme son image : *J'ai payé le fait d'avoir accentué mon côté « cas social » tout au long des castings. J'étais donc apparu comme un pauvre Noir vivant avec sa mère et poursuivant ses études (...) Snif ! (...) À partir d'une sélection d'images très orientées, on venait d'étaler une partie de ma vie privée qui ne concernait, hélas, pas que moi (...)* (p.61).

Le Loft : « Deus ex machina »

William y passera vingt-huit jours. Il se livre à une description critique et minutieuse des lieux, du règlement, de l'enfermement, de la vie en groupe, des ambiguïtés du comportement des lofteurs, y compris du sien. Il y relève les ennemis : *l'isolement, l'enfermement, l'ennui, l'angoisse, le doute, le cafard...* (p.77)

« Le Propriétaire », nom qu'il donne à l'ensemble de la production, évoque *Big Brother.*(p.94). Le chapitre est rythmé par *mais bon, c'est pas grave, tant que le Propriétaire ne contrôle que la musique* (p.97), *ma voix* (p.100), *l'heure* (p.101), *la nourriture* (p.103), *que ce que nous disons* (p.103).

Le règlement, absurde et tatillon, et qui a pour but d'exacerber les tensions dans le groupe, est rappelé régulièrement aux lofteurs, par une voix sortie de nulle part. Les caméras sont omniprésentes et filment 22 heures par jour, mais les lofteurs le savent et les utilisent pour se mettre en valeur, à leur manière (p.86). Mais une fois de plus leur image est déformée par la Production (p.87). On donnera de lui l'image du « dormeur », puis celle de « l'intello » (p.89).

Finalement, William n'y tient plus et décide de quitter le *Loft*. Déclic : le premier tour des présidentielles. *Je m'en veux de ne pas avoir participé aux défilés qui ont secoué la France. Ma place était dans la rue à ce moment précis (...)* (p.112). Il découvrira que sortir du *Loft* n'est pas si simple et ce, malgré le fait que le règlement l'y autorise. Il lui faudra trois jours pour pouvoir rencontrer Didier DESTAL, le psy, qu'il perçoit comme son seul appui réel. Éliminé par le groupe, il ne pourra quitter le *Loft* discrètement. Prime time du jeudi soir oblige...

La sortie : « Du pain, du vin et des jeux »

J'aurais aimé profiter plus librement de ces premiers instants hors du Loft. Ils m'appartenaient (p.129). Mais il en ira tout autrement : *La foule était bien là.... J'étais totalement sonné, abasourdi. Depuis un mois, je n'avais vu que la même dizaine de personnes dans le même décor et voilà que j'étais lâché au milieu d'une foule surexcitée, au cœur de la fosse aux lions. Je ne savais plus où j'étais, ni pourquoi je me trouvais là* (pp.129-130).

Les sentiments qu'il éprouve à la sortie sont mélangés et il passe en quelques secondes du décontenancement, à la provocation, puis à l'exaltation : *Ils étaient là tous pour moi ! Rien que pour moi (...) Ils m'acclamaient, m'encourageaient, voulaient me toucher (...) Ils m'aimaient !* et à la honte : *Soudain, (...) la honte a repointé le bout de son nez (…) honte des caméras qui violaient nos retrouvailles, honte de mon impudeur sous les feux du Loft (…)* (p.132) (p.16). Suivra une soirée télévisée, en direct, dans le studio.

Pendant quatre jours, interviews et reportages pour la radio, la télé, la presse se succèdent. *Les journalistes (…) me donnaient la parole, s'intéressaient à moi, se suspendaient à mes lèvres. J'avais le sentiment d'être important, d'exister. En réalité, ce n'était pas moi,. C'était l'autre, William, qui tentait de survivre en se nourrissant de micros tendus. Mais je manquais de recul pour le comprendre* (p.145). Il joue le jeu une fois de plus, se montre dans une boîte branchée, lui qui ne fréquentait pas ce genre d'endroit, couleur de peau oblige : *Difficile pour un Noir de montrer patte blanche… À l'époque, je m'étais juré de boycotter tout lieu pratiquant ce genre de discrimination* (p.148).

Le retour à Nantes se fera sous les caméras et il y sera accueilli en vedette. Il évoque la *folie douce des fans* qui s'identifient à lui.

Pour retrouver son identité, William doit devenir Steven. Mais il devra encore participer jusqu'au bout aux prime-time du jeudi soir. Il y ressent le décalage entre vie réelle et représentation : *Le résumé hebdomadaire traduisait bien mal ce que moi j'y avais vécu : le mortel ennui, l'esprit de compétition, les interventions incessantes du Propriétaire, la platitude des conversations… Tout cela disparaissait habilement au montage, au profit d'une version édulcorée dans laquelle on voyait une bande de chouettes jeunes gens vivant, comme dans une sitcom (…) de paisibles journées (…) Sans le savoir, j'avais joué dans une série télé, une sorte de Friends au rabais* (pp.158-159).

Les examens de juin lui permettent de retomber sur terre, grâce aux étudiants, qui ne lui adressent pas la parole : *J'étais un étudiant parmi d'autres, ni meilleur, ni plus beau, ni plus intelligent. Pas pire non plus. En rendant ma dernière copie, j'étais certain que ma vie était là, j'avais retrouvé un but pour les années à venir…* (p.163).

En conclusion, pour Steve, *sortir du Loft… cela veut dire qu'il faut rompre la dépendance au Propriétaire (…), c'est ne plus être reconnu comme William Duloft(…), c'est long… C'est difficile… (p.p.166-167).* Le recul lui permet de comprendre *à quel point nos comportements ont été biaisés par les conditions de l'expérience. À l'intérieur, nos réactions ont souvent été excessives, déformées* (p.167). Il se demande encore parfois pourquoi il a participé à l'expérience, mais il estime qu'il a mûri et qu'il se connaît un peu mieux qu'avant.

Marcelle COLLIN

Le point de vue d'un historien des médias

Gabriel THOVERON, *La télévision dont vous êtes le héros*, Bruxelles, Le grand Miroir, Petit Panorama, 2004.

Sociologue et historien des médias, l'auteur, dans *Le troisième âge du quatrième pouvoir* (Bruxelles, Labor, Quartier libre, 1999) s'était attaché à l'évolution des techniques de diffusion, de la presse d'opinion aux médias d'information puis aujourd'hui, aux médias du spectacle. Le présent ouvrage prolonge cette analyse. Sur un ton parfois polémique, il traite des changements observés durant ces vingt dernières années où l' *on a assisté à une explosion de l'offre, et à une modification de sa nature. Des chaînes commerciales se sont créées, des chaînes publiques ont été privatisées, le marché a cessé d'être régulé.* La *généralisation des télécommandes a conduit au développement des pratiques de* zappingue, *le public n'a plus qu'un bouton à pousser pour zigzaguer dans les programmes, choisir, au gré de ses caprices, ce qui lui apportera, à chaque instant, le plus de satisfaction immédiate.* (...) *La concurrence ne s'exerce plus seulement entre les chaînes* (et entre les sociétés de production) ; *elle se déploie aujourd'hui entre toutes les séquences, entre toutes les images. (...) Il ne suffit plus de trouver un public, il faut le retenir, le garder le plus longtemps possible, éviter qu'il soit soudain tenté d'aller 'voir s'il n'y a pas mieux ailleurs'.* La pression commerciale se fait toujours plus forte. *La réclame est partout présente et les émissions, plus courtes, hybrides, morcelées, se succèdent de manière saccadée. Les thématiques se mêlent, toutes frontières abolies.* Il s'agit particulièrement de cibler les spectateurs les plus vulnérables aux séductions de la publicité. La télévision s'est longtemps voulue pédagogique, elle se fait maintenant démagogique.

Elle se veut *de proximité,* entend *être accessible, compréhensible, s'inscrire dans le cadre de référence du téléspectateur moyen* et veille à faire participer le téléspectateur à ses programmes : *On n'est plus seulement là pour regarder la télévision, on est là pour s'y montrer.* Pour passer de l'autre côté de l'écran – du miroir.

L' **information** *est passée de fenêtre sur monde à fenêtre sur cour,* elle se fait surtout factuelle, et les journalistes font appel à des témoins, qui racontent, plutôt qu'à des experts, qui commentent et expliquent. Les personnes interviewées sont choisies dans la mesure où elles expriment les idées qui sont celles du journaliste, ce dernier étant contraint de paraître objectif, au-dessus de la mêlée.

Les **débats,** réduits à des *talk-shows* soigneusement mis en scène et corrigés lors du montage (même s'ils veulent donner l'impression du direct) font eux aussi appel à des membres de la société civile, en lieu et place, non seulement des experts, mais aussi des porte-parole d'organisations représentatives. *Pourquoi, finalement, inviter des experts qui feraient double emploi avec le petit génie universel qu'est un présentateur ? Pourquoi celui-ci aurait-il le moindre scrupule au moment de tirer à lui la couverture, de s'écouter plutôt que d'écouter des intervenants qu'il réduit au rôle de faire valoir ? Pourquoi, s'il faut bien avoir des invités, leur donner le loisir de s'exprimer vraiment ?*

Les **nouveaux jeux** ne demandent pas de qualités ou de savoirs particuliers, ne nécessitent pas de préparation ou d'entraînement de la part de leurs participants qui gagneront davantage en fonction de leur habileté tactique que de leurs connaissances.

Les **feuilletons et dramatiques** se doivent de proposer de l'humain au-delà de l'action. La vie privée des protagonistes occupe une place importante, même dans les fictions policières : *les héros descendent de leur piédestal pour montrer qu'ils ont des problèmes personnels comme tout le monde.* Les **docudrames** (adaptations télévisées d'un fait divers avant même que l'affaire soit réglée en justice) s'attachent à présenter des événements réels en usant des techniques de la fiction.

La **télé-confession**, initiée en 1979 par le *Demain les hommes* de Pascale BREUGNOT, a peu à peu conduit à la **télé-réalité**. Avec elle nous voyons à travers un écran transparent, vingt-quatre heures sur vingt-quatre, la vie de quelques personnages coupés du monde, réduits à eux-mêmes et souvent à leur médiocrité. Même s'il s'agit d'un jeu qui fait appel à la participation du public, même si des scénaristes s'attachent au choix des participants et à la sélection des scènes qui sont présentées, en soirée, dans les résumés quotidiens, le spectacle suscite l'ennui. On s'attache donc à donner des choses à faire aux internés, ce qui assurera le succès, plus durable, du modèle *Star Academy*, dont on annonce déjà la quatrième saison.

Cependant, *Star Academy* ou *Loft Story* bénéficient de scénarios établis surtout a posteriori, tentant de rendre intéressantes des journées presque vides. D'où l'intérêt de mettre en œuvre de **nouveaux types d'émissions**, des espèces de **Jeux de rôle** ou l'existence du scénario précède l'essence des personnages. À ce nouveau genre appartiennent *L'île de la séduction* ou *Greg le millionnaire*, auxquels participent aujourd'hui des candidats qui ne sont plus des messieurs – mesdames – Tout-le-Monde, car *ces garçons et ces filles prétendument moyens appartiennent au petit monde de la nuit, et forcément sont plus entreprenants (...) que le commun des mortels, plus rapides aussi à passer à l'acte.* Nombre de téléspectateurs qui apparaissent sur l'écran ne sont soucieux que d'être vus. Beaucoup rêvent d'une carrière médiatique : *La télé-réalité devient le nouveau – l'ultime – moyen d'ascension sociale* malgré les contrats léonins que l'on fait signer aux participants. Mais il faut se battre car *ces émissions sont bien de leur temps, fidèles images de la société néo-libérale. L'arriviste sans scrupule est récompensé. Vae victis, le perdant est jeté et s'en va sans au revoir.* Mais la plupart de ces stars d élevage, constamment renouvelables, savent qu'elles *sont des denrées périssables*, même si elles ignorent leur « date de péremption ». Les perdants *réalisent combien les dés étaient pipés, combien parfois leur personnalité a été transformée par les scénaristes.* Tous sont jetés en pâture au public et en subissent les conséquences, *tout le monde, partout, peut vous reconnaître, et vous faire payer, méchamment, votre courte gloire.* La télévision de proximité donne d'ailleurs un sentiment de puissance au spectateur. Avec la télé-réalité, il *voit sans être vu. Dans les émissions du type* Témoin n°1 *ou* Appel à témoins, c'est *lui qu'on invite comme auxiliaire de police, dans celles du genre* Perdu de vue, *il devient enquêteur privé, à la* Star Academy, *le voilà* talent scout. Nous devenons des juges et, alors que l'on parle du supprimer les jurys d'assises, *alors que la participation politique s'étiole* (...) *nous sommes invités à nous exprimer pour condamner ou pour sauver,* sans avoir peur d'être injuste ou méchant, et nous reprenons goût au vote ! Un vote pourtant sans grande valeur, car tout est manipulé, prévisible, il faut que soit désigné *un candidat susceptible de servir encore par la suite.* Quant aux spectateurs en studio, ils réagissent comme il faut, guidés par un chauffeur de salle.

La télé-réalité crée du **lien social.** *Jadis, le commérage était une activité de proximité* (...) *les grands immeubles et les grandes surfaces ne facilitent plus ces échanges* (...) *cela fait longtemps qu'on suit les aventures des vedettes* (...) *mais on est plus à l'aise pour juger des gens du commun, des gens dont on se sent plus proche ou qu'on imagine inférieurs.*

La nouvelle TV n'est pas démocratique, l'audimat est un système de vote plural, où les gros téléspectateurs ont plus de poids que les autres. L'appel aux votes téléphoniques est un système censitaire, où l'on dispose d'autant de voix que l'on est disposé à payer de communications.

Jadis, les journaux d'opinion voulaient éclairer les citoyens à partir des commentaires d'un éditorialiste : les médias d'information prétendaient leurs publics assez adultes pour juger eux-mêmes à partir du compte rendu des faits établis par un journaliste, en principe objectif. Aujourd'hui, les médias du spectacle nous invitent à fixer nos attitudes en fonction d'un choix orienté de faits et témoignages convenablement mis en scène. Et la télévision n'a qu'une chose à nous dire : Regardez ! Et même, regardez-vous vous-mêmes.

« Le petit écran était une fabrique de rêves, il n'est plus qu'un faiseur d'illusions. »

Gabriel THOVERON

Troisième partie

Orientations pédagogiques

Le regard de l'éducation aux médias sur Loft Story

Michel CLAREMBEAUX,
Directeur du Centre audiovisuel de Liège.

Avant-propos

L'éducation aux médias vise à développer des savoirs, savoir-faire et savoir être en matière de médias classiques (presse écrite, photo, cinéma, radio, TV) ou de nouveaux médias (multimédia et Internet). Elle considère le média comme un objet de réflexion et d'analyse mais aussi comme un moyen d'expression et de communication.

Un message médiatique, quel qu'il soit et quel que soit son support est la résultante d'un ensemble de paramètres qui permettent de le déconstruire et d'en étudier l'incidence sur la perception, la compréhension, la mémorisation.

Le Conseil de l'éducation aux médias a adopté le modèle d'analyse développé par Len MASTERMAN. Ce modèle évoque six dimensions qui doivent être prises en compte de manière complémentaire, voire systémique.

La première porte sur les langages médiatiques mis en œuvre par le concepteur du document. Ces langages ont une spécificité qu'il importe de maîtriser pour avoir accès aux nuances de la formulation. Ces langages sont indissociables des technologies propres à toute communication visuelle ou sonore. Un choix technologique n'est évidemment jamais innocent et il est essentiel d'en comprendre et d'en évaluer la pertinence. Par ailleurs, tout message médiatique contient un certain nombre de représentations psychosociales qu'il est nécessaire d'identifier, d'autant que ces représentations se muent très souvent en stéréotypes, avec des effets inévitables sur l'imaginaire individuel ou collectif, sur les opinions, sur les connaissances. En outre, tout message médiatique « appartient » à un genre, à une typologie qui est censée le caractériser, le modéliser. Mais l'éducation aux médias attire l'attention du récepteur sur le fait qu'il ne s'agit là, en définitive, que d'étiquettes, qui ne recouvrent pas nécessairement les productions pour lesquelles elles ont été conçues. Il importe donc d'être conscient des ambiguïtés voulues ou non et des dérives auxquelles celles-ci conduisent. Enfin, toute production médiatique oscille entre deux pôles, celui des producteurs et celui du public. Les producteurs, réalisateurs et diffuseurs d'un document médiatique sont soumis à des règles, ils doivent tenir compte d'enjeux économiques, de formats et de standards qui interviennent tôt ou tard dans la conception et dans la publication du produit. Une attitude critique du récepteur passe par l'analyse démystifiante de ces contraintes et enjeux. Quant au pôle « public », il est lui aussi essentiel puisque c'est lui qui va donner sens au message, avec son point de vue, mais aussi avec ses émotions, sa créativité, ses choix. En définitive, c'est bien le public qui intervient dans la co-formulation du message.

Ainsi l'on voit que ces six approches sont étroitement associées et permettent de mieux structurer une démarche analytique. Nous nous proposons d'appliquer le «modèle» à *Loft Story*. Nous pensons que la méthode ainsi préconisée permet une première exploration d'une forme emblématique de la télé-réalité. Elle devrait aider le spectateur à avoir une vue globale du produit et à mieux se positionner à son égard, en articulant les différentes composantes, en les contextualisant et, par la suite, en les appliquant à d'autres émissions de télé-réalité ou au tout-venant des produits médiatiques.

Si nous avons porté notre choix sur *Loft Story* et non sur *Star Academy* ou sur d'autres mutations du concept, c'est que nous pensons – à tort ou à raison – qu'elle fut en quelque sorte le paradigme pour les déclinaisons futures du genre, mais il y a aussi une autre raison qui explique notre choix : le nombre incroyable d'informations, de rumeurs, d'ouvrages scientifiques, d'articles de la presse people, d'interviews, de reportages, de prises de position plus ou mois argumentées, qui ont surgi en quelques mois autour du phénomène.

Ajoutons enfin que notre approche de *Loft Story* au départ des six dimensions nous a permis d'entrevoir de nouveaux paramètres à prendre en compte dans l'analyse de tout document médiatique. C'est le cas notamment du degré d'interaction qui peut modifier le déroulement de la production et la nature de ses composantes. C'est le cas aussi de l'ambiguïté qui naît du statut des intervenants (acteurs professionnels, spectateurs complices, simples protagonistes qui se muent en personnages d'une histoire, etc.). C'est le cas enfin d'autres paramètres comme une diffusion multisupport de la production ou le fait que cette production participe d'un véritable phénomène de société.

Tous ces éléments influent, tôt ou tard, sur le contenu du message et sur sa perception par le destinataire.

Les six dimensions de l'éducation aux médias

Dans un premier temps, nous avons choisi de nous intéresser à *Loft Story* diffusé du 26 avril au 5 juillet 2001 par M6 – producteur exécutif ASP Endemol. Nous nous sommes exclusivement basés sur des séquences diffusées dans le cadre du résumé quotidien de 18h30 ou 19h05 et de la programmation hebdomadaire le jeudi à 20h50 en prime time.

Nous n'avons donc pas pris en compte des émissions comme *Les Aventuriers de Koh-Lanta* ou *Star Academy* diffusées par TF1, pas plus que la *Star Academy* de RTL-TVI, *Popstars* de M6, *L'île de la tentation*, *Le maillon faible*, *Ça se discute* ou *Loft Story 2*, des avatars qu'il est aussi convenu d'appeler télé-réalité. Nous aurions pu également étendre la réflexion à certaines émissions d'information, y compris certains JT, où une certaine forme de télé-réalité est présente.

Il y aurait lieu de s'interroger bien évidemment sur le concept et l'appellation de « télé-réalité ». De quelle télévision s'agit-il ? de quelle réalité ? D'autres étiquettes ont été utilisées : « real TV », « real life soap », « reality show », « fiction réelle interactive », « mise en situation médiatique de la vie quotidienne », « réalité in vitro », sans parler d'une terminologie à connotation peu équivoque « trash TV », « télé-poubelle », etc. Mais nous essayerons, dans ce travail, d'éviter tout jugement de valeur et toute polémique quant aux enjeux moraux de ce type de phénomène médiatique. Si l'on se réfère à François JOST, il s'agit bien ici d'une « modélisation de la réalité par la fiction », où la réalité est réduite à ce qui est observable, une réalité recentrée sur l'individu qui devient la mesure de toute chose, une réalité de la quotidienneté, et d'une prétendue transparence sans interposition d'un quelconque média.

Le choix de *Loft Story* permettait de se focaliser sur un type d'émission et sur une politique de programmation, mais les avatars du type *Star Academy* et autres ne manquent pas d'intérêt et mériteraient eux aussi une analyse, dans la mesure où ils introduisent des variables non négligeables : notion d'apprentissage ou de compétition, image d'une école réconciliée, soumission à l'arbitraire, nature des épreuves, modification de la mise en scène, niveau d'interactivité (notamment dans la sélection des candidats) ou de contrôle,...

De même, il serait important de resituer le phénomène dans l'évolution des arts visuels et des productions médiatiques. Ainsi, des photos de Robert DOISNEAU ou des peintures d'Édouard HOPPER ne sont pas étrangères au phénomène que nous voudrions étudier, pas plus d'ailleurs qu'une certaine architecture inspirée par LE CORBUSIER. En radio, *Reine d'un jour* ou *La famille Duraton* pourraient nous renvoyer au concept abordé ici, tout comme *Fenêtre sur cour* d'HITCHCOCK, *The Truman Show* de Peter WEIR, *En direct sur Ed TV* de Ron HOWARD au cinéma ou encore des séries comme *Friends*, *Ally Mc Beal* ou *Les Pfaffs* à la TV.

Nous avons voulu ici soumettre cette tranche de télé-réalité qu'est *Loft Story* aux six approches de déconstruction que nous propose l'éducation aux médias, tout en étant conscient des limites inhérentes à ce genre d'exercice. Il est clair que de nombreux points d'entrée dans la problématique devraient être pris en compte. Ils relèvent de la sociologie des médias, de la philosophie, de la psychanalyse, parmi bien d'autres disciplines.

Mais cette approche analytique doit également être modulée par l'évolution de la vie en société, par les modifications apportées aux « valeurs morales », aux schémas de pensée, aux « modèles » comportementaux.

Il est tout aussi évident que nos six thématiques de l'éducation aux médias ne peuvent constituer qu'une première approche d'un dispositif médiatique comme celui qui nous concerne ici. Certaines dimensions complémentaires devraient apparaître, comme la relation interactivité/ interaction, l'incidence d'un dispositif multisupport, la culture médiatique ambiante...

Mais une attention particulière devrait être aussi accordée aux axes qui réunissent entre elles les dimensions. Ainsi, l'axe typologie-langages (scénarisation lors de l'élimination ou lors de l'introduction d'un candidat). Ainsi également, l'axe représentations-public (dans les rapports lofteurs-public, mais aussi dans le positionnement même du téléspectateur, qui devient partie intégrante du spectacle). La composante « acteurs » mériterait que l'on s'y attache aussi. Acteurs et spectateurs sont en quelque sorte « formatés » pour répondre au stéréotype du « couple morbide », sans s'en rendre nécessairement compte.

On le voit, la démarche que nous proposons ici se veut simplement une première réflexion sur le phénomène de la télé-réalité ; cette réflexion doit être nuancée, amplifiée et recontextualisée, elle doit surtout nous conduire à ébaucher les prémices d'une action pédagogique.

Langages

Prises de vues et prises de sons paraissent conçues exclusivement pour supprimer toute intimité. TISSERON parle d'une *intimité surexposée*. Avec la mise en place de tout un dispositif de télé surveillance sans angle mort, on ne cesse de passer de l'espace public à l'espace privé. Caméras et micros donnent l'impression de coller littéralement à la peau des lofteurs.

1. Visuellement, cela se traduit notamment par :

- des plongées en plan large, souvent avec grand angle, qui confèrent au téléspectateur un sentiment de puissance et de domination ; il a l'impression d'être omniscient et de contrôler toutes les composantes de cette prétendue réalité ;
- des gros plans « face caméra » – notamment dans le « confessionnal », où le téléspectateur peut ainsi observer à loisir les mimiques, le regard ou la larme qui perle au coin de l'œil ;
- des gros plans « volés » par un téléobjectif, qui cadre surtout le face-à-face de deux lofteurs ou le visage de l'un d'entre eux, qui ne se croit pas en représentation ;

Il y a donc une volonté de « fusion visuelle » téléspectateur/lofteur qui peut favoriser une identification ou renforcer le voyeurisme. La nuit, les prises de vues sont effectuées avec caméra infrarouge.

2. La prise de sons participe du même principe. L'impressionnant dispositif de prise de sons permet d'entendre pratiquement toutes les conversations, les soupirs ou les éclats de voix. Il semble que tous les décors soient conçus pour inciter les lofteurs à parler et à parler sans cesse, lorsqu'ils se retrouvent tous ensemble dans le salon, lorsqu'ils sont pris à deux dans la salle de bains, ou seul dans le « confessionnal ». La bande-son est donc bruissante des conversations ambiantes. Les sujets de ces conversations sont aussi banals que possible. On parle de tout et de rien, de recettes minceur, d'une nouvelle eau de toilette, du repas qu'on va préparer. Vocabulaire, diction, constructions de phrases sont à l'image

des contenus : quotidiens. C'est du conversationnel, sans plus. Aucune allusion à des sujets qui pourraient poser problème, qu'ils soient politiques ou culturels. Les « lofteurs » se sont vu interdire de parler politique, ils n'ont à leur disposition ni presse, ni télé, ni ordinateur et – sauf de rares exceptions gérées par le producteur – ils sont coupés de tout. Aucun échange sur un livre, un spectacle. Leur seul message, c'est eux-mêmes. Leur seul intérêt est de séduire les autres lofteurs et le public qui les regarde et qui votera pour eux. Ils incarnent le consommateur et pas vraiment le citoyen.

3. Les séquences auxquelles nous nous référons ont été montées, afin d'en éliminer les temps morts ou des moments que la décence n'autoriserait pas. Mais il est clair aussi que le montage permet une construction, une scénarisation a posteriori, la création d'une « tension dramatique », l'ébauche d'une histoire qui se construit sous les yeux des téléspectateurs et qui peut donc leur réserver d'éventuelles surprises dans ses rebondissements narratifs (notamment avec l'introduction d'un nouveau candidat dans le loft). Cette post-scénarisation était tellement importante qu'elle a requis la collaboration de quatre scénaristes. Une telle pré- et post-scénarisation vient évidemment modifier fondamentalement la « réalité » que les téléspectateurs pensent toucher du doigt dans ce type d'émissions.

Technologies

Description du dispositif :

1. Captation

- 26 caméras – certaines sont réparties dans le studio lui-même et les lofteurs peuvent les voir, d'autres sont cachées par des glaces sans tain, elles ceinturent le studio et sont manœuvrées par des hommes et des femmes. Le résultat est identique pour les téléspectateurs, quelle que soit la source de captation, mais évidemment pas pour les lofteurs. Des rampes d'éclairage sont fixées en haut des murs. Les caméras filment les éventuels ébats nocturnes des candidats en infrarouge.

  Le loft a une superficie de 225 m². On a évité tout angle mort. C'est donc bien le concept de télé surveillance qui nous rappelle le *Big Brother* du roman *1984* d'ORWELL et l'émission du même nom de la société de production Endemol.
- 50 micros – suspendus au plafond. Des émetteurs individuels fixés à la

ceinture des lofteurs. Si l'un de ces émetteurs individuels n'est pas bien positionné, un rappel à l'ordre est adressé au lofteur.

L'ensemble nécessite le travail de 15 réalisateurs. Le dispositif est policier, carcéral. François JOST y décèle une influence de la culture de la webcam au carrefour de deux perversions « l'exhibitionnisme du sujet filmé qui asservit le regardeur à sa loi et le voyeurisme de l'internaute ».

2. Diffusion

Il s'agit donc d'une diffusion multisupport et programmée en multidiffusion.

- Diffusion en continu par satellite sur TPS. Les captations parviennent avec un retard de 2,45 min. (ce qui permet de couper). Cela s'est passé notamment quand un candidat (David) a perdu les pédales et quand il a fallu s'en débarrasser. Des informations indésirables ont aussi été oc cultées. 100 000 personnes sont abonnées à TPS-Internet moyennant un droit de péage.
- Diffusion en TV : un résumé quotidien et une programmation hebdomadaire en prime time, qui impliquent donc un montage. Cette émission du jeudi 20h50 est un long show en public et en direct avec participation sur plateau des amis et connaissances des lofteurs, d'un psychologue qui y va de son commentaire. Le meneur de jeu est Benjamin Castaldi. Ce programme du jeudi doit aboutir à l'exclusion d'un des lofteurs.

Typologie

Émission de télé-réalité... Dans l'avant-propos, d'autres appellations sont proposées et doivent être discutées dans le contexte d'une redéfinition de la réalité et de la réalité « médiatisée ». De toute manière, le concept tel qu'appliqué ici n'est jamais qu'une déclinaison d'un type de spectacle ou de programme qui doit être – à son tour – recadré dans une évolution des arts visuels et du show médiatique.

Plus que jamais, on pourrait dire que le type d'images et le type de dispositif médiatique sont fonction du type de regard que nous leur portons. Une fois encore, l'on voit qu'une étiquette – comme la télé-réalité – recouvre en fait des réalités médiatiques bien différentes. On s'aperçoit également que le type d'émission correspond à *l'horizon d'attente* des téléspectateurs (Hans Robert JAUSS) et ne peut être quelque chose à définir dans l'absolu. La typologie évolue aussi, bien sûr, en fonction du marketing que le producteur a mis en place. On aura compris qu'ici il est particulièrement important.

Néanmoins, dans *Loft Story*, on peut au moins trouver quatre composantes télévisuelles :

1. La <u>fiction</u>, même si le scénario évolue au fil des émissions, même si les répliques ne sont pas écrites, c'est bien une histoire qu'on nous conte avec une trame ébauchée dès le casting, une fiction que l'on achève de construire au montage pour gommer, le cas échéant, des rebondissements non programmés ou des impondérables dans le comportement des lofteurs.
2. Le <u>jeu de rôle</u>, nous sommes bien ici dans une mise en scène de la réalité construite au départ des interactions entre lofteurs qui ont eux-mêmes une représentation de leur personnalité, mais l'adaptent aux circonstances et aux consignes reçues.
3. Le <u>jeu</u> *Loft Story* se veut aussi une émission de divertissement pur, un jeu interactif qui s'apparente aux jeux vidéo où les interventions des téléspectateurs infléchissent le cours des choses. Ce jeu peut s'accompagner d'une dynamique dominant/dominé. Le candidat qui perd est quasiment jeté. Il est superflu ici de parler du caractère cruel d'une telle élimination et de l'ambiguïté de la relation bourreau/victime. Mais les larmes ou les accès de mauvaise humeur sont évidemment eux aussi générateurs d'audience.
4. La <u>réalité</u>. On sait la part infime qu'elle occupe en définitive dans l'émission (au total, les séquences de vie en direct n'occupent pas plus de 10 % de l'émission), on sait que le quotidien qui y est montré est recréé en fonction des autres composantes de l'émission. C'est donc bien une *mise en scène de la vie quotidienne* (pour reprendre le titre du livre d'Erving GOFFMAN, 1973). Il s'agit donc bien d'un faux réel créant l'illusion d'un plus vrai que nature.

Représentations

L'émission entend donc nous proposer notamment une représentation d'une certaine jeunesse, ou mieux encore, de la jeunesse. Une jeunesse faite de garçons et de filles dont l'âge varie entre vingt et trente ans, et qui nous sont ici présentés comme des archétypes de l'adolescence, avec ses angoisses, ses inhibitions, ses rêves, son désarroi. Peu de différences sociales entre ces onze lofteurs et une certaine uniformisation des sexes.

On nous les montre vivre leur quotidien et s'adapter au fur et à mesure aux nouvelles consignes, aux modifications des règles du jeu, à de nouvelles situations engendrées notamment par l'élimination progressive des autres candidats. Ce monde n'est pas exempt de mesquinerie, de coups de cœur ou de coups de gueule et d'un constant *bricolage relationnel.* (TISSERON)

Pour beaucoup, ces jeunes sont devenus des héros, des héros de la banalité, de la proximité, qui nous sont livrés dans leur intimité et à la recherche de leur identité. Ils sont donc, comme tels, bien différents des héros proposés aux générations précédentes et, il n'y a pas si longtemps encore, au travers des feuilletons et séries américaines notamment. Mais ces programmes-ci ont également évolué en nous proposant des (anti-) héros confrontés à une difficulté d'être, voire à un malaise existentiel.

Pour beaucoup d'entre nous, ces jeunes représentent nos tracas, nos aspirations, notre recherche quotidienne de balises et de repères. Il n'est donc pas étonnant qu'une certaine identification, une certaine osmose, s'établisse d'émission en émission entre lofteurs et téléspectateurs, certains rejets aussi, bien sûr.

Il est clair que ces représentations véhiculées par *Loft Story* dépendent de l'âge, du sexe, de la race, du milieu social des téléspectateurs. Des analyses plus fines devraient être opérées en relation précisément avec les composantes du public.

Il est évident que l'on se trouve ici très loin d'une simple opposition entre des malades voyeurs et des malades exhibitionnistes, comme certains ont pu le prétendre. Si exhibitionnisme il y a de la part des candidats, on peut imaginer que c'est surtout pour avoir un retour, un feed-back sur eux-mêmes et leur image et que c'est une manière aussi pour le lofteur (comme pour le téléspectateur) de sortir de sa solitude et de prendre précisément sa revanche sur le quotidien.

S'il y a ici une représentation de la jeunesse et d'une certaine manière de vivre, il y a aussi une représentation de la télévision elle-même, du succès, de la starisation qu'elle peut offrir, elle et d'autres médias. Il y a donc aussi une forme d'autopromotion d'un monde où tout pourrait devenir possible, un monde qui crée sa propre réalité, une réalité alternative, une identité alternative aussi.

Production

M6 – productrice de *Loft Story* – a été avec ce programme la « petite chaîne qui monte », augmentant ses parts de marché et réussissant même à inquiéter TF1, alors qu'elle fait habituellement 12 % d'audience. Elle n'avait donc pas grand-chose à perdre en se lançant dans l'aventure. Le coût de la production est resté modeste, le cachet des « acteurs » minable.

On sait que le concept a été lancé par la société de production néerlandaise Endemol avec l'émission *Big Brother* et qu'il a été à la base d'une production abondante de clones et avatars divers, des États-Unis à l'Australie, de la Russie à tous les pays d'Europe occidentale.

Ce qui est remarquable, c'est la manière dont la société Endemol a orchestré sa campagne de promotion et de marketing. Elle a présenté son émission par dossier de presse, ses responsables se sont exprimés au travers d'une campagne multimédia de communication (presse écrite, audio visuelle, internet), bref, une politique multisupport et multidiffusion caractéristique. Ils ont su parfaitement susciter et alimenter les débats, controverses et affrontements qui ont précédé et accompagné l'émission. Ils ont su piper les dés comme il le fallait, en affirmant – par exemple – que les jeunes du loft étaient représentatifs de leur génération et même de la société française, alors que leur casting sur 38 000 candidats répondait à des critères très différents.

Il faut savoir que *Loft Story* a rapporté trois fois plus que la moyenne des autres programmes, pour un coût très inférieur à la fiction. Le développement du merchandising n'y est pas étranger, dans la presse people, dans des réalisations vidéo d'accompagnement, jeux de société,... (et demain peut-être, jeux vidéo comme ce fut le cas pour *Lara Croft).*

L'interactivité a également été un des éléments porteurs du point de vue financier (appels téléphoniques, multiplication des sites web,...).

La publicité a évidemment contribué à façonner cette campagne de communication et à augmenter le *return*. Et il n'y a pas que la table Ikea qui a joué un rôle ; tout l'univers des lofteurs est à l'image de la publicité et les spots sur les produits de consommation courante ont pu s'y intégrer sans aucune difficulté.

Notons aussi que M6 s'est évidemment pliée aux règles et aménagements qui lui furent imposés par le CSA. Ces aménagements étaient notamment :

- éviter tout dérapage qui pourrait porter atteinte au respect de la dignité de la personne humaine ;
- éviter le spectacle de la consommation excessive de tabac et d'alcool ;
- ménager des horaires sans captation

Mais la chaîne, en définitive, y a trouvé son compte, elle est apparue aussi garante de la morale, elle ne pouvait ni ne devait tout montrer dans son émission quotidienne. Ainsi, tout le dispositif a été admis, moyennant ces quelques aménagements, et les audiences familiales ont pu se construire sans trop d'appréhension de la part des parents autour de petits écrans et en dépit de bandes annonces souvent ambiguës.

Tel est le pouvoir exorbitant des chaînes, nous dit François JOST, *elles définissent ce qu'est la réalité, inventent des mondes et se moquent des promesses qu'elles ont faites aux téléspectateurs.*

Public

Ils furent 7 700 000 spectateurs devant leur petit écran TV, le 17 mai et 100 000 à suivre en continu sur TPS. Ils représentèrent 49,6 % de part d'audience pour la finale du 5 juillet. 94 % des jeunes de 15 à 25 ans ont regardé pour voir comment les « plus grands » gèrent leurs alliances et conflits (sondage Sofres, *Le Monde*, 19.05.01). Il y eut aussi quelque 20 millions d'appels par semaine pour éliminer les candidats, ce qui, soit dit en passant, a rapporté 5,6 millions d'euros à la chaîne, après partage avec France Télécom.

Derrière ces chiffres, il y eut aussi une sorte de raz de marée émotionnel, une opposition larvée ou ouverte entre deux publics : un public s'efforçant de déconstruire les confusions de l'émission, d'analyser les mécanismes mis en œuvre, le va-et-vient entre vision/fusion et vision/défusion (TISSERON) et un public se laissant, volontairement ou non, hypnotiser et trouvant ou prétendant trouver sur le petit écran des personnages qui lui ressemblaient.

À ces deux publics, dont l'opposition fut savamment orchestrée par les médias eux-mêmes, on peut en ajouter deux autres, un public qui a condamné sans avoir jamais vu la moindre séquence de l'émission et un public qui a feint l'indifférence mais a quand même regardé et s'est quand même informé dans les magazines.

Loft Story est devenu un sujet de conversation, un lien social permettant de faire se rejoindre des couches de la population sans grande communauté d'intérêt. Comme la télé-réalité est un thème qui, à première vue, n'offre pas trop de complexité, on en parle, on porte des jugements, on échange clichés et stéréotypes, on n'est pas seul…

Mais il apparaît, en tout cas, que beaucoup de jeunes y ont découvert des modèles de comportement et ont cru y trouver une réponse à leurs problèmes quotidiens, notamment dans leur apprentissage de la relation et de la communication. Des passerelles ont pu être jetées entre générations, entre parents et enfants (non seulement à l'écran – confrontation des parents des candidats sur le plateau avec leurs enfants – mais au sein des familles qui regardaient les émissions).

L'effet miroir a souvent joué à fond, accentué encore par la prétendue transparence et l'impression de proximité. Ainsi, beaucoup se sont trouvés face à leurs propres désirs et à leurs propres difficultés ou mal-être.

Bien sûr, l'horizon d'attente de ce public étant variable, *Loft Story* a fonctionné un peu comme une auberge espagnole. Celui qui voulait exercer son pouvoir, confortablement calé dans son fauteuil, savait – et on le lui répétait à longueur de générique et de bandes annonces – que c'était lui qui décidait. Celui qui se sentait attiré par une forme de transgression possible attendait patiemment l'écart de langage, la crise, le sexe. Celui qui voulait se découvrir à travers l'autre a certainement eu quelques occasions de le faire en s'identifiant aux modèles proposés ou en s'en distanciant. Et puis il y en a eu beaucoup d'autres qui ont regardé avec paternalisme, complicité, nostalgie, frustration avouée ou non, rejet moral au nom d'une quelconque idéologie ou conception de la dignité humaine.

Bref… *Les images nous renseignent plus sur la personnalité de ceux qui les regardent que sur elles-mêmes.* (I. RAMONET)

Suggestions de travaux en classe

Thomas JUNGBLUT,
Formateur au Centre audiovisuel Liège

Quelques séquences à proposer aux élèves

En côtoyant, au cours de formations, d'animations ou simplement au quotidien, des élèves de l'enseignement primaire et secondaire, on se rend vite compte que la télé-réalité ne les laisse pas indifférents.

En général, ils sont de grands consommateurs de ce « nouveau » genre télévisuel. Aujourd'hui, *Star Academy* a remplacé les rendez-vous quotidiens que représentaient, il y a peu, séries télévisées, feuilletons et autres soap-opéra. Parallèlement, dans les conversations des cours d'écoles, les aventures d'*Hélène et les garçons* ont été détrônées par celles de Jenifer, Jean-Pascal, Nolwenn, Houcine, Georges-Alain, Patxi, Pierre, Michal, Sofia et les autres.

Cependant, et malgré l'engouement quasi généralisé, nombres d'élèves n'ont pas une vision claire du phénomène. Beaucoup mélangent ses différents aspects et se posent des questions relevant de domaines fort divers. Questions trouvant rarement de réponses satisfaisantes, capables de les aider à structurer un minimum leur réflexion.

Ainsi, évoquent-ils, entre autres, et en vrac, les interrogations suivantes : « Pourquoi, et comment, les candidats deviennent-ils des stars ? » (problématique de la starification et du succès spontané), « Je ne sais pas si je pourrais être filmé tout le temps ? » (problématique de la surveillance optique), « Tout ce qu'on voit, est-ce vraiment la réalité ? », « On ne sait quand même pas tout ce qui se passe ? » (problématique de la manipulation et de la construction de sens), « Comment choisissent-ils les participants ? », « Ce sont des gens comme moi, alors j'aurais aussi pu être sélectionné ? » (problématique du casting et du recrutement), « Quand on embrasse son amoureuse, on n'a pas envie que tout le monde le voie » (problématique de l'intimité), « Il paraît que ces émissions rapportent énormément d'argent, comment ? » (problématique des stratégies marketing), « Ce que j'aime bien, c'est que c'est le public qui peut choisir le candidat qui restera dans le jeu » (problématique de l'interactivité), etc.

Confrontés à ce phénomène de société complexe, à propos duquel les polémiques vont bon train et sur lequel tout le monde à un avis souvent tranché, mais reposant rarement sur une réflexion et une argumentation raisonnée, les élèves trouvent difficilement les outils nécessaires pour aborder le problème de manière objective et, partant, pour se forger une opinion valable.

C'est pourquoi, dans les classes, il est indispensable de parler, de faire parler, de développer des activités pédagogiques structurées, de poser des questions précises et de proposer des exercices pertinents comme des réflexions de fond relatifs à la télé-réalité.

Pour ce faire, je propose de prendre pour point de départ les réflexions de Serge TISSERON concernant les concepts de « vision-fusion » et de « vision-défusion ».

Résumons brièvement les deux régimes de regard auxquels fait allusion TISSERON. La « vision-fusion » débouche sur une illusion de puissance liée à l'illusion de tout voir, de tout croire et de tout comprendre (VOIR = CROIRE = COMPRENDRE). La « vision-défusion », quant à elle, permet une meilleure compréhension de soi-même grâce aux images car un effort critique est réalisé, il s'agit d'être conscient du fait que des constructions de sens sont à l'œuvre dans les images en prenant de la distance par rapport à ce que l'on voit (VOIR ≠ CROIRE ⇒ PRISE DE DISTANCE).

Comment lutter efficacement contre la « vision-fusion » ? C'est bien là une des questions majeures de l'éducation aux médias. D'autant plus que cette vision, adoptée par la plupart des enfants et adolescents, est dangereuse puisque que sa portée s'arrête à la fascination des images et ne permet pas la réflexion, la prise de distance et le développement de l'esprit critique.

TISSERON propose d'appliquer un processus au cours duquel les enseignants utiliseraient les mêmes outils de prévention que face aux images qui ont un contenu violent.

Exprimer les effets que les images ont sur nous[110 et 111]

Objectifs communs à toutes les activités

- Développer l'esprit critique.
- Prendre de la distance par rapport aux images.
- Prendre position, exprimer des idées et des sentiments, débattre.

Verbaliser ses émotions

Public : primaire.

Exprimer ses sentiments

- Demander aux élèves de citer le nom d'émissions de télé-réalité qu'ils connaissent.

  Leur demander s'ils les apprécient et ce qu'ils en pensent de manière générale, puis recentrer le propos sur *Loft Story* et *Star Academy*. Orienter alors le débat en leur posant des questions sur ce qu'ils ressentent par rapport à de telles émissions.
- Montrer aux élèves un extrait significatif de *Star Academy* et les interroger sur les émotions et les sentiments que cela éveille en eux. Remarque : les extraits choisis montreront des moments de joie et de bonne humeur, des moments plutôt neutres et des moments de déprime et de tristesse.

Se positionner par rapport à ce qu'on a vu

Montrer aux élèves des extraits d'émissions de télé-réalité relatant des conflits entre les candidats.

Leur demander de prendre position par rapport à ce qu'ils viennent de voir.

Exemples de questions :

- Que pensez-vous de la réaction de X ?
- Pourquoi, à votre avis, X a-t-il réagi de la sorte ?
- Comment auriez-vous réagi à sa place ? Pourquoi ?
- Comment aurait-il dû réagir ? Pourquoi ? Quelles en auraient été les conséquences ?

Exprimer des idées par rapport à ce qu'on a vu

Débattre de la télé-réalité

Proposer aux élèves le questionnaire suivant :

- Aimeriez-vous participer à des émissions comme *Loft Story* ou *Star Academy* ? Pourquoi ?
- Aimeriez-vous être filmés 24 heures sur 24 ? Pourquoi ?
- Pensez-vous que ce genre d'émissions a sa place dans les programmations des chaînes de télévision ? Pourquoi ?
- Pensez-vous que ce genre d'émission porte atteinte à la dignité humaine ? Pourquoi ?
- Voyez-vous le loft ou le château comme une prison ? Pourquoi ?
- Qu'est-ce qui vous plaît, ou ne vous plaît pas, dans ce genre d'émission ?
- Qu'est-ce qui, selon vous, plaît au public ?
- Si vous deviez proposer une signalétique pour ces émissions, quelle serait-elle ?

Quand les élèves ont terminé, ils confrontent leurs réponses. Le professeur suscitera le débat.

Organiser des jeux de rôle

Public : primaire.

Jouer la télé-réalité

Objectif :

- Analyser, reproduire, inventer et jouer une situation relationnelle donnée ou des traits de caractère donnés.

Déroulement

Proposer aux élèves d'inventer des situations conflictuelles (en précisant clairement le nombre de protagonistes participant à l'action) ou non, semblables à celles que l'on peut observer dans *Star Academy*.

Demander alors aux élèves d'inventer une série de personnages aux traits de caractère différents (le boute-en-train, le timide, le sérieux, etc.) qui sont présents dans *Star Academy*, ainsi qu'une série d'autres personnages qui n'y sont pas présents.

Chaque situation et chaque personnage est décrit sur une fiche distincte. Le professeur rassemble alors toutes les fiches et les répartit en deux tas, un pour les situations, l'autre pour les personnages.

Demander ensuite à un élève de piocher au hasard une fiche dans le tas « situations ». Il devra lire à haute voix la situation découverte ainsi que le nombre de protagonistes requis. Un à un, des volontaires pour jouer la situation (autant que la situation nécessite de protagonistes, évidemment) piochent au hasard une fiche dans le tas « personnages ». À l'intérieur de la situation donnée, chacun devra interpréter le personnage décrit sur sa fiche, et ses traits de caractère.

Après quelques minutes de concertation, les volontaires joueront la situation en improvisant (ils pourront reprendre des expressions entendues et des attitudes observées dans *Star Academy*) et en respectant le rôle et le personnage qu'ils ont piochés.

Quand le professeur sent que la scène touche à sa fin et que les acteurs commencent à tourner en rond, il interrompt la représentation et demande aux autres élèves (les spectateurs) de réagir verbalement à ce qu'ils ont vu. Pourquoi untel a-t-il adopté ce comportement spécifique ? Quelle en a été la conséquence ? Retrouve-t-on ce genre de comportement dans *Star Academy ?* Ce comportement a-t-il le même effet que lorsqu'il est joué par vos condisciples ? Pourquoi ? Avez-vous trouvé des comportements forcés ou non naturels ? Lesquels et pourquoi ? Dans les émissions de téléréalité, avez-vous également remarqué des comportements non naturels ? Qu'est-ce que cela vous inspire ? Auriez-vous réagi de la même façon ? Pourquoi ?

Une fois la discussion terminée, demander aux élèves de rejouer la même situation mais cette fois en restant eux-mêmes, sans entrer dans la peau d'un personnage. S'ensuivra un débat sur les différences de comportements entre les deux représentations et leurs raisons.

Doublage des voix

Objectif

- Détourner l'image

Déroulement

Les élèves visionnent, sans le son, quelques extraits des émissions quotidiennes de Star Academy. Ils doivent alors choisir un de ces extraits, se regrouper en fonction du nombre de protagonistes présents dans l'extrait et réinventer son dialogue en respectant une ou plusieurs consignes : le ton (comique, triste, neutre, ironique, etc.), le sujet (les motivations des candidats, l'état d'esprit à l'intérieur du loft ou du château, les rapports des candidats à la production, les manipulations dont ils sont l'objet, leur rapport à la célébrité, à l'argent, etc., la personnalité du candidat doublé.

À la fin de l'exercice aura lieu une discussion du même type que celle ayant succédé aux différentes représentations (voir activité précédente).

Remarque : Le même exercice pourra être réalisé en demandant aux élèves de respecter leur propre personnalité.

Comprendre la construction des images

Les activités proposées jusqu'ici s'attachaient surtout à donner la possibilité aux élèves d'exprimer leurs émotions et leurs opinions par rapport aux images de télé-réalité, sans jamais viser à développer des compétences plus strictement audiovisuelles. Cette étape du processus pédagogique propose de le faire. Le but des activités qui suivent sera avant tout de donner aux élèves les outils nécessaires pour leur permettre de déconstruire les images médiatiques afin de mieux en comprendre le fonctionnement.

Objectifs communs à toutes les activités

Développer l'esprit critique.

Prendre de la distance par rapport aux images.

Comprendre la construction des images de télé-réalité.

1. Les commentaires[112]

Public : troisième degré primaire / secondaire.

Objectifs

- Savoir composer un commentaire relatif à des images données.
- Comprendre l'impact du commentaire sur la construction du sens de l'image et son influence sur la compréhension finale de celle-ci.
- Détourner l'image.

Déroulement

1. Montrer aux élèves un portrait introductif d'un des candidats de la *Star Academy*. Discuter ensuite du but poursuivi par la production en montrant ce portrait (présentation du candidat mais aussi caricature de sa personnalité, réduction à un stéréotype, ébauche de comportements et de réactions types, etc.).

Demander ensuite aux élèves de relever les éléments porteurs de sens (images, sons, musique, commentaires, dialogues). Focaliser alors l'attention des élèves sur le commentaire et leur proposer une grille d'analyse sous forme de questionnaire.

Questionnaire

- De quoi parle le commentaire ?
- Quel est le ton employé (comique, neutre, ironique, dramatique, etc.) ? Relevez les mots et les expressions qui caractérisent ce ton.
- Quel est son rapport à l'image et aux dialogues (explicatif, redondant, contradictoire, etc.) ?
- Par quels moyens nous présente-t-il le candidat ? (Parle-t-il de son passé, de son futur, de sa situation familiale, professionnelle, sentimentale, de ses origines, de son âge, de sa personnalité, etc. ?). Établissez la structure du commentaire en fonction des différents thèmes abordés par celui-ci.
- Les interviews sont également utilisées comme source d'information. Celles-ci confirment-elles ou contredisent-elles le commentaire et les images ?
- Qui est interviewé ? Quel est le rôle de ces personnes ?
- Résumez brièvement comment vous percevez le candidat à travers la description que le commentaire en fait.

  Remarque : répétez le même exercice avec d'autres portraits introductifs.

Proposer ensuite aux élèves d'autres portraits introductifs dont le son aura été supprimé. Leur demander alors de composer eux-mêmes le commentaire en fonction d'une ligne de conduite préalablement établie (ton, personnalité du candidat, thèmes abordés, etc.).

Chaque élève, ou groupe d'élèves, devra lire son commentaire en parallèle avec les images correspondantes. Les autres élèves doivent retrouver la ligne de conduite qui a servi à l'élaboration du commentaire en question.

Des discussions et réflexions relatives aux techniques utilisées et aux effets produits concluront le passage de chaque élève.

Remarque : pour bien mettre en évidence la signification spécifique que le commentaire crée, il faut que le même portrait introductif soit traité par des élèves différents, avec des lignes de conduite différentes, des commentaires différents, et donc un sens différent.

2. Souriez, vous êtes filmés[113] !

Public : troisième degré primaire / secondaire.

Objectifs

Relativiser le réalisme dont les émissions de télé-réalité se réclament.

Montrer que la présence des caméras modifie les comportements.

Faire prendre conscience de la notion de « présentation de soi ».

Déroulement

- Installer une caméra dans la classe et filmer les élèves au travail pendant un certain temps (le professeur justifiera la présence de la caméra en disant, par exemple, que l'école veut réaliser un petit court métrage qui présenterait l'établissement scolaire et ses élèves).

- Chez lui, le professeur sélectionne une série de moments significatifs qui mettent en évidence le changement de comportement impliqué par la présence de la caméra.

- Le lendemain, à partir de ces moments significatifs, engager une discussion avec les élèves en leur posant des questions du type :

1. Vous êtes-vous comportés comme s'il n'y avait pas de caméra ?
2. Quelles sont les différences ? Pourquoi ?
3. Étiez-vous plus ou moins naturel ?
4. Comment avez-vous voulu que l'on vous perçoive ? Pourquoi ?
5. Avez-vous voulu être remarqué ou plutôt passer inaperçu ? Pourquoi ?
6. Comment avez-vous fait pour vous faire remarquer ou pour passer inaperçu ? Cela a-t-il fonctionné ?
7. Pensez-vous que la présence des caméras a aussi influencé le comportement des élèves de la *Star Academy ?*
8. Selon vous, peut-on dire que l'on ne connaît les élèves de la *Star Academy* qu'à travers la présentation d'eux qu'ils mettent en scène ?
9. Lors de la première saison de *Loft Story*, Christophe a décidé de sortir du loft. Selon lui, depuis le casting, il jouait un jeu qui ne lui correspondait pas. Pensez-vous que les autres lofteurs sont réellement eux-mêmes, qu'ils ne jouent aucun jeu ?
10. Vos comportements ont-ils changé au fil de la leçon filmée ? Si oui, quelle en est la raison ?
11. À votre avis, est-il possible d'oublier la présence de la caméra ? Pourquoi ?

- Variante : dans les classes des plus jeunes, le professeur peut tenter de faire croire aux élèves que la caméra est directement raccordée à une télévision qui se trouve dans le bureau du directeur et que celui-ci peut donc les observer à tout moment. Le lendemain, le professeur insistera alors davantage sur la notion de surveillance optique et tentera de faire remarquer aux élèves les modifications de comportements impliquées par cette surveillance potentielle.

3. Le casting[114]

Public : troisième degré primaire supérieur / secondaire.

Objectifs

Découvrir le processus de casting des émissions de télé-réalité.

Être conscient de l'importance d'un bon casting dans le succès d'une émission de télé-réalité.

Déroulement

1. Demander aux élèves, par groupes, de simuler un casting d'émission de télé-réalité. Chacun devra être à la fois l'interviewer et l'interviewé.

2. Mettre en commun le résultat du travail, rassembler toutes les questions et les regrouper par thème (vie professionnelle, sentimentale, enfance, passions, etc.). Réfléchir et discuter du type de questions inventées par les élèves. (Jugez-vous que ce type de question est utile ? Pourquoi ? Quel est le but de telles questions ? Ne trouvez-vous pas telles questions indécentes ? etc.).

3. Leur montrer des exemples de questions réellement posées au casting des émissions de télé-réalité (voir ci-dessous) et leur demander de les comparer avec celles qu'ils ont imaginées, puis de réagir. Entamer la même réflexion que celle entamée par rapport à leurs propres interviews.

Quelques questions du casting

La production veut savoir : votre relation avec le tabac, l'alcool, la drogue, mais aussi votre santé, votre équilibre psychologique.

Questions supplémentaires

1. Quelle est votre manie ?
2. Quels livres emporteriez-vous sur une île déserte ?
3. Quels sont vos trois films préférés ?
4. Expliquez en quelques lignes comment s'est terminée votre dernière aventure amoureuse

   (la production vous rappelle qu'il ne faut pas avoir de relation stable pour être candidat).

5. Êtes-vous croyant ?
6. Si vous adhériez à un parti politique, lequel serait-ce ?
7. Quel a été le plus beau jour de votre vie ?
8. Décrivez votre parcours amoureux.
9. Quel est votre caractère, comment vivez-vous vos journées ?
10. Décrivez votre activité professionnelle en trois lignes.
11. Séduisez-moi en cinq minutes.

4. Des caméras partout[115] !

Public : troisième degré primaire supérieur / secondaire.

Objectifs

- Savoir reconstituer l'espace.
- Prendre conscience du dispositif technologique déployé pour lafabrication de l'émission.
- Savoir associer un point de vue (une caméra) et son résultat (l'image produite).
- Aborder des notions de langage cinématographique comme une plongée, une contre-plongée, un avant-plan, un arrière-plan, un champ, etc.

Déroulement

Cette activité peut se décliner selon plusieurs niveaux de difficulté :

1er niveau : Montrer des extraits de l'émission quotidienne de *Loft Story* ou *Star Academy*, qui se déroulent dans une pièce unique, et demander aux élèves avec combien de caméras différentes, donc de points de vue différents, a été réalisée la séquence. S'assurer que les élèves ont bien compris qu'à chaque point de vue différent correspond une caméra différente. Remarque : les élèves sont libres de revisionner la cassette autant de fois qu'ils le désirent, de mettre la vidéo sur pause, etc.

Demander ensuite aux élèves de dessiner sur une feuille le plan au sol de la pièce qu'ils viennent d'observer et d'y placer les différentes caméras découvertes. Ceci en précisant grossièrement pour chaque caméra sa hauteur et son angle de prise de vue.

2e niveau : Demander à un élève de reproduire sur un panneau le plan officiel du loft [116].

Plusieurs fois par semaine, consacrer du temps à visionner avec les élèves des extraits de l'émission quotidienne et tenter aussi de leur faire découvrir l'endroit où se trouvent les caméras et les miroirs sans tain. Lors de l'exercice, diriger la réflexion vers des problématiques de « langage », et notamment de point de vue. Demander, par exemple, aux élèves si, dans un plan donné, la caméra est en hauteur ou non, à quoi ils peuvent le voir. Des notions de plongée et de contre-plongée pourront ainsi être envisagées. Leur demander également de réfléchir sur les effets produits par ce genre d'angle de prise de vue (écrasement / glorification). Lors de l'analyse de l'image, des notions comme l'avant-plan, l'arrière-plan et le champ seront également abordées.

3e niveau : Demander aux élèves de dessiner le plan au sol du loft ou du château comme ils se l'imaginent, en fonction des émissions qu'ils ont déjà regardées (ou des extraits que le professeur leur a diffusés).

Ils doivent ensuite noter sur ce plan les endroits où se trouvent les caméras et les miroirs sans tain, en précisant leur hauteur et leur angle de prise de vue.

5. Un dispositif voyeuriste[117] ?

Public : secondaire.

Objectifs

- Faire le point sur la notion de voyeurisme en général, et sur sa pertinence par rapport aux émissions de télé-réalité.
- Exercer son esprit de comparaison.
- Envisager en parallèle deux dispositifs de regard.
- Analyser une image.

Déroulement

- Demander à chaque élève de venir noter au tableau un mot que le terme de voyeurisme lui inspire. Quand chaque élève est passé au tableau et quand tous ont pris connaissance de tous les mots, ils doivent tenter de définir correctement le terme et de donner des exemples de dispositifs voyeuristes (exemple : regarder par le trou de la serrure, espionner ses voisins, brancher une webcam dans la chambre de ses enfants, etc.). Ensuite, le professeur fera le point sur cette notion et distinguera deux définitions du terme : celle du sens restreint (perversion du voyeur ; voyeur : personne qui assiste pour sa satisfaction et sans être vu à quelque scène érotique) et celle du sens étendu (voyeur : personne qui voit sans être vue ; qui voit sans que la personne regardée en soit consciente).

- Proposer aux élèves quelques photographies d'Henri CARTIER-BRESSON[118] et de William KLEIN[119] ainsi qu'une série d'images extraites de *Star Academy* et leur demander de remplir un questionnaire, abordant la problématique de la relation photographe/ caméraman/ spectateur aux sujets photographiés/filmés/regardés.

Questionnaire

1. Pour les images X, Y et Z, où se trouvait le photographe ou le cameraman par rapport aux sujets photographiés ou filmés ?
2. Les sujets étaient-ils conscients d'être photographiés ou filmés ?
3. Résumez brièvement les différents types de relations aux sujets photographiés ou filmés que vous observez (relation de supériorité, infériorité ou équivalence).
4. À votre avis, laquelle de ces positions est la plus confortable ? Pourquoi ?
5. Recherchez dans la presse quotidienne et dans des magazines des images illustrant ces différentes relations aux sujets photographiés.
6. Quelles en sont les implications sur moi, spectateur ?
7. Quelles sont celles qui m'interpellent le plus ? Pourquoi ?
8. Quelles sont celles qui me procurent le plus de plaisir ? Pourquoi ?
9. Quelles sont les implications de ces différentes relations en termes de voyeurisme ?
10. Classez les images en fonction de leur caractère voyeuriste (celles amenées par le professeur comme celles récoltées par les élèves dans les magazines).

- Entamer une réflexion sur le voyeurisme de *Star Academy* par rapport aux documents analysés dans l'exercice précédent.

6. (Re)présenter un candidat : tout un art[120]

Public : secondaire.

Objectifs

Comprendre et analyser les représentations à l'œuvre dans les photos officielles ainsi que dans les portraits introductifs des candidats.

Savoir isoler les éléments spécifiques qui construisent la représentation.

Déroulement

- Avant d'aborder les représentations à l'œuvre dans les photos officielles des candidats, proposer d'abord d'envisager quelques représentations très présentes dans les journaux et les magazines.

Demander, par exemple, aux élèves de trouver dans ces derniers des représentations de la femme. Ils devront alors distinguer les différentes représentations de la femme (femme fatale, femme au foyer, mère, épouse, femme active, secrétaire, etc.) que l'on trouve et les regrouper en paquets distincts d'images.

Sur une feuille, les élèves devront isoler et noter les éléments particuliers de l'image qui permettent de distinguer les différentes représentations de la femme (ex : la jupe et les lunettes pour la secrétaire, l'enfant pour la mère, etc.).

En collectif, comparer alors le travail de chacun tandis qu'un élève est chargé de noter la synthèse de l'exercice au tableau.

Sur base d'une discussion questions/réponses, tenter de faire découvrir aux élèves que les différents éléments distinctifs mis en évidence correspondent à des stéréotypes ancrés dans notre culture qui nous permettent de classer et de juger facilement ce que l'on voit. La discussion sera alors orientée sur la question de la légitimité de ces stéréotypes, et les dangers qui résultent d'un jugement forgé sur ceux-ci.

- Montrer aux élèves différents portraits introductifs des candidats de *Star Academy* ou de *Loft Story*. Leur demander de découvrir la représentation de la personnalité du candidat véhiculée par le reportage. Pour aller plus en profondeur, on demandera aux élèves de relever précisément tous les éléments (sonores et visuels) qui déterminent la représentation du candidat. Ainsi, par exemple, à travers le portrait diffusé lors de la première émission de *Loft Story 2*, Félicien est représenté comme un fêtard (le commentaire : « La principale activité de Félicien commence à l'heure de l'apéritif », « Félicien est une star régionale » ; les images : on le voit dans une fête de village et c'est lui qui se charge de mettre l'ambiance en assurant l'animation, il s'adonne à la course landaise et fait le clown devant les vachettes, il se réveille tard, etc.). Parmi ces éléments, ils devront pointer ceux qui leur semblent être des clichés ou des stéréotypes, et justifier leur choix.

- Une fois le travail effectué, noter au tableau les différentes personnalités reconnues dans les reportages (par exemple : le sérieux, le « cœur à prendre », la bourgeoise, le fêtard, etc.). Demander aux élèves d'écrire comment ils représenteraient chacune sur une photographie. Ils pourront ensuite éventuellement rechercher dans des magazines des images correspondant à la représentation qu'ils ont notée sur leur feuille. Chaque élève, ou groupe d'élèves, présente alors les images trouvées et explique la raison de ses choix.

Exposer alors les photos officielles des candidats. S'en suivra une discussion sur les différences et les points communs observés.

- Pour clôturer l'activité, les élèves proposeront une liste de plusieurs personnalités stéréotypées (avec le relevé détaillé des éléments qui déterminent le stéréotype) qu'ils devront représenter photographiquement en réalisant les images et en se mettant en scène eux-mêmes.

Terminer par un visionnement des différents travaux et une discussion portant sur la justification des choix et sur les alternatives possibles, et, encore une fois, sur les dangers de forger son jugement sur des représentations stéréotypées.

7. Les fenêtres[121]

Public : secondaire.

Objectifs

Être conscient de la part d'imaginaire et d'invention qui influence la représentation que les spectateurs se font des participants.

Mettre en évidence certains mécanismes de construction de sens.

Être capable de comparer.

Déroulement

Proposer aux élèves un texte de Charles Baudelaire : *Les Fenêtres.*

Les Fenêtres (Charles BAUDELAIRE)

Celui qui regarde du dehors à travers une fenêtre ouverte, ne voit jamais autant de choses que celui qui regarde une fenêtre fermée. Il n'est pas d'objet plus profond, plus mystérieux, plus fécond, plus ténébreux, plus éblouissant qu'une fenêtre éclairée d'une chandelle. Ce qu'on peut voir au soleil est toujours moins intéressant que ce qui se passe derrière une vitre. Dans ce trou noir ou lumineux vit la vie, rêve la vie, souffre la vie.

Par-delà des vagues de toits, j'aperçois une femme mûre, ridée déjà, pauvre, toujours penchée sur quelque chose, et qui ne sort jamais. Avec son visage, avec son vêtement, avec presque rien, j'ai refait l'histoire de cette femme, ou plutôt sa légende, et quelquefois je me la raconte à moi-même en pleurant.

Si c'eût été un pauvre vieux homme, j'aurais refait la sienne tout aussi aisément.

Et je me couche, fier d'avoir vécu et souffert dans d'autres que moi-même.

Peut-être me direz-vous : « Es-tu sûr que cette légende soit la vraie ? » Qu'importe ce que peut être la réalité placée hors de moi, si elle m'a aidé à vivre, à sentir que je suis et ce que je suis ?

Questionnaire

1. Comparez la position du narrateur avec celui du spectateur d'une émission comme *Star Academy*.
2. Baudelaire dit qu'il s'imagine et invente la vie des personnes qu'il regarde. Qu'en est-il du spectateur de *Star Academy* par rapport aux candidats ? Expliquez et donnez des exemples.

3.a. Comment comprenez-vous Baudelaire, lorsqu'il écrit : « Celui qui regarde du dehors à travers une fenêtre ouverte ne voit jamais autant de choses que celui qui regarde une fenêtre fermée » ?

3.b. Pensez-vous que d'une certaine façon, le spectateur de *Star Academy* regarde une fenêtre fermée ? Pourquoi ?

3.c. Les émissions de télé-réalité sont-elles une sorte de documentaire sur la vie des jeunes d'aujourd'hui ? Expliquez votre réponse.

4.a. Baudelaire dit : « Et je me couche, fier d'avoir vécu et souffert dans d'autres que moi-même. ». Comment comprenez-vous cette phrase ?

4.b. Pensez-vous que le spectateur de la *Star Academy* vit et souffre aussi dans d'autres que lui ?

5. Pour Baudelaire, il importe peu que sa légende soit vraie du moment qu'elle l'a aidé à mieux se connaître lui-même. À votre avis, en est-il de même du spectateur de la télé-réalité ?

8. L'univers publicitaire[122]

Public : secondaire.

Objectifs

Comprendre la relation entre publicité et télé-réalité.

Approcher le fonctionnement économique de la télévision.

Prendre conscience de l'adéquation entre l'univers de l'émission et celui de la publicité.

Déroulement

- Question préalable : Pourquoi, à votre avis, les annonceurs aiment-ils les émissions de télé-réalité ? (Réponse attendue en fin de leçon : parce que ces programmes sont facilement interruptibles et que leur univers correspond parfaitement à l'univers de la publicité).

- Proposer aux élèves une coupure publicitaire tirée de *Star Academy*. Leur demander de relever le nombre de publicités différentes et de les répartir selon la nature du produit (produits ménagers, alimentation courante, produits esthétiques, produits liés à l'univers du spectacle, voitures, etc.). Établir les pourcentages pour chaque catégorie de publicités.

- Montrer aux élèves un extrait d'une émission quotidienne de *Star Academy* contenant les publicités. Leur poser les questions suivantes :

1. Quel est le ton des publicités ?
2. Quel est le ton de l'émission ?
3. Les deux tons se marient-ils bien ? Pourquoi ?
4. Certaines publicités vous ont-elles choqués particulièrement ? Pourquoi ?
5. Était-ce le bon moment pour introduire la coupure publicitaire ? Si non, quand l'auriez-vous introduite ? Et pourquoi ?

- Montrer aux élèves un extrait du film *Shoah* de LANZMANN (ou d'un reportage sur la condition des femmes sous le régime taliban, ou de tout autre document dénonçant un régime oppressif) et insérer au milieu de celui-ci une coupure publicitaire reprise dans la *Star Academy*. Leur poser les mêmes questions qu'au point numéro trois.

- Demander aux élèves de comparer leurs réponses et les faire réagir par rapport à ces différences.

Conclure par une série de questions du genre :

1. Les publicités ont-elles le même impact dans les deux cas ? Pourquoi ?
2. Quand sont-elles le plus susceptibles d'être efficaces ?
3. À votre avis, quel genre d'émission les chaînes préfèrent-elles programmer ? Pourquoi ? Citez des exemples.
4. Serait-ce, selon vous, une raison valable si les chaînes de télévision refusaient catégoriquement de diffuser des documents comme le film *Shoah* sous prétexte qu'il est difficile de les entrecouper de spots publicitaires ? Défendez votre point de vue.
5. Retour à la question de départ (Pourquoi, à votre avis, les producteurs aiment-ils les émissions de télé-réalité ?). Les élèves doivent maintenant posséder les éléments nécessaires pour y répondre.

9. Télé-réalité : fiction, réalité, jeu[123] ?

Public : secondaire.

Objectifs

Tenter de définir à quel « type » d'émission la télé-réalité appartient.

Prendre conscience du caractère hybride de ces émissions et, partant, de l'ensemble de l'horizon médiatique actuel.

Déroulement

- Préambule théorique.

Sur base de questions/réponses, discuter et expliquer aux élèves la différence entre les trois modes de la télévision dont parle François JOST.

- Montrer aux élèves un extrait assez important d'un *prime time* de *Star Academy* et leur demander de minuter respectivement les interviews des candidats, les interviews des proches, les prestations scéniques, les résumés montés et les moments d'interactivité.

Mettre en commun et comparer les données. Puis dégager des tendances générales (le professeur aura pris le soin d'établir de tels minutages pour une émission *prime time* entière) et établir un ordre en fonction du temps d'antenne consacré à chaque composante.

- Confronter ces constatations aux trois modes de la télévision développés par François JOST et demander aux élèves auquel correspond la *Star Academy*. Ils devront justifier leur choix.

En fait, *Star Academy* recouvre les trois modes :

La **fiction** correspond aux résumés. En effet, même si les répliques ne sont pas pré-écrites, c'est bien une histoire qui est racontée, avec une trame établie dès le casting et que l'on achève de construire au montage.

Le **jeu** correspond au moment d'interactivité et au moment des résultats du vote du public.

La **réalité** correspond aux autres composantes (interviews, prestations scéniques).

Remarque : il est important de faire découvrir aux élèves le type de réalité à laquelle se rapportent ces composantes. Il s'agit d'une réalité semblable à celle des talk-shows, qui fonctionne donc avec ses propres règles et qui est relativisée par une série de mises en scène (éclairages artificiels, disposition du plateau, structure de l'émission, etc.).

Star Academy est donc bien un produit hybride recouvrant plusieurs réalités médiatiques.

- Demander aux élèves de penser à d'autres émissions qui mélangent également plusieurs des modes de la télévision, et d'en dresser la liste des composantes.

10. Activité de synthèse

Pour ou contre la télé-réalité : argumenter

Public : secondaire.

Objectifs

Dégager l'argumentation d'un texte.

Défendre son opinion / Savoir argumenter.

Prendre position / Débattre.

Déroulement

- Séparer la classe en deux groupes.

Confronter le premier groupe à un texte « pro » télé-réalité et le second à un texte « anti » télé-réalité. Chaque groupe doit résumer les propos de l'auteur et isoler les principaux arguments utilisés. Pour chaque groupe, un rapporteur expliquera alors les idées de l'auteur du texte étudié.

À l'exposition du travail du premier groupe, les élèves du second vont remarquer des oppositions d'argumentations, voire des contradictions avec le texte qu'ils doivent présenter. (Si ce n'est pas le cas, le professeur les soulignera explicitement).

Deux textes qui se prêtent particulièrement bien à cette activité sont les textes de Gust DE MEYER, professeur de communication à la KUL (pour la télé-réalité) et de Marcel BOLLE DE BALLE, professeur émérite à l'ULB (contre la télé-réalité), repris dans le n° 42 du *VIF L'EXPRESS* (18 octobre 2002).

- Demander ensuite aux élèves de prendre personnellement position sur le sujet et, le cas échéant, de débattre ensemble.

- Séparer la classe en deux groupes : les « pro » télé-réalité et les « anti » télé-réalité.

Demander aux élèves de rassembler des arguments qui pourraient soutenir leur position. Pour chaque groupe, un rapporteur exposera le résultat de la réflexion de son groupe. Un débat s'ensuivra.

- Voici quelques citations porteuses que les élèves pourront également discuter et par rapport auxquelles ils pourront prendre position :

1. *Peut-on tout montrer à la télévision ? Comme deux Français sur trois, à* TF1 *nous répondons « non ». Une grande chaîne gratuite, disponible en clair pour l'ensemble des Français, y compris les plus jeunes d'entre eux, a des règles éthiques et déontologiques à observer.* TF1 *s'est forgée les siennes au fil de son presque demi-siècle d'existence, dont quatorze ans comme chaîne privatisée, au cours desquels beaucoup de travail et quelques erreurs nous ont permis de baliser notre chemin. La transgression par* M6 *de la règle observée jusqu'à présent par tous les diffuseurs privés ou publics de ne pas toucher à la télé-poubelle est une très forte interpellation. Aux responsables d'associations familiales de décider si* Loft Story *et ses sous-produits pornographiques mettent en cause la protection de l'enfance. Aux défenseurs de la personne et de la dignité humaine de s'interroger sur la situation psychique et juridique des jeunes participant à* Loft Story. *Au CSA de dire si une chaîne généraliste en clair peut diffuser à une heure où une majorité d'enfants regardent la télévision un programme incitant des jeunes gens à former un couple temporaire par l'appât du gain. Aux responsables politiques de réfléchir à la mainmise d'un groupe étranger, fût-il européen, sur un grand réseau de télévision, et cela à un moment où il est question d'attribuer un grand nombre de fréquences en mode numérique terrestre. Cette évolution est-elle compatible avec la sauvegarde de l'exception culturelle française* » P. LE LAY, PDG de TF1 (*Le Monde*, 2 juin 2001).

2. *On voit bien toute l'opération commerciale, les contrats. Cela me semble nauséabond, en tous les cas, je ne m'y retrouve pas.* Robert HUE, alors secrétaire national du PCF.

3. *S'il y a des malfaisants pour produire l'émission, des débiles pour y participer et des manipulés pour la regarder, finalement, ce n'est pas pire que Pamela Anderson.* Roselyne BACHELOT, alors députée RPR.

4. *Le* Loft, *qu'on le veuille ou pas, est la véritable école d'aujourd'hui. Les familles ne transmettent plus de valeurs, l'enseignement non plus, va pour l'université pratique lofteuse, sorte de service militaire pour les deux sexes d'aujourd'hui.* Philippe SOLLERS, écrivain.

5. *Je me demande de quoi on parlait avant le Loft.* Un étudiant français.

6. *C'est extraordinaire de passer à la télévision alors que nous n'avons rien fait d'exceptionnel !* Les « lofteurs » de la première saison.

7. *C'est la télévision qui fait la célébrité.* Serge TISSERON, psychanalyste.

h. *Les lofteurs ne méritent pas leur succès.* Un passant dans la rue.

8. Loft Story, *c'est le néant.* Vincent CESPEDES, professeur de philosophie et écrivain.

9. *J'ai regardé Philippe faire du vélo d'appartement pendant vingt minutes, j'étais fascinée. Avec* Loft Story, *le banal devient exceptionnel.* Elsa VIGOUREUX, journaliste au *Nouvel Observateur*.

10. Loft Story *amène les gens à désirer être filmés, au détriment de leur vie privée.* Un passant dans la rue.

11. *La gêne et la frustration qu'on ressentait en regardant l'émission participait au plaisir que l'on éprouvait.* David DUFRESNE, journaliste à *Libération*.

12. *Ceux qui regardent le* Loft *le regardent parce qu'ils n'ont pas l'impression de regarder la télé.* Dr Guy MARUANI, psychiatre.

La télé-réalité : de la salle dite CSA à la salle des profs ?

Yves COLLARD
Formateur à MédiaAnimation

Comment découvrir avec les enseignants la « réalité » de la télé-réalité ? Comment imaginer avec eux l'introduction de ces programmes dans le cursus scolaire ? Fournir quelques éléments de réponse à ces deux questions figure parmi les objectifs de ces lignes. Précisons tout de suite qu'il ne s'agit nullement de produire ici un *Guide méthodologique à l'usage des enseignants de français – second degré*, pas plus qu'un *Abécédaire de la télé-réalité pour les nuls – de A comme Academy à Z comme Zoo humain*. Mais plutôt de relater les observations ou réflexions issues d'une journée d'atelier-formation conduite et reproduite au sein de deux groupes de 20 enseignants du cours de français, recrutés dans les établissements scolaires des régions de La Louvière et Tournai, province du Hainaut, les 10 et 24 avril 2004. Le lecteur ne s'étonnera pas de trouver ici la relation de ces journées, sur un mode descriptif.

Le contexte

Le cahier des charges de cette double journée de formation intitulée *Lire l'audiovisuel – lire la télé-réalité* se décline en quatre points.

- Éduquer aux médias / éduquer par les médias.
- Lire et utiliser le document audiovisuel en classe.
- Lire la télé-réalité en classe.
- Existe-il une extension du domaine de la télé-réalité à d'autres émissions ?

Les deux groupes d'enseignants, outre leur moyenne d'âge peu élevée et leur composition très majoritairement féminine, partagent deux traits : ils n'ont jamais été exposés aux principes ou applications de l'éducation aux médias, cette journée constitue pour eux une « première » ; et par corollaire, si leurs motivations sont floues, elles n'en demeurent pas moins significatives de quelques représentations courantes, sur le rôle des médias en classe.

Extraits choisis

Moi, si je suis là c'est pour comprendre ce qu'ils regardent. Moi je ne suis pas convaincue qu'on doive amener cela (la télé-réalité) en classe.

Yvonne C., 37 ans.

Commentaire : Cette attitude de défiance par rapport aux produits dits « sous-culturels » est fréquente, même si tout naturellement elle n'est pas à considérer comme majoritaire chez les enseignants qui se portent volontaires à une formation en éducation aux médias. Elle postule au fond que la culture (la vraie) s'est essoufflée dès le moment où les chercheurs et les pédagogues ont estimé que la pub, la bande dessinée, puis plus tard le vidéo clip, le rock ou le rap sont à étudier en soi – pas seulement comme une bizarrerie sociale – et même en classe. Constatant à leur grand dam et de leur point de vue que les jeunes ne lisent pas ou plus, ils regrettent le temps béni et très lointain où le cours de français... ne s'ouvrait guère qu'aux grands classiques. Ces enseignants se fondent sur un principe de légitimité des contenus abordés à l'école, sur un jugement esthétique des produits culturels, reprochent à leurs contempteurs de favoriser une sorte de relativisme absolu chez les élèves : tout équivaut à tout, Mc Solaar à Rimbaud, Mylène Farmer à Byron.

J'aimerais que mes étudiants soient davantage critiques par rapport aux médias, et même en général. Et puis je me sens assez ringarde vis-à-vis d'eux, quand ils me parlent de choses que je ne connais même pas.

Françoise M., 41 ans.

Commentaire : cette attitude incarne les principes généraux de l'éducation aux médias tels qu'ils ont été définis pas le CEM en 1995 :

(...) Former chaque élève à être un spectateur actif, un explorateur autonome et un acteur de la communication médiatique est devenu un objectif primordial pour l'école. Il ne s'agit pas seulement de prémunir le jeune contre diverses sortes d'influences ou de manipulations médiatiques mais surtout de

le rendre apte à être un spectateur « créatif vis-à-vis des médias », capable de s'approprier un maximum d'informations originales à partir d'une vision personnelle de n'importe quel type de document médiatique [124]. *(…)*

L'apprentissage de l'autonomie, de la responsabilité, de la créativité, de la vision personnelle forme un terreau fertile au développement de la citoyenneté, comme il impose à l'enseignant de ne pas se laisser guider exclusivement par ses choix en matière médiatique, mais d'amener l'élève à élargir ses horizons à partir d'un terrain connu de lui : partir de la gazette locale gratuite sur laquelle on épluche les pommes de terre pour s'ouvrir à l'édition internationale du *Monde*.

Au programme du cours de français de cette année figure la prise de parole, je voudrais le faire à partir de choses qui branchent l'élève

Françoise, 25 ans.

Commentaire : L'attitude de Françoise est partagée par la majorité des enseignants, surtout en début de carrière. Comment intégrer une thématique comme la télé-réalité dans une perspective disciplinaire, peut passer pour exotique à plus d'un. Faire entrer Félicien du Loft dans le programme aux côtés de Candide, aussi.

Qu'est-ce qu'éduquer aux médias, et par les médias ?

Une très brève séquence extraite de *Star Academy 2* est diffusée aux apprenants. Elle montre un échange entre deux protagonistes (Anne-Laure et Georges-Alain), c'est la célèbre scène du *coming out* d'Anne-Laure, où Anne-Laure parle d'elle à la troisième personne :

A.-L. : «Y'a un message, y'a un clin d'œil. Y'a... Anne-Laure se dévoile un petit peu, quoi. Voilà c'est tout. Et ça fait du bien un peu de lâcher des choses. Je savais que j'allais trouver l'inspiration mais, en y réfléchissant, je me dis mais putain ! C'est limite provoc !»

G.-A. : Non mais ça va, y'en a qui ont... Pas tout le monde parce que voilà... Mais tu parles, tu vas me dire, pffttt... c'est qu'une chanson...

A.-L. : C'est qu'une chanson oui ! Tu as vu, Mylène Farmer, elle l'a chantée.

G-A : C'est clair !

A-L : Elle l'a chantée très longtemps.

G.-A. : C'est clair c'est qu'une chanson…

A.-L. : Et j'aurais pu trouver pire hein ! Meccano, ils ont fait une chanson très bien...euh... «Une femme avec un chien» euh... (Rire de G.-A.)

A.-L. : Tu vois, j'aurais pu chanter ça !

G.-A. : Non… en fait… c'est vrai… Y'a rien de choquant…

A.-L. : Après on m'engueule parce qu'on me dit que j'oublie mon style, que je m'oublie dans toutes leurs critiques... Bah, demain je vais leur montrer que je ne me suis pas oubliée ! (G.-A. rit nerveusement)

A.-L. : Je lui ai dit tout à l'heure à Raphi. Je lui ai dit que maintenant j'avais de l'énergie, que j'étais revenue, et j'avais bien l'intention de faire passer mes idées, ce que je pense, ce que j'ai envie de donner, et voilà !

G.-A. : Et voilà !

A.-L. : Et je vais leur montrer qui je suis vraiment ! Fini les euh...»adoucir», les… euh… tu sais... «sois plus féminine»… fini tout ça ! Juste Anne-Laure et c'est tout ! La nouvelle Anne-Laure est arrivée.

Consigne aux enseignants : *Imaginez, en cinq minutes, dans quelles circonstances vous pourriez intégrer ce document en classe.*

Les réponses fusent en tous sens. Certains enseignants entrevoient la possibilité d'intégrer le dialogue dans un cadre disciplinaire, en proposant, par exemple, la retranscription du contenu verbal en langage écrit, en français correct ou en français littéraire selon diverses modalités (comique, tragique). D'autres imaginent faire rejouer la scène par les élèves, en leur demandant d'imaginer comment mettre fin au dialogue différemment, en utilisant d'autres points de vue et arguments qui les portent. D'autres encore pensent pouvoir mettre en place un travail sur les procédés de communication interpersonnelle observés.

Un autre enseignant voit là une possibilité unique de proposer aux élèves un travail sur le thème de la « déclaration », sur l'argumentation, la persuasion : comment rédiger par l'écrit et mettre en scène verbalement ou médiatiquement un discours au contenu personnel ?

Certains enseignants imaginent davantage un travail ayant pour objet la fine description des décors du *Loft* ou la rédaction d'un «profil psychologique» des personnages. Un enseignant estime intéressant de faire découvrir aux élèves les emplacements des différentes caméras. Beaucoup souhaitent faire émerger un questionnement sur la nature «écrite» ou fictionnelle de la télé-réalité, d'autres s'interrogent aussi sur les valeurs mises en évidence par le récit. Un autre enseignant estime pouvoir appliquer l'une ou l'autre grille structuraliste.

Ainsi, le schéma actantiel de Greimas[125] s'applique aisément à de nombreuses émissions de télé-réalité, faites d'une succession d'épreuves et de mini défis. Ce schéma permet de catégoriser les rôles des personnages, de définir leur place dans le récit. De manière simplifiée, on dira que Greimas distingue six actants qui peuvent être regroupés en trois axes.

Au centre du récit se trouve le héros-sujet à la recherche de quelque chose ou quelqu'un (objet). Le destinateur est celui qui charge le héros de sa mission et le destinataire celui qui en bénéficie. Enfin, le héros est soutenu dans sa mission par des adjuvants et empêché par des opposants. Il faut noter qu'un même acteur peut occuper plusieurs rôles actantiels. Comme pour les actants des feuilletons télévisés[126], les héros de la télé-réalité sont aisément identifiables.

Sujet et objet : axe du désir : un héros souhaite obtenir quelque chose.

Exemple : Anne-Laure espère voir son homosexualité reconnue.

Destinateur et destinataire : axe de la communication.

Exemple : la télévision charge Anne-Laure de « se révéler » à soi-même et aux autres, et la bénéficiaire de cette opération est la communauté gay.

Adjuvant et opposant : axe du pouvoir.

Exemple : dans le dialogue cité plus haut, Georges-Alain aide Anne-laure à se révéler au travers de ses interventions, et ce sont les professeurs qui se posent en opposants « Sois plus féminine ».

Toutes ces intuitions ont été spontanément amenées par les enseignants, poussés jusqu'au bout de leur logique par l'animateur. Elles sont ensuite structurées par ce dernier.

Éduquer par les médias

Une bonne partie des propositions émises par les enseignants sont à placer dans une perspective disciplinaire d'éducation par les médias, à différents moments du processus cognitif. On peut, comme eux, songer à diffuser l'extrait en classe au moment où l'on tente de **sensibiliser** les élèves à la notion de niveau de langage, d'expression correcte (les protagonistes du *Loft* font de nombreuses concessions aux règles grammaticales). On peut également utiliser l'extrait en tant qu'**étude de cas**, demandant aux élèves de repérer le franglais (« à la one again »), les tournures argotiques (« je te kiffe »), le verlan (« c'est oim », « c'est ouf »), les déplacements de sens (« grave »), de décoder le processus d'échange interpersonnel. La proposition de jouer la scène est à ranger dans la catégorie des usages de l'audiovisuel en tant que **référence.**

Éduquer aux médias

Parmi les propositions émises par les enseignants, certaines relèvent plus directement de l'éducation aux médias. La question des valeurs, par exemple, qui évoquent ce qui sera nommé plus loin une dimension de «**représentations**», tout comme la fine description des décors. Quelles sont les représentations ou stéréotypes véhiculés par le *Loft* ou *Star Academy* à propos des jeunes, de la vie communautaire, les sexes, le sexe, l'amour, l'école ? Qu'est-ce que le décor « vert bonbon et rose pomme » du *Loft* nous inspire comme représentations sur le confort moderne, les lieux de vie contemporains, par rapport aux décors de *Star Academy*, mais à l'instar de certaines séries télévisées mettant en scène des adolescents. Le repérage des caméras appelle tout naturellement des dimensions de «**technologie**» et «**langages**». L'observation sur la nature fictive des séquences montées du *Loft* concerne une dimension de «**typologie**», amenée par cet enseignant faisant remarquer la similarité des codes de couleurs entre le *Loft* et *Hélène et les garçons.*

Un enseignant se demande également *Mais qui peut bien regarder ça* ? ce qui conduit à questionner les dimensions de « **production** » et de « **publics** » de ces émissions.

Ces derniers éléments suscitent chez les formés l'expression du besoin d'une grille de questionnement des objets médiatiques.

Les six dimensions

Le travail de l'animateur devient *classique.* Il diffuse un vidéo clip de prévention de la toxicomanie, choisi pour quatre raisons. Un, cette problématique est familière aux enseignants. Deux, il est bref, et peut être montré plusieurs fois. Trois, les six dimensions de l'éducation aux médias y sont facilement et spontanément identifiables[127]. Quatre, il montre que la grille d'analyse est souple, qu'elle n'est pas réservée au seul *Loft.* Pour enfoncer ce clou aiguisé, l'animateur fait ensuite la couverture d'un magazine féminin, celle d'un catalogue de bricolage, celle d'une marque nordique d'ameublement mondialement célèbre, et leur applique la fameuse grille des six dimensions.

Un enseignant pose la question de la place de l'idéologie ou de la société. Une question qui sera exploitée plus tard dans le parcours formatif autour du thème : comment se fait-il qu'adviennent aujourd'hui les émissions de télé-réalité ?

Premier travail en sous-groupes

Les enseignants sont alors répartis en trois groupes de travail. Ils ont à choisir trois émissions parmi les quatre suivantes : *Ça va se savoir, Y a que la vérité qui compte, C'est mon choix, Vis ma vie*, cette dernière n'ayant pas été retenue par eux.

La consigne est donnée : *Visionnez les dix premières minutes de chaque émission. Observez la mise en scène, le rôle des animateurs, évaluez les valeurs ou représentations mises en évidence, ou tout autre élément que vous jugez pertinent.*

Ça va se savoir. Principe : Un premier protagoniste monte sur scène, fait une révélation, la plupart du temps d'ordre sentimental, moral ou sexuel, à vocation scandaleuse. Face au public qui réagit vivement, l'animateur fait venir un second personnage, qui ignore tout de la révélation, jusqu'au moment où le premier personnage la lui communique. Enfin, un troisième protagoniste se présente, qui apporte un troisième éclairage sur le problème soumis à l'écran.

Thème de l'extrait visionné : Chantal est une jeune fille, responsable marketing, qui vient se plaindre de l'ambition affichée pour elle par son père *qui surveille mes sorties, me pousse à faire des études, m'oblige à suivre des cours particuliers*. Une ambition qui, révélera-t-elle à un père sous les traits d'un cadre costumé, la pousse à coucher, entre autres avec ses profs, puis un jour comprendre que l'amour et le bonheur sont là, sous la forme d'un cool barman black, qui lui au moins *saura l'écouter* à l'inverse de son père venu s'intercaler pour entendre que les cours particuliers et les sorties protégées l'ont amenée à faire ce que l'on appelle plus simplement de la promotion «canapé».

Une thématique *subtilement* amenée par le présentateur, Simon MONCEAU, qui semble apprécier la redondance : *Dans la vie, c'est toujours la faute de quelqu'un. C'est la faute à soi, c'est la faute aux amis, c'est la faute à la famille aussi. Peut-on pardonner la faute ? Nous accueillons Chantal...*

Y a que la vérité qui compte. Principe : Un quidam veut *dire quelque chose à quelqu'un* qui ignore tout de la révélation à faire. Le premier vient en public exposer la nature de son secret : déclaration d'amour, en mariage, demande de pardon,... (mais jusqu'ici jamais une demande d'augmentation). La personne qui *ignore tout* est invitée par la chaîne à propos de tout autre chose, et exhibée dans une salle cachée du plateau, avant d'entrer sous les projecteurs. Le mandant formule alors sa déclaration, dissimulée à l'autre par un rideau. Si son interlocuteur juge la demande recevable, le rideau se lève... sous les applaudissements du public.

Thème de l'extrait visionné : un jeune homme rencontre une jeune fille sur Internet. Et se languit d'amour, trouvant refuge dans sa famille. Un jour, il décide de tout plaquer et demande à sa belle s'il peut la rejoindre dans la vie réelle.

Dans le clip de présentation des personnages, on découvre ainsi que *Fabian voyait dans les mots de Laura toutes les couleurs de l'amour. Mais quand l'écran d'ordinateur s'éteignait, tout redevenait sombre dans sa vie. Fabian n'en peut plus, il veut quitter son ordinateur pour toujours, et retrouver sa belle qui, peut-être, se languit de lui.*

C'est mon choix. Principe de l'émission : Il s'agit d'un *talk-show* sur des thèmes «de société» impliquant un choix personnel, à vocation souvent polémique et visuelle (« je vis avec un handicapé ») ou risible (« ma femme est moche », « je suis un sosie de Claude François »). Une première batterie d'arguments sont exposés, suivis de la contre-argumentation. La résolution de la question est souvent amenée par un tiers.

Thème de l'extrait visionné : je suis une femme soumise : *Alors Michelle, vous êtes une femme soumise, vous assumez, est-ce que vous trouvez ça normal ?*

Après confrontation des groupes, quelques conclusions rapportées ici de manière générale, semblent s'imposer :

Sur le plan de la mise en scène, un premier protagoniste est présenté comme la paire « personnage-valeurs à défendre », le second jouant un rôle de « contradicteur-refouloir ». Le récit est très lisible, par exemple selon le schéma actantiel de Greimas : le héros est animé d'une force intérieure, d'une profonde émotion qui vient le pousser à exposer sa quête de bonheur, malgré des adversaires ou contradicteurs. C'est la télévision qui leur permet ce «travail».

Dans tous les cas, le téléspectateur sait des choses que le second protagoniste ignore, ce qui ressort d'une mise en scène théâtrale très classique : X aime Y qui aime Z. Les enseignants repèrent également le rôle des « apartés » : les téléspectateurs sont mis dans une confidence qu'au moins un des protagonistes ignore, un artifice de mise en scène particulièrement bien exploité par le *Loft* et son « confessionnal ».

Sur le plan des valeurs, c'est la quête du bonheur personnel qui est mise en avant, loin de toute programmation par la société. Bonheur individuel, certes, mais qui passe forcément par la famille, existante ou à faire exister. Ces émissions semblent jouer un rôle d'étude de cas, très moralisatrices, non selon une morale de principes, mais une morale d'action, à l'heure où les grandes institutions structurant le sens sont en perte de vitesse.

Les professeurs de français voient là l'occasion d'entamer un travail sur les différentes manifestations de l'amour en littérature, ou de descriptions familiales. Ils voient également là l'occasion de travailler le thème de la déclaration, sous différentes formes écrites. Et enfin, un travail plus créatif sur le plan de la mise en scène théâtrale de personnages stéréotypés porteurs de valeurs morales contradictoires.

Outils complémentaires

Quatre outils complémentaires sont alors apportés :

1. La lecture médiologique des composantes des trois sociétés, trois *médiasphères* selon les termes de Régis Debray[128] : la *logosphère* (la société de l'écriture ou société tribale), la *graphosphère* (la société de l'imprimerie ou société moderne), la *vidéosphère* (la société de l'audiovisuel, ou société post-moderne qui serait peut-être absorbée à l'échelle historique par l'*hypersphère*, celle du numérique). Plutôt que l'étude des médias, c'est à celle des médiations que Debray s'intéresse.

L'intérêt de la démarche de Debray en ce qui nous concerne est qu'elle met en lien une « culture » donnée et les médias qui lui assurent sa transmission. Un travail de ce genre permet de mieux sérier la redoutable question : un produit culturel – un média – est-il porté par une société et/ou construit-il celle-ci ? La téléréalité contribue-t-elle à faire évoluer notre vision du monde réel, et/ou est-ce la société en son état qui permet que ces programmes soient diffusés et rencontrent un tel succès ?

Debray analyse systématiquement dans chaque sphère[129] successive les mêmes *fonctions sociales supérieures* (religion, idéologie, art, politique) dans leurs rapports avec les médias, mais pas seulement. Car la transmission culturelle entre les hommes passe par des moyens techniques, mais derrière ces médias, il y a des institutions sociales. Debray prend ainsi l'exemple d'une bibliothèque, qui n'est pas seulement une collection de livres plus ou moins bien rangés, c'est aussi un outil au service d'institution sociale (État, école, université, musée...), créant une activité économique et sociale autour du média « livre ».

Cet apport médiologique permet d'orienter la compréhension des enseignants sur les rapports subtils entre la télé-réalité et la réalité du monde qui nous entoure.

Il est même structuré à la manière d'un exercice, qui consiste à imaginer et argumenter les *fonctions sociales supérieures* du *Loft,* à la manière des trois sphères définies par Debray, dont on reprend ici les grandes lignes :

La logosphère

Avant l'invention de l'imprimerie et la dispersion des écrits, la diffusion de l'information se faisait principalement sur un mode oral. Le texte est inventé pour fixer des échanges commerciaux, ou fait figure de référent sacré. Il conforte le pouvoir de ses détenteurs. Comment s'articule la société du manuscrit ?

L'individu : le serf

L'individu, généralement illettré, avait pour rôle social de servir son maître dans une société fortement hiérarchisée.

Le groupe : la cité

Les individus s'organisent autour de la tribu, du village, de la cité, refuge en cas de guerre et centre d'échanges commerciaux.

Le référent : l'ancêtre

De nombreux textes, légendaires, épiques, mettent en évidence le rôle des ancêtres dans la structuration des valeurs sociales comme des gestes quotidiens. C'est aussi à lui que l'on s'adresse à travers des pratiques ésotériques ou religieuses dès qu'on veut poser un geste important dans la vie du groupe.

La classe dominante : le pouvoir religieux

Les prêtres, le clergé, détiennent une part considérable, si ce n'est essentielle ou unique, des pouvoirs temporels.

L'idéologie : la foi

Le système des croyances et des attitudes s'articule autour de la foi.

L'identification : le saint

Les individus tendent à se comporter à l'image des saints, modèles exemplaires et moraux.

La graphosphère

L'imprimerie est inventée, les écrits circulent. Les informations sont diffusées et contrôlées en masse. L'auteur devient responsable de ce qu'il diffuse.

L'individu : le citoyen

L'individu, davantage instruit grâce à la diffusion du savoir, accède à un autre statut social, davantage égalitaire et participatif.

Le groupe : la nation

Les frontières s'élargissent, les textes forgent des identités nationales sur fond de langue commune.

Le référent : l'adulte

L'adulte, le père de famille, fournit les codes de comportement social. On passe de l'enfance à l'âge adulte sans transition. Les « jeunes » se comportent et se vêtent comme leurs parents.

La classe dominante : l'intelligentsia

Les savants, les experts s'arrogent le pouvoir de déterminer les critères de vérité du monde.

L'idéologie : la loi

La loi commune règle et ordonne les codes de comportement en société.

L'identification : le héros

L'individu cherche à s'identifier à la figure du héros, y compris guerrier.

La vidéosphère

L'homme réduit les distances et raccourcit le temps en inventant les médias électroniques. Le sentiment d'appartenance identitaire, jadis villageoise, communautaire ou nationale, devient mondiale. La télévision est décrite comme « fenêtre ouverte sur le monde ».

L'individu : le consommateur

L'individu est défini par sa dimension consumériste : les biens acquis ou susceptibles d'être acquis lui confèrent une place dans la société.

Le groupe : le moi

L'individu cherche moins à exercer une appartenance à un groupe élargi qu'à satisfaire ses aspirations individuelles.

Le référent : le jeune

La jeunesse s'élabore en tant que catégorie sociale de plus en plus étendue dans le temps, les jeunes fournissent les répertoires de signes culturels : il faut être « branché »

La classe dominante : les médias

C'est par les médias que les valeurs sont diffusées, de nombreux programmes font la part belle aux « people » médiatisés.

L'idéologie *:* l'opinion

L'opinion prend valeur de référence. Les sondages organisent la vie politique.

L'identification *:* la star

L'individu cherche à s'identifier à la figure de la star, de la « vedette ».

À la lumière de cela, les enseignants sont invités à concevoir un modèle *loftosphérique* en appliquant la grille ci-dessus au petit monde du *Loft.*

Voici leurs conclusions, elles permettent d'envisager le *système Loft* dans sa globalité.

La loftosphère

L'individu : le joueur

L'identité écranique du lofteur se forge à travers un jeu d'élimination : Les pairs déterminent qui peut partir, les téléspectateurs qui doit rester

Le groupe *:* la communauté

Les lofteurs sont définis en tant que communauté homogène de jeunes de 18 à 30 ans, de catégorie sociale moyenne ou inférieure. Tous sont « habités » par la volonté de réussir socialement en dehors du cursus scolaire, la plupart se sentent prêts à entamer une relation amoureuse et ont un passé familial émouvant, difficile. C'est cette communauté d'intérêt qui fonde l'unité du groupe.

Le référent *:* la famille

La petite société du *Loft* n'est pas regardée que par des téléspectateurs anonymes. Chaque semaine viennent sur le plateau les membres de la famille, et particulièrement les mères. C'est à elles qu'on s'adresse en cas de coup dur, ce sont elles que le présentateur interroge lors des rebondissements du récit télévisuel.

La classe dominante : les artistes

Aussi bien dans le *Loft* que dans *Star Academy*, les épreuves demandées aux jeunes se fondent sur la notion de talent davantage que sur celle de travail.

L'idéologie *:* l'émotion

L'émotion prend valeur de référence.

L'identification *:* l'individu médiocre

Le modèle héroïque est battu en brèche par les stars du *Loft.* Ceux-ci ne manifestent aucun don particulier, même si l'une donne des cours de danse, l'autre fait rire dans les banquets de mariage, un autre conduit un bus avec dextérité, manie les cartes à jouer ou exerce un métier de mannequin. En cours de programme, c'est davantage les capacités des jeunes à s'émouvoir, rire, pleurer qui seront mises en avant. Le modèle proposé au téléspectateur est celui d'une société de gens passifs, dépendants et interdépendants, émotifs.

Viennent ensuite :

- Un rapide historique de la télé-réalité, prenant comme angle d'attaque l'expertise et la raison, l'expérience individuelle et le témoignage[130].

- Une typologie des jeux et des animateurs de télévision.

- Des extraits de documents audiovisuels variés mettant en évidence le lien entre langages et représentations, avec un accent particulier sur le cadrage et le montage, sur le rôle des inserts.

Suite à cela un extrait des *Guignols* est montré, dans le but d'apporter une pause comique à ces exposés bien théoriques.

4. Le Loft

La principale difficulté sur le plan de l'analyse, est la durée de cette émission, qui empêche toute analyse intensive sur la durée, même si la grille de Propp sur les invariants du conte merveilleux peut être suggérée.

Le temps du *Loft* est indéterminé : les lofteurs sont en dehors de l'actualité, dont ils n'ont pas connaissance

Le lieu est indéterminé : on ne sait pas où se trouve le Loft

Les espaces sont stéréotypés : un loft moderne

Les personnages portent un prénom ou un surnom

Ils sont limités à quelques caractéristiques physiques ou caractérielles, dans une description initiale

L'histoire finit bien pour les bons, tandis que les méchants sont éliminés (exilés)

Le héros doit faire face à une série d'épreuves qui lui permettent de se distinguer du faux héros

Le héros rencontrera des adjuvants et des opposants durant son parcours

Les contes illustrent une morale, tout comme les émissions de télé-réalité

Le schéma narratif de *Star Academy* comme du *Loft* semble dès lors transparent : des jeunes indifférenciés et sans talent sont exilés dans un lieu où ils vont subir différentes transformations. Après différentes épreuves symboliques, le vainqueur accède à la rencontre avec l'autre sexe, sur le lieu magique du plateau de télévision. C'est bien là un rite d'initiation, de passage à l'âge adulte qui nous est raconté.

L'animateur résout le problème en proposant de travailler sur un élément – parmi d'autres – qui fédère le genre : les courtes biographies filmées et montées qui sont diffusées en début de première émission et qui font figure d'*incipit*.

Les dix personnages sont ainsi tour à tour exposés. Les enseignants, en grands groupes, visionnent deux fois la scène. Une fois sans le son, une fois avec son, commentaire et musique. Ce qui leur permet d'être attentifs aux cadrages signifiants, ainsi qu'aux inserts, tant il apparaît que les protagonistes sont *signifiés* par des accessoires montrés en insert, à l'instar de Marlène et son toutou, Thomas et ses lingettes, Julia et ses rats.

Le travail des enseignants leur a permis de mettre en évidence à quel point l'émission leur semble *programmée* et *écrite*. Les personnages ont en commun divers éléments marquants : une enfance difficile, l'importance de la famille, et plus particulièrement de la mère, un don artistique, un recours à la superstition et à la prière, une volonté éperdue de réussir, d' *y arriver*, sur fond d'épanouissement personnel et intime, une grande ouverture et tolérance. Bref, des héros banals et traditionnels, malgré leur langage et leur apparence « jeunes gens d'aujourd'hui ».

Un travail plus systématique sur le portrait leur est proposé. Il s'agit de repérer un insert significatif par personnage, d'établir sa signification possible, de repérer le jeu de connivence-répulsion possible avec les autres inserts repérés chez leurs concurrents.

Voici les observations des enseignants.

Les garçons

Félicien

Partie avant d'un tracteur sur fond de paysage campagnard : tradition, nature, mais aussi caractère campagnard et peu sophistiqué. Pour les enseignants, le nom de « Félicien » évoque le bonheur dans le pré, le caractère rural du personnage.

William

Jeu de cartes sur fond de paysage de banlieue, chaussettes mal assorties :

William est présenté comme un *veinard*, un *socio-cul de la meilleure veine, créatif, original, qui a échappé par chance à l'univers des HLM.*

Kamel

Une cour d'école, une théière, un autobus, une famille nombreuse sur canapé : Kamel joue le rôle de l'immigré intégré grâce à une scolarisation réussie, une carrière dans l'autobus. Kamel l'immigré est aussi dépositaire de l'image de la famille « normale ».

David

Des pectoraux, une brosse à dents

Pour les enseignants, David joue le rôle du Beau gosse jusqu'à la caricature.

Thomas

Une lingette, une œuvre d'art contemporain, un buis taillé en boule.

Thomas campe l'intellectuel maniéré, maniaque, féminisé.

Les filles

Angela

Un bar, des fesses qui se trémoussent, un lit défait, des vêtements branchés.

Angela est présentée comme la fille de la nuit, sorteuse, pas très soigneuse et décomplexée.

Karine

Une paire de castagnettes, une marmite sur une cuisinière, une horloge ancienne.

Karine représente la tradition, mais aussi le Sud, à l'heure où le fast-food le dispute à la techno.

Julia

Des rats, un quai de gare.

Julia est présentée comme la rebelle urbaine.

Lesly

Un micro, des bougies, une chambre de bonne.

Lesly est la Cosette qui veut s'en sortir, par tous les moyens (le chant, la spiritualité,...).

Marlène

Un chihuahua, un lit défait.

Pour les enseignants, Marlène campe la fille facile et superficielle.

Les deux visions des biographies permettent aux enseignants de constater que les biographies des personnages fonctionnent par paires complémentaires ou symétriques dans le récit. Chaque garçon peut être opposé à un autre, et trouver une complémentarité chez une fille. Il est utile de montrer aux élèves comment ces portraits orientent l'opinion du téléspectateur sur les personnages et comment se crée un horizon d'attente sur le ou les rôles possibles que les personnages en question pourraient jouer dans l'histoire. Des personnages qui jouent des rôles très classiques et même patrimoniaux : Le clown bouffon au grand cœur, la bombe sexuelle écorchée, la rebelle, la fille nature, la belle conne, le jeune premier, la fille traditionnelle, le puceau tendre, le bourrin, l'ombrageux romantique, l'intello poète,...

C'est bien l'occasion de travailler l'art du portrait, son rôle dans le récit. On peut ainsi demander aux élèves quels personnages du *Loft* leur semblent sympathiques, quels personnages leur semblent antipathiques, et pour quelles raisons.

Il peut être fructueux de les guider sur l'orientation qui est donnée aux personnages (qu'est-ce qui est valorisant, dévalorisant, ambigu ?), et comment ces éléments sont mis en scène de façon explicite, par le répertoire des adjectifs par exemple, ou indicielle, sur la base des images.

On peut demander aux élèves de classer en trois colonnes les éléments du portrait de leur héros de télé-réalité préféré en fonction de ses aspects péjoratifs, mélioratif, ambigu.

On peut demander aux élèves de rédiger par écrit un portrait de Marlène, David ou Angela, portrait qui se termine soit par : *Alors, la porte du Loft s'ouvrit et tous les autres lofteurs furent épouvantés (ou hilares, ou...)* ou par : *Alors la porte du Loft s'ouvrit ; tous les autres lofteurs furent en admiration*[131].

Les enseignants imaginent que les élèves fassent une présentation d'eux-mêmes selon le même registre, en utilisant *power point*, avec obligation de choisir des inserts signifiants.

On clôture la formation en montrant que les éléments de télé-réalité se retrouvent dans deux émissions qui peuvent apparaître beaucoup plus classiques :

5. Mutations

- Un débat télévisé au cours duquel un ministre est invité en direct à dire son émotion devant les images d'un accident de circulation ayant impliqué des jeunes, suivi de la lecture d'extraits de : Y. COLLARD, « L'évolution du débat politique télévisé : l'exemple de la Belgique», dans *Médiatiques n°*21, UCL, 2000, J.E. CHARLIER et Y. COLLARD, « Débats télévisés »,dans la *Revue de l'institut de sociologie*, U.L.B., Bruxelles, 1992.

- *L'Odyssée de l'espèce*, de la BBC, mettant en scène l'évolution de l'espèce humaine, en racontant la vie d'une famille d'hominidés, sur près de... 200 000 ans. Cette émission a récolté un vif succès. On y voit ainsi une famille d'hominidés se promenant dans l'espace-temps à la manière d'un groupe de lofteurs. La télé de papa a bien vécu : fini le temps où l'évolution de l'homme était mise en scène à travers des coupes... de cerveau.

Paroles de futurs enseignants du maternel

Arielle DE GENDT,
Maître assistante à la Haute école Francisco Ferrer.

À l'occasion de travaux effectués dans le cadre de cours comprenant une approche des médias, quelques étudiants, futurs enseignants de l'école maternelle, ont choisi de traiter comme sujet : la télé-réalité. En effet, il nous était difficile de rester indifférente aux résultats d'une étude ABC+ qui indiquait que *87 % des 5-7 ans ont regardé au moins une émission de real TV en Europe* ([132]). Alors, pourquoi ne pas proposer aux étudiants qui le souhaitaient, dans le cadre d'une réflexion à propos d'une problématique médiatique au choix, d'aborder la télé-réalité. Il s'agissait évidemment d'inscrire cette réflexion dans une approche pédagogique.

Les extraits ci-dessous proviennent de travaux réalisés au cours des années académiques 2002-2003 et 2003-2004. Nous avons constaté une progression dans le choix de ce sujet. En effet, lors de la première année, 5 étudiants sur 44 ont choisi de traiter de la télé-réalité, soit 11%. Cette année, 10 étudiants sur 47 ont présenté un travail à ce propos, soit 21%.

Opérer une sélection était difficile. D'autant plus que nous prenons le risque, en mettant en évidence certains passages, de transformer le sens premier. Nous avons porté nos choix sur des extraits qui marquent l'engagement professionnel des étudiants et qui rappellent simultanément qu'ils sont des consommateurs de médias.

Les idées développées mettent en évidence l'attention à la manière dont ce thème pourrait être développé à l'école. Ainsi il ne s'agit pas de provoquer, mais d'observer les enfants, de constater leur intérêt pour ces émissions, d'entendre leurs conversations, de les écouter et de les engager dans un projet commun.

Nous pouvons ainsi relever que la télé-réalité peut servir à illustrer un apprentissage. Il s'agit alors d'une éducation par les médias.

Mais le concept de télé-réalité est surtout envisagé comme un objet à analyser et relève alors de ce que nous définissons comme une éducation aux médias. Et ici toute la créativité des étudiants cherche à s'inscrire dans des propositions d'activités qui donnent du sens à cette démarche : jeux symboliques, engagement dans des situations fonctionnelles, entretiens, débats,...

Des idées permettant dans chacune des situations d'appréhender la relativité de ce qui est donné à voir et à entendre, de différencier le réel de la fiction, de comprendre la construction de ce qui est présenté comme réalité. Des idées aussi, donnant l'occasion aux enfants d'exprimer leurs sentiments.

Nous observons aussi, dans les propos des étudiants, l'attention portée aux parents. Regarder la télévision relève de pratiques familiales et l'influence des représentations parentales dans la perception que les enfants peuvent avoir de ce type d'émissions n'est certainement pas à démontrer. Mais nous pouvons penser que s'intéresser de commun à la télé-réalité et pouvoir ainsi reconnaître les parents comme partenaires de l'école, pourrait favoriser le développement d'une continuité de l'action éducative et donner aux familles un sentiment de compétence parentale et aux enfants, une valorisation, dans le cadre d'activités scolaires, du vécu familial.

Enfin, les réflexions des étudiants mettent en évidence le rôle de l'enseignant en tant qu'acteur social. Difficile pour les enseignants de s'engager à défendre les valeurs qui fondent notre enseignement sans prendre en considération l'évolution du paysage médiatique, l'introduction de nouveaux formats télévisuels et leur influence possible sur les spectateurs que sont les enfants de l'école maternelle.

La majorité des enfants d'une classe regardent ce type d'émission et donc en parlent entre eux. Faut-il empêcher son enfant de participer à ces discussions en lui interdisant de regarder ? Bien sûr chaque parent aura son avis à ce propos et c'est à l'enseignant de le respecter.

Je pense d'ailleurs qu'on peut utiliser ce genre de support pour développer l'esprit critique de l'enfant.

Bien entendu, je n'ai pas d'arguments pour démontrer que la télé-réalité est un programme très intéressant.

Vanessa

...Vos enfants ne devraient, à mon sens, pas pouvoir regarder ce genre d'émission avant un certain âge car ils sont tout aussi sensibles, si pas plus que nous adultes, aux messages moraux... l'enfant n'aura un esprit critique que si les parents accompagnent l'enfant devant la télévision en répondant à ces questions et en l'amenant à une réflexion personnelle. Il faut donc pour cela que les parents eux-mêmes prennent du recul par rapport à toutes ces émissions. Toutes ces conditions sont rarement réunies et dans les écoles maternelles, on entend les enfants rechanter les chansons des primes et discuter des dernières nouvelles des participants. Ils sont donc soumis à ce genre d'émission sans être accompagnés ni prévenus que cette réalité, si toutefois elle est réelle, n'est pas la nôtre...

Caroline

Je pense qu'il n'est pas mauvais pour les enfants de voir ce genre d'émission mais notre rôle est de leur faire comprendre que ce n'est pas une « nourriture » vitale et que tout le reste continue à exister et que cela peut être intéressant à partager avec les copains. Leur faire prendre conscience que ce qui est riche à partager, c'est l'opinion que l'on s'est faite à propos de tel ou tel programme et pas uniquement la forme de l'histoire ; leur apprendre à prendre du recul, analyser pour ensuite être capable de sélectionner un programme par rapport à soi-même, et non plus par rapport à une norme pour ne pas être en marge.

Et que parfois, on regarde la télévision pour le plaisir, que l'on a envie de rien et surtout pas de réfléchir. Cela peut également arriver aux adultes...

Savoir ce qu'on regarde et pourquoi on le regarde.

Michèle

Il y a lieu de s'inquiéter de la perception que se fait l'enfant de ce qu'on lui montre à la télévision. Distingue-t-il seulement la réalité de la « télé-réalité » ? S'impose-t-il une distance entre ce qu'on lui montre et ce qu'il doit croire ? Je doute pour ma part qu'il puisse se construire un tel esprit critique sans aide extérieure. Et c'est dans ce cadre que se constitue le plus grand bienfait de ce nouveau type d'images. En partant de quelque chose qui motive et stimule l'enfant, on peut exploiter un large panel de valeurs et de sentiments qu'il y a lieu de définir et de parcourir dès les premiers stades de l'enfance. Partant de ces émissions que l'on croit vide de toute substance et de tout moteur d'apprentissage, voilà qu'on peut développer la critique de l'enfant...

... donner au phénomène de la télé-réalité la possibilité de nous apprendre et de nous grandir, faisant de ce nouveau genre un outil, un instrument de travail et d'apprentissage. En tant que future enseignante, je pense que diverses actions peuvent être mises en place dans ce sens.

Sophie

Pour que l'enfant puisse bien interpréter une émission, par exemple de télé-réalité, qu'il regarde, il faut le rendre attentif aux circonstances dans lesquelles elle apparaît et le laisser s'exprimer, expliquer ce qu'il ressent.

Pour lui apprendre à avoir un regard critique sur les émissions diffusées, il faut qu'il perçoive l'importance du son et de l'image, ainsi que leur impact. Les images et les sons ont un sens, il nous appartient de pouvoir les décoder et surtout d'éduquer les enfants en ce sens...

Lorsque les enfants pourront, par eux-mêmes, analyser ce genre d'émission (ou tout autres médias) et détecter le vrai du faux, le réel et l'imaginaire, le possible et l'impossible,...

On peut dire qu'il sera devenu un spectateur actif et autonome capable d'utiliser les médias comme une véritable technologie au service de l'intelligence.

Cindy

Face à la télé-réalité, les jeunes enfants ne peuvent comprendre tout ce qui est diffusé et tout ce qui est dit, car ils ne se rendent pas compte de tout ce qui se passe derrière les caméras, de tout ce qui est programmé par la production.

... les enfants ne se rendent pas compte que dans ces émissions, qui sont pour eux que des émissions simples et amusantes, se cache une idée de voyeurisme (filmer 24h/24 des personnes où qu'elles soient et quoi qu'elles fassent), une idée de sadisme (compétition) et une idée de cynisme (tout est fait pour que les candidats se détestent).

Par contre, les adolescents, eux comprennent pertinemment bien tout ce qui se joue derrière la caméra, mais leur plaisir de regarder n'est pas gâché pour autant...

C'est la société qui nous pousse à parler de ce sujet aux enfants du fait qu'on est envahi par les émissions de télé-réalité et que tout le monde les regarde et en parle...

En tant que future enseignante, je pense que c'est un sujet que j'aborderai avec les enfants du fait que moi-même je regarde ces émissions et que je trouve utile d'en parler avec les enfants.

... les convaincre de regarder ces émissions avec un certain recul et uniquement comme divertissement.

Jessica

Finalement, je trouve ces émissions divertissantes mais à la fois dangereuses car elles donnent une image standardisée des jeunes d'aujourd'hui. Elles se basent sur beaucoup de stéréotypes. Nous pourrions utiliser la télé-réalité comme exemple dans le cadre de l'éducation aux médias en décelant tous les messages que celle-ci veut nous faire passer.

La télé apporte beaucoup d'informations, mais il faut aussi savoir s'en méfier.

À consommer avec précaution...

Naïque

Je veux montrer aux enfants qu'il y a autre chose que la télévision, mais attention je ne veux pas l'exclure car ses programmes n'ont pas que du négatif, il y en a même qui sont, je pense, très bien...

Ce genre de médias doit être montré aux enfants car ils apprennent s'en doute mieux par ce moyen que dans les livres. Je pense qu'il faut faire un tri et montrer aux enfant des phénomènes de télé-réalité mais il faut également leur montrer d'autres choses.

Notre rôle c'est de leur montrer, de leur apprendre à gérer le temps, l'utilité et l'importance de ces programmes.

Véronique

En tant qu'institutrice maternelle, j'essayerais, dans un premier temps, de savoir ce qui intéresse les enfants de ma classe à regarder ce type d'émissions. Quelles sont leurs motivations ? Est-ce que c'est pour la musique, la danse, le quotidien des participants ?

Je leur demanderais également si leurs parents sont réticents lorsqu'ils regardent ces programmes ou est-ce qu'ils y font attention ? Quelles sont leurs réactions ?

Il est tout à fait évident qu'en école maternelle, nous devons introduire l'éducation aux médias.

Véronica

J'introduirais le sujet en visionnant avec eux un épisode de Star Academy.

Ensuite, je leur demanderais s'ils regardent cette émission chez eux, pourquoi la regardent-ils, quel candidat préfèrent-ils et pourquoi ? Tout ceci me permettrait, j'espère, de mieux comprendre ce qui les attire déjà si petits dans ce genre d'émissions.

Cela me permettrait aussi d'aboutir à des débats sur des sujets tels que : l'amour, l'amitié, les disputes, la tristesse, la joie, la beauté,...

Ainsi, ils apprendraient à avoir un avis personnel sur des sujets divers et à défendre leurs opinions...

Les médias sont de bons outils d'enseignement, alors autant les utiliser, mais intelligemment.

Nathalie

... Jje pense que si les enfants sollicitent une discussion à propos d'une émission de télé-réalité, il est important, dans un premier temps, que nous écoutions leurs remarques et émotions par rapport à ce qu'ils y voient.

Dans un deuxième temps, il serait intéressant d'organiser une sorte de débat sur l'intérêt qu'ils ont à regarder ces émissions télévisées, la façon dont ils ressentent l'émission, leurs pensées quant à la « réalité » de celle-ci,...

Ensuite, j'estime qu'il est important d'orienter la pensée des enfants sur ces émissions. Il faut essayer de leur faire comprendre que ce sont de nouvelles sortes de feuilletons plutôt qu'une « réalité », que ce sont des personnes comme tout le monde mais mises en scène à travers l'objectif.

Pour finir, je pense que les enfants qui regardent ce genre d'émissions doivent être accompagnés de leurs parents afin que ceux-ci puissent répondre à leurs interrogations, réactions émotionnelles ou autres,...

Cécile

Mais il n'y a pas que les chansons et le langage (le son), les enfants enregistrent aussi et surtout ce qu'ils voient (l'image) : certains pas de danse, mouvements sont reproduits par des enfants qui associent alors la chanson à la « chorégraphie », donc le geste à la parole. Cette partie peut être exploitée au point de vue psychomoteur, elle peut aider l'enfant à développer sa coordination générale et son sens rythmique par le biais du jeu symbolique (nous allons danser et chanter comme...). Elle peut être source d'un langage spécifique élaboré par les enfants eux-mêmes, par exemple, à la rentrée des classes, je me présente et j'associe un geste, un mouvement à mon nom.

Il est dès lors, important pour nous futurs enseignants, devant la place qu'occupe la télévision dans notre société, d'éveiller l'esprit critique chez l'enfant, et de le maintenir éveillé, pour que l'enfant puisse construire sa propre opinion sur ce que la télévision lui propose, l'exploiter du mieux qu'il peut.

Damien

Ce qui peut être fait, et qui peut être une bonne expérience enrichissante pour les enfants, c'est organiser une « télé-réalité » en classe. Quelqu'un (extérieur à la classe) vient filmer ce qui se passe en classe, comment les enfants travaillent. Après quelque temps, on regarde ce qui a été filmé, on demande aux enfants s'ils se souviennent avoir fait ça, dit ça,...

On peut faire la même chose en demandant aux enfants de jouer quelque chose (on dit aux uns et aux autres ce qu'ils doivent faire) et on compare avec la première vision. Qu'est-ce qui est différent ? Pareil ?

Ce qui est bien avec ce genre de travail, c'est que l'on peut introduire le média, apprendre comment on filme, qu'est-ce qu'une caméra et en observer le fonctionnement, laisser les enfants filmer, voir comment on « construit » un film...

... En conclusion la télé-réalité n'est peut être pas adaptée aux enfants, mais c'est un bon sujet à exploiter à l'école car il débouche sur des choses très intéressantes à apprendre aux enfants.

Florence

Ce qu'il y a de génial avec ces émissions, c'est qu'il ne faut rien comprendre, il ne faut pas réfléchir (surtout pas sinon on zappe), on se laisse faire, on regarde et on partage nos émotions. On veut juste se sentir rassuré en retrouvant les mêmes personnages tous les soirs, les regarder en se disant que par rapport aux stars, ces gens-là, on les connaît vraiment.

Si les enfants de 3 à 5 ans regardent ce genre de programmes à la télévision, c'est que leurs parents ont regardé à un moment ou un autre et qu'ils en parlent. De ce fait, les enfants se sentent intéressés, ils sont heureux de regarder les mêmes émissions que papa et maman...

Faut-il être contre ou pour ?

Cette question restera ouverte malgré de nombreux points négatifs et notamment le fait que les enfants se standardisent à ces pseudo- stars, ce qui étouffe en eux leur créativité, leur liberté, leur autonomie et leur richesse personnelle car ils adhèrent à une normalité prédéfinie. Ce qui va à l'encontre de notre métier d'instituteur maternel...

Malgré ces nombreux points négatifs... On peut lui trouver au moins un point positif à travers le fait de provoquer un sourire, une joie ou un rêve éphémère...

La télé-réalité peut être néfaste pour les enfants autant que le journal télévisé ou tout autre programme télévisuel regardé seul, c'est-à-dire sans l'éclairage, l'accompagnement, la parole d'un adulte responsable.

Donc elle existe, vivons avec elle mais ne perdons pas notre esprit critique et ne perdons pas de vue qu'il ne s'agit pas de la vraie vie, mais d'une fiction bien ficelée.

David

Suggestions de débats en classe : citations

Nous avons repris, ci-dessous, un ensemble contrasté de citations et de témoignages qui pourront venir alimenter la réflexion et nourrir le débat en classe, fournissant aux uns des arguments, aux autres des points de vue à mettre en perspective.

Une image, aujourd'hui, c'est un événement ou un être (souvent les deux à la fois) qui n'est ni réel ni fictif et fascine pour cette raison même. Elle a le poids du réel, l'irréalité du conte.

Marc AUGÉ

Directeur d'études à l'École des hautes études en sciences sociales. Paris, *in* « L'empire des médias » – *Manière de voir*, mai-juin 2002.

Pleurer Lady Di ou pleurer Aziz, c'est tout comme. Entre la mort réelle de l'une et la mort symbolique de l'autre, la différence est mince aux yeux de ceux qui s'y sont identifiés. Dans les deux cas, c'est la mort d'une image. Or les images ne peuvent pas, ne doivent pas mourir. Elles sont faites pour aider à vivre, à croire qu'on existe. Et c'est le sadisme ultime du jeu que de les mettre à mort après les avoir fabriquées.

Marc AUGÉ, *Ibid.*

N'est-il pas trop facile de se dire – et inutile de « leur » dire – que mieux vaudrait s'intéresser à Shakespeare ou à Godard que de perdre son temps à regarder pareilles fadaises ? Car ils les regardent et ils en font tout de même quelque chose.

Geneviève JACQUINOT-DELAUNAY

in MédiaMorphoses, 5.

On ne peut ici qu'évoquer des hypothèses. Loft Story *ne présenterait-elle pas l'idéal d'une communauté de pairs débarrassés du poids d'adultes encombrants, de normes dépassées, d'idéaux incompréhensibles ? Aujourd'hui les publics de nos collèges ne justifient-ils pas à leurs propres yeux leur présence dans les locaux de l'établissement par la possibilité de vivre cette vie d'égaux, qu'ils tentent désespérément de ne pas quitter, faute de pouvoir imaginer ce que peut être leur vie d'adultes ? Les règles auxquelles on les prépare ne semblent plus avoir cours : entrer dans le monde du capitalisme financier n'est pas la même chose que devenir un citoyen. Les discours des responsables, même ceux qui apparaissent comme des discours critiques, semblent incroyablement inadaptés à la situation. Il faut une sacrée dose d'inconscience et de mépris pour s'attaquer aux restaurants MacDonald qui sont par excellence des lieux d'épanouissement pour toute une jeunesse populaire. Bref, la recherche d'une communauté où abriter et panser ses plaies est aujourd'hui une nécessité pour beaucoup : la déliaison, seul moyen pour supporter des liaisons incompréhensibles. La notoriété de* Loft Story *en a fait un espace de déliaison à l'échelle nationale. Une certaine logique sociale semble respectée.*

Jean-Pierre ESQUENAZI,

Professeur à l'Université de Lyon 3, *in MédiaMorphoses*, 5.

Il s'agit, avant tout, d'un divertissement ; en aucun cas, l'émission ne doit être jugée à l'aune des disciplines ordinaires de l'information. Il s'agit d'un jeu, et personne n'est dupe, ni d'un côté ni de l'autre de la caméra. Et il serait injuste, ou injustifié, d'en faire un document, un documentaire, et de prétendre l'évaluer selon des critères qui lui sont inapplicables.

Francis BALLE

Professeur à l'Université de Paris 2, *in MédiaMorphoses,* 5.

Dans ce genre d'émission où l'autre n'est utilisé que comme objet de consommation, il n'y a que des complices : les concepteurs d'émission et leurs financiers, les participants au show et les spectateurs. J'ai acquis, au cours des années, le réflexe de zapper immédiatement lorsqu'une émission touche avec irrespect à ce qui est le plus intime de nos sentiments et de nos relations : je ne veux pas être complice de ce genre de pratique.

Michel GRAULUS,

Psychanalyste, *in* le mensuel *Familles* n°5.

Normal, pour Angela LORENTE, responsable du casting du *Loft 1*. Journaliste, elle découvre la télé-réalité lors d'un reportage pour le premier numéro de *Vie privée, vie publique*, sur le *Big Brother* espagnol. Coup de foudre : *Je me suis rendu compte que c'était génial. Quand on fait de la réalisation ou qu'on est journaliste et qu'on rencontre quelqu'un, on le regarde d'abord vivre, parler. Puis on filme et on écrit un peu un scénario. Tandis que là, c'était pur. Il n'y avait qu'à regarder. J'y ai trouvé quelque chose de fort, professionnellement. Et quand le projet* Loft *s'est lancé, j'ai tout de suite dit oui. Je pensais qu'il y avait quelque chose de nouveau à gratter qui était révolutionnaire en télé.*

Angela LORENTE,

Productrice de *Loft Story*, *in Victor*, n°36.

Quels sont, à vos yeux, les principaux facteurs de réussite du phénomène *Star Academy* ?

J'en vois trois. Un : l'ennui existentiel réel qui traverse notre société. Il y a un vide culturel au sens large. Ce genre de produit audiovisuel profite de ce vide-là. Deux : la force de la télévision. Il faut sans cesse le rappeler. On dit : la télé, c'est vieux, c'est dépassé. Ce n'est pas vrai. C'est à travers les images que les gens vivent, se retrouvent. Trois : le désir de vivre par procuration. Certes, cela ne date pas d'aujourd'hui, mais il est renforcé par le modèle de société actuel.

Dominique WOLTON,

Directeur de recherches au CNRS, interviewé par Hugues DORZÉE, in Le Soir.

Les onze lofteurs sont prêts à investir la télévision, à faire la télévision, tout autant que faire de la télévision. Ils vont être là, vivants, dans la télévision, vingt-quatre heures sur vingt-quatre, pendant soixante-dix jours. Ils vont se donner à voir, et c'est en offrant ce qu'ils sont, en offrant soixante-dix jours de leur vie, qu'ils tentent d'aboutir à un certain accomplissement de leur projet personnel. C'est dans ce monde de compétition et de concurrence, où règne la loi du plus fort et du plus rapide, que les lofteurs évoluent, parmi des millions d'autres jeunes adultes qui les regardent. Survivre dans ce monde, ou mieux y vivre, réclame de la part des joueurs une qualité particulière, celle de l'intelligence des situations nouvelles couplée à une grande souplesse d'adaptation. Le casting final résulte de la conjonction de ces postulats. Ce qui est le plus frappant chez les joueurs, c'est le contraste entre une certaine forme de maturité et une extrême sensibilité. Ce mélange crée un type de personnalité assez particulier, à savoir des sujets à la fois forts et très tendres.

Didier DESTAL,

Psychiatre de l'émission Loft Story *sur M6, in Les miroirs du Loft,* p.80.

Big Brother fait partie de cette nouvelle culture cosmopolite et consumériste qui s'impose partout (...) Il est temps que les Africains apprennent à mieux se connaître et à s'apprécier au lieu d'être toujours tournés vers l'Europe et les États-Unis ! J'espère que *Big Brother* va notamment ouvrir les yeux des Sud-Africains, qui pensent que les autres pays africains sont arriérés, alors qu'on trouve partout une classe de gens intégrés dans la culture mondiale !

Kole OMOTOSO,

Nigérian, professeur d'Université en Afrique du Sud,

in Le Soir, 30/05/03

Pourquoi et comment parler de la télé-réalité à l'école ?

Une approche théorique et pratique

Michel BOUMAL
Directeur de l'École de photo de la Ville de Bruxelles

Parler de la télé-réalité à l'école ? Voilà une proposition qui risque de crisper bien des enseignants, même parmi ceux qui seraient convaincus de la nécessité d'interpeller les jeunes sur leurs consommations médiatiques ordinaires. Les réticents ne manquent pas d'arguments, et leurs arguments ne sont pas négligeables.

D'abord, s'il faut en débattre avec les élèves, comment éviter la stérilité d'une causerie démagogique de plus ? Comment sortir les « pour » et les « contre » de leurs affirmations opiniâtres ? Comment sortir les indifférents de leur indifférence ? Du reste, à l'aune de la liberté d'opinion, tous les jugements de valeur se valent : la confrontation des idées permettra tout au plus à chacun de s'exercer à argumenter et n'apportera pas grand-chose à la compréhension de ce phénomène médiatique complexe. Comment encore l'enseignant va-t-il se positionner dans un débat forcément moral, d'autant que critiquer la télé-réalité devant les élèves, c'est aussi prendre le risque qu'ils se révoltent,… ou qu'ils se taisent ? Dans les grandes classes du secondaire, la discussion peut évidemment s'enrichir de la lecture préalable de textes de spécialistes de la question. Mais dans ces classes-là seulement, et seulement quand ces textes sont accessibles au niveau moyen des élèves. Que faire partout ailleurs ?

D'une manière générale, à moins de disposer d'une solide formation méthodologique à la construction collective d'un questionnement, celle de la philosophie pour enfants par exemple, et d'avoir le tempérament nécessaire à la difficile pratique de telles méthodes, il est illusoire d'espérer souvent autre chose de tels débats que l'affirmation obstinée par chacun de ce qu'il pensait déjà et de ce qu'il persistera forcément à penser après la séance en classe.

Enfin et surtout, l'éducation aux médias vise à offrir une compréhension en profondeur des enjeux, des intentions et des attentes qui déterminent nos consommations médiatiques. Elle ne peut fonder cette compréhension que sur la construction de jugements de vérité à partir d'observations, d'analyses, d'hypothèses d'explication.

Ces données objectives incontournables, le débat peut s'en nourrir, mais il n'en produit pas, puisqu'il tend par essence à l'échange de considérations abstraites et qu'il a pour finalité spontanée l'affirmation de jugements de valeur. Or, le but de l'éducation aux médias n'est pas de juger les médias, mais de les faire comprendre et d'en promouvoir une consommation éveillée et avertie.

Autre réticence : pourquoi faut-il que l'école, dont la mission est d'élever le niveau culturel des élèves, perde encore du peu de temps et de moyens dont elle dispose pour le faire à fouiller complaisamment avec les élèves les poubelles de la culture massive ambiante ? Ne doit-elle pas œuvrer au contraire pour leur faire découvrir les trésors culturels dont le grand marché médiatique et ses modes ne cessent de les éloigner ? Que peut-on tirer de bon des médias massifs d'aujourd'hui ? Ne faut-il pas partir du constat que *la culture de masse n'est pas le choix individuel dans la masse des objets culturels, mais un nombre restreint de ceux-ci projetés vers le plus grand nombre*[133], que *chacun n'est pas appelé à choisir, éduqué pour déterminer ses appétences, mais programmé pour suivre les stations conventionnelles du tourisme optique* ? Le devoir des enseignants n'est-il pas de combattre cette aliénation ? L'école ne doit-elle pas être plus que jamais le lieu de la « grande » culture ? Faisons ici l'économie du problème engendré par cette dernière question : celui de la détermination d'une frontière entre une « grande » culture et une ou même de « moins grandes ». En matière d'éducation, admettons avec le bon vieux Montaigne que l'art de bien conduire sa pensée prime sur l'érudition, et avec André Gide que la chose regardée est moins importante que le regard qui se pose sur elle. Mais que l'on pense la « grande » culture scolaire en termes de savoirs, de méthodes, d'apprentissages structurés et structurants, bref en termes de formation intellectuelle et d'épanouissement de la sensibilité, ou qu'on la pense en termes de confrontation à des productions culturelles, scientifiques, artistiques, littéraires, de haut niveau, dans les deux cas, on fait également de l'école une institution sociale de résistance aux aliénations multiples d'une culture commerciale impérialiste et « surinflatoire ». Il est donc difficile de contester la légitimité de ses réticences à se pencher sur la médiocrité.

Cependant, elle ne gagnera rien à nier l'adversaire qu'elle doit combattre : elle doit affronter la culture réelle de jeunes autrement que par une censure stérile si elle veut se donner des chances d'influencer celle-ci. À défaut, ses préoccupations culturelles élevées n'occuperont les têtes des élèves que le temps ingrat de la préparation des interrogations ou des examens, ingratitude qui achève souvent de les en détourner. La question est alors de savoir comment faire de la « grande » culture sur la télé-réalité. Qu'est-ce que la culture scolaire peut apporter à l'élève pour l'aider à mieux comprendre ce phénomène médiatique et mieux s'en distancier ? Peut-on aborder une telle matière de manière scolaire, c'est-à-dire structurée et structurante ? Dans quel cadre pédagogique placer le sujet ? Dans quel programme, en fonction de quelles matières ou de quelles compétences à développer ? Dans quels cours ? Selon quelles formules didactiques ?

Autre objection, corollaire des deux premières : comment évaluer les savoirs et les compétences acquis par les élèves à propos de la télé-réalité ? Evaluer l'aptitude d'un élève à étayer son opinion et à communiquer son argumentation n'est pas une finalité spécifique de l'éducation aux médias. Evaluer le seul contenu de l'opinion relève forcément d'une censure qui ne devrait pas avoir droit de séjour dans un processus éducatif. Ce qu'il faut évaluer, c'est l'acquisition par l'élève d'un ensemble de savoirs mobilisés pour comprendre la télé-réalité et son aptitude à les mettre en œuvre de manière autonome. Quels sont ces savoirs ? Dans quel genre d'exercices peuvent-ils être sollicités ? Bref, comment et sur quoi peut-on interroger les élèves autour d'un tel sujet ?

En outre, pourquoi se focaliser sur la télé-réalité ? Les médias massifs présentent bien d'autres aspects problématiques pour la construction personnelle de nos enfants et de nos adolescents. Que connaissent-ils de la musique, du cinéma ? Quels moyens ont-ils de forger leurs goûts en retrait des modes dictées par les marchands ? Que dire de leur consommation radiophonique, de leur consommation télévisuelle en général ? Les clips musicaux ne proposent-ils pas des imaginaires autrement préoccupants que ceux de la télé-réalité ? Et l'univers des films et des affiches publicitaires ?

Certes, les émissions de la télé-réalité présentent une certaine spécificité, mais les experts les plus autorisés s'accordent à dire que toute réflexion en profondeur sur le phénomène ramène à une réflexion sur le potentiel médiatique du discours télévisuel en général, et sur les enjeux fondamentaux du marché de la télévision. Et si le discours télévisuel a des propriétés bien différentes de celui du cinéma, il n'en partage pas moins un certain nombre de caractéristiques fondamentales, il les englobe même lorsque la télévision diffuse des films. Ne serait-il pas plus fertile d'envisager l'approche de la téléréalité dans un cadre pédagogique plus vaste, dont les savoirs et les savoir-faire seraient largement transférables à d'autres domaines médiatiques : non seulement tous ceux de l'audiovisuel évidemment, mais aussi, dans des mesures variées, la radio et l'internet, voire le livre ? Au fond, derrière le phénomène littéraire d'Amélie Nothomb, n'y a-t-il pas aussi une solide opération de marketing ?

En résumé, l'école peut-elle approcher la télé-réalité en évitant de transformer la classe en Café du Commerce, en fertilisant l'approche de ces émissions par des savoirs et des méthodes structurées et structurantes intégrables dans certains cours, en se donnant les moyens d'évaluer cette approche et en assurant à ces savoirs et ces méthodes la plus large transférabilité vers le monde des médias en général ?

Il ne s'agit pas de nier tout ce que les débats ou les animations diverses qu'on peut imaginer autour de la télé-réalité peuvent apporter en termes de sensibilisation, de problématisation, d'évaluation préalable du vécu et du degré de compréhension du phénomène par les élèves.

Il s'agit de dépasser ce stade pour leur apprendre vraiment quelque chose sur la question, d'augmenter leurs compétences critiques et de leur offrir tous les outils intellectuels nécessaires pour le faire. De quitter les échanges de généralités pour dévoiler le fond de la question. De déplacer le discours scolaire de l'opinion vers son objet, de partir de la matière elle-même, c'est-à-dire d'étudier avec les élèves des émissions ou des extraits d'émissions de télé-réalité et, en fonction de leur âge et de leur niveau, de les doter des outils théoriques nécessaires à cette étude. Si l'on veut éduquer à la télé-réalité, c'est-à-dire former les élèves à en faire une consommation informée, lucide et démystifiée, ne faut-il pas commencer par la regarder avec eux ? Ne faut-il pas partir de la réalité de la télé-réalité, c'est-à-dire de séquences d'images et de sons ? On observera alors avec eux non seulement ce que ces séquences révèlent sur le sens de ces émissions, sur leurs divers enjeux, mais aussi ce qu'elles peuvent révéler aux élèves sur eux-mêmes : quels éléments objectifs sont à la source de leurs réactions émotionnelles ?

Je plaide donc pour la systématisation d'une approche sémio-pragmatique[134] des émissions de télé-réalité. À l'aide des outils théoriques adéquats, adaptés au public de la classe, relevons tout ce qui, dans le discours télévisuel, pourrait constituer un indice de son sens, de son degré de vérité, de ses enjeux. Le sens de ces émissions est évidemment, bien au-delà de leurs contenus, dans leur raison d'être, mais ces contenus et les conditions de leur diffusion ne cessent de manifester leur raison d'être. À l'aide des mêmes outils, mettons en évidence tout ce qui, dans le flux des images, paraît chargé de symboles et d'affects et dégageons le sens général de ceux-ci. Partons de l'observation des images de la télévision dans une démarche similaire à celle du commentaire de texte littéraire. Je dis la télévision parce que, pour étudier ainsi des extraits d'émissions de télé-réalité, c'est tout l'arsenal cognitif, méthodologique, didactique nécessaire à l'approche du discours télévisuel en général qu'il faut mobiliser. Demandons donc aux élèves d'examiner attentivement dans des extraits d'émissions tous les aspects (images, sons, incrustations, place dans la programmation,...) qui sont à la source du sens qu'ils prêtent à celles-ci, des émotions qu'ils y attachent, des plaisirs qu'ils en retirent. Et ne négligeons pas de leur faire découvrir ce qu'ils n'y auraient pas vu, ou de leur révéler d'autres sens possibles que ceux qu'ils ont retenus.

Comme une bonne partie de cet arsenal est encore applicable au cinéma, à Internet et à l'univers livre, la question de la transférabilité ne se pose plus. Tout ce qui se fera ainsi en classe autour de la *Star Academy* ou de *Ça va se savoir*, participant d'une éducation générale aux médias, répondra en outre à la mission imposée à nos écoles de promouvoir l'émancipation sociale et l'autonomie culturelle des élèves.

Par ailleurs, en préférant au débat d'opinion sur ces émissions leur observation raisonnée, on se donne toutes les chances de faire réfléchir les élèves les plus inconditionnels du genre sans les offenser dans leurs goûts, d'intéresser malgré tout les détracteurs les plus radicaux et de donner aux indifférents, à ceux qui ne regardent pas ce genre d'émission, à ceux qui n'ont pas la télévision, l'occasion de dire, de faire, d'apprendre quelque chose sur une dimension non négligeable de la société dans laquelle ils vivent.

Plus de complaisance démagogique non plus : l'école sauvegarde son rôle de dispensatrice de savoirs et de méthodes. Elle reste le lieu de la grande culture dans la mesure où, sur un sujet dont la dangereuse médiocrité est incontestable, elle peut proposer une formation solide, dispenser des savoirs consistants, promouvoir des attitudes exigeantes.

Enfin, la question de l'évaluation trouve ici sa solution, puisqu'on met les élèves devant des séquences télévisuelles comme on les mettrait devant des textes littéraires : les processus d'évaluation, formatifs comme sommatifs, seront donc globalement similaires. Sans doute sera-t-il toujours hasardeux de juger l'élève sur sa prise de conscience effective du rapport qu'il entretient réellement avec la télévision. Mais on pourra au moins mesurer son degré d'acquisition des outils intellectuels, des attitudes mentales nécessaires à cette prise de conscience. N'est-ce pas là d'ailleurs que s'arrête forcément le rôle éducatif de l'école, au seuil de la liberté qu'a l'élève de disposer au quotidien comme bon lui semble des savoirs et des méthodes qu'elle lui a proposés ?

En l'occurrence, quels savoirs faut-il mobiliser ? Répondons d'abord dans l'ordre du principe et de l'idéal. Avant tout sans doute, une théorie plus ou moins élémentaire de la communication qui subordonne définitivement les contenus des messages aux raisons d'être de leur diffusion et aux conditions de leur réception. Les six dimensions des messages médiatiques, développées ailleurs dans cet ouvrage, constituent sans doute pour les spécialistes une grille d'analyse fort réductrice, mais elles devraient suffire pour encadrer les lectures des élèves et maintenir leurs analyses dans le sens de l'éducation aux médias. Cette grille a, en outre, le mérite de pouvoir, simplifiée à l'extrême, être expliquée aux plus jeunes et inversement, nuancée, affinée, de pouvoir répondre aux besoins des grands élèves les plus passionnés. Ensuite, tout ce qui concerne le discours télévisuel lui-même, son langage, ses syntaxes gigognes : langage de la photographie, englobé dans le langage du cinéma, lui-même intégré ou combiné dans le flux de la programmation. Greffons là-dessus tout ce qui relève de la sémiologie en général pour autant qu'on reste à la portée des élèves et en particulier les jeux sémantiques (métaphores, antithèses,...) et plastiques (rythmes et ponctuations, symétries,...) En outre, toujours en les adaptant au public de la classe, on ne négligera pas d'aborder des éléments de narratologie et d'argumentation. Enfin, on pourra retenir toutes les notions de psychologie et de sociologie qui touchent au domaine des interactions socioculturelles, ainsi que toutes celles qui permettent de définir les enjeux économiques à l'œuvre dans les médias. Comme telle, la matière est évidemment trop vaste pour être embrassée même par les enseignants. Hormis peut-être la mise en perspective des six dimensions, il n'est pas question d'imaginer un processus scolaire qui, de la maternelle à la classe terminale du secondaire, balaie de manière progressive et systématique l'ensemble de ces matières avec l'ambition de l'exhaustivité, une exhaustivité à laquelle même les universitaires les plus pointus n'osent pas prétendre. Retenons donc ce programme comme cadre de référence pour une réponse plus pratique et plus réaliste. À chaque enseignant, selon sa propre formation initiale, selon encore les opportunités offertes par les documents médiatiques à sa disposition, de choisir quelques outils intellectuels dans quelque-uns de ces domaines, d'élaborer une didactique qui les mette au niveau de ses élèves et de contribuer, comme il le peut et quand il le peut, à une formation dont l'objectif n'est pas de produire des érudits de la communication médiatique, mais des consommateurs les plus avertis possibles d'une certaine forme de télévision et même d'un peu tous les médias. Ce que l'institutrice maternelle fera émerger intuitivement chez les enfants en concevant une activité de dessin ou d'expression corporelle à partir d'un extrait d'émission de télé-réalité, en faisant évidemment la plus complète économie de toutes les abstractions théoriques qui pourraient être évoquées en l'occurrence, cet humble et simple travail-là a bien plus de chances de marquer l'élève en profondeur, sera souvent bien plus déterminant dans son acquisition d'attitudes critiques face aux médias que les cours forcément plus savants que pourraient en faire des professeurs du secondaire.

On aura compris qu'au niveau de l'enseignement secondaire, ce sont les professeurs de français qui sont a priori les mieux formés pour ces matières et dont les programmes intégreront le plus facilement ce type de démarche, surtout s'ils privilégient l'acquisition par leurs élèves de compétences transversales. Mais selon leur formation initiale, nombre de professeurs de morale ou de religion ne seront pas moins compétents pour systématiser cette démarche pédagogique, dans le cadre de programmes infiniment plus souples. Il ne faudrait cependant pas négliger toutes les opportunités d'approches moins systématiques, partielles, occasionnelles : le développement approfondi des six dimensions de la communication par un professeur de sciences sociales dans le cadre d'une leçon sur le marketing, un commentaire de tel cadrage expressif dans le *Dictateur* de CHAPLIN par le professeur d'histoire, ou une leçon illustrée sur la mise en scène cinématographique du régime nazi, autant d'apports certes indirects, mais non négligeables, à la lecture de la télé-réalité et, au-delà, à l'éducation aux médias en général.

Si les cours d'éveil de l'école primaire peuvent ajouter aux leçons sur la nature, l'histoire ou la géographie, des cours consacrés au milieu socioculturel, les instituteurs, dont la polyvalence fait souvent des miracles, ont là un espace pour déployer l'éducation aux médias. Découvrir comment on fait une photo, un film, une émission de télévision, commencer peut-être à expliquer les notions d'intention d'un producteur, d'attentes d'un public, autant d'éléments qui, même abordés humblement de la manière la plus élémentaire eu égard à l'âge des enfants, ne peuvent que contribuer à augmenter leurs chances de ne pas être plus tard les pigeons payeurs du marketing télévisuel.

Quel matériel est nécessaire à la mise en œuvre pratique de ces approches sémiologiques du discours télévisuel et, en l'occurrence, des émissions de télé-réalité ? Téléviseur et magnétoscope, à domicile pour enregistrer les séquences, à l'école pour les montrer, voilà un matériel dont le maniement est aujourd'hui bien répandu. Rien n'empêche les enseignants passionnés par ce domaine et plus experts en informatique d'y ajouter les ressources de l'ordinateur multimédia et celle de la projection sur grand écran là où on en a les moyens, par exemple en numérisant les séquences et en les déconstruisant sur un banc de montage numérique devant les élèves. Mais bien des démarches plus simples, plus marginales peuvent enrichir la lecture des images télévisuelles. Chercher dans quelques extraits d'une émission les indices de son public cible, faire répertorier par les élèves tous les produits dérivés de cette émission de télévision identifiables par le logo de celle-ci et à partir de là, leur demander de résumer l' « univers » de l'émission en un bref slogan, ou en trois substantifs : voilà une démarche dont la partie la plus intuitive sera souvent la plus formative.

Certes, beaucoup d'enseignants que mes propos arriveraient à convaincre pourraient bien manifester une nouvelle réticence. Le domaine est vaste ! Par quel type de séquence y entrer ? Où s'arrêter devant des notions si nombreuses et parfois si complexes ? Quoi privilégier ? Où trouver des exemples d'applications pédagogiques, des modèles de commentaires de séquences télévisuelles, d'exercices ? Faudrait-il que chacun réinvente tout dans son coin ? Il est facile de dire qu'on peut faire apprendre beaucoup sur la télé-réalité dans les classes de maternelle à partir d'activités simples de dessin. Mais quelles activités précises ? Conçues à partir de quoi, avec quelles consignes ? Ne doutons pas d'ailleurs que beaucoup des enseignants les plus avertis en matière de médias se sentiraient bien le besoin de rafraîchir leurs propres savoirs, d'être conseillés dans l'adaptation de ceux-ci aux niveaux de leurs classe, d'être secondés dans la conception de séances de travail et même d'exercices autour d'émissions de télévision. Même pour ces derniers, la généralisation de formations à l'éducation aux médias serait certainement bienvenue, pour autant que les contenus de ces formations, répondant aux besoins évoqués plus haut, adoptent systématiquement la perspective des pratiques effectives en classe. Puisqu'un décret récent impose la formation continuée aux enseignants des écoles fondamentales et secondaires de plein exercice, il faut donc souhaiter que l'éducation aux médias trouve enfin dans les offres de formation la place qu'elle mérite, et que ces formations proposent en priorité des pistes concrètes de travail de terrain, dûment conçues en fonction des tranches d'âge des élèves.

Dernière réticence : pour préparer un cours à partir d'une brève ou moins brève séquence d'émission de télé-réalité, il faut regarder beaucoup ce genre d'émission, et parfois se les repasser plusieurs fois avant de sélectionner les quelques minutes propres à susciter des observations fécondes. Comment tenir le coup lorsqu'on est foncièrement allergique à ce genre d'émissions ? Pour beaucoup, le problème disparaîtra de lui-même si les formations leur montrent comment on peut faire de l'or pédagogique avec de la merde médiatique.

Si le détail des contenus possibles de telles formations nécessiterait à lui seul tout un autre livre, illustrons quand même ici par quelques exemples comment on peut, à partir d'extraits choisis d'émissions de télé-réalité, balayer les grandes dimensions du langage télévisuel. Puissent les échantillons qui suivent, livrés en vrac, très loin d'être exhaustifs, mettre les derniers réticents en appétit.

Aborder le langage de l'image télévisuelle et les éléments de son discours.

On peut, par exemple, étudier le seul générique du début de *Ça va se savoir*, revoir la notion de métaphore et commenter la métaphore visuelle des fûts toxiques sur laquelle se focalise ce générique. Commenter la progression de cette métaphore dans les images (succession des plans et de leurs cadrages), sa combinaison avec d'autres éléments signifiants : textes, musique. Réfléchir à la portée de cette métaphore invariablement réitérée au seuil de l'émission, faire un parallèle avec le rôle joué par les couvertures dans le monde du livre et des périodiques, et enfin se questionner sur les effets possibles, les intentions probables d'une telle symbolique initiale sur le téléspectateur. Rien n'empêche de conclure par un débat moral. Il ne peut en être que plus riche et même s'il ne tourne à rien d'autre qu'à satisfaire le besoin de certains élèves à exprimer leurs réactions à l'émission, il clôturera un processus pédagogique où tous auront eu des choses à apprendre, et dont les apprentissages pourront être évalués. À peu près tous les génériques des émissions de télévision, et particulièrement ceux de la télé-réalité, présentent la même richesse potentielle. Avec les plus jeunes, réduire ou abandonner la théorie et privilégier l'approche intuitive : faire dessiner une affiche pour l'émission qui rende, sans nécessairement en respecter les contenus visuels, l'idéologie générale de son générique de départ. En passant, découvrir que beaucoup d'élèves, qui connaissent l'émission, ne se sont jamais rendu compte de la métaphore en question. Et que le premier enjeu, c'est de leur apprendre, de leur donner même le goût de regarder les choses avec attention !

Aborder la syntaxe du langage télévisuel et les mécanismes producteurs du comique.

On pourra étudier quelques séquences d'une émission comme *Vidéo Gag*, y observer la diversité des éléments qui imposent une lecture comique d'événements au fond dramatiques, et la manière dont ces éléments sont combinés. On en profitera pour donner un cours sur le rôle de la distanciation dans le discours comique en général, pour comparer les modes de distanciation du comique des romans ou des pièces de théâtre à ceux des dessins humoristiques de la presse, du cinéma, du dessin animé. On s'interrogera encore sur les intentions possibles du discours comique, sur les attentes auxquelles il peut chercher à répondre. On reviendra aux séquences, voire au générique de *Vidéo Gag* pour montrer à quel point le degré de réalité que nous conférons aux images télévisées dépend des consignes de lecture que nous dictent les émissions et pour repérer où et comment ces consignes apparaissent. Pour mesurer aussi la perméabilité parfois considérable de la frontière entre la réalité et la fiction.

Aborder la syntaxe du flux télévisuel et la problématique des genres.

On étudiera la confusion des genres qui gangrène aujourd'hui des pans entiers des programmes de la télévision et son incidence sur le niveau de réalité des images proposées. Certains se souviendront peut-être des bandes-annonces que TF1 diffusait pour rappeler à son public le prochain « épisode » des *Aventuriers de Koh-Lanta* dans son édition 2001. Réalité ou fiction : on pouvait étudier les multiples éléments qui, rapprochant l'esthétique et les contenus de cette annonce de la suite d'un jeu télévisé des caractéristiques traditionnelles des bandes-annonces des films d'aventure, magnifiaient la réalité comme seule la fiction peut le faire. En passant, on aura peut-être envie de se pencher sur les caractéristiques des récits épiques et de rappeler leur fonction. Et de s'interroger sur la construction très factice d'une légende jouée par des gens ordinaires. Autre bande annonce intéressante : celle qu'AB3 diffuse volontiers en début de soirée pour annoncer la diffusion imminente de *Ça va se savoir* et qui présente l'émission… comme un magazine ! Mais la réflexion peut se prolonger bien au-delà, jusqu'au domaine plus traditionnellement scolaire du livre : romans reportages ou témoignages, romans réalistes, bandes dessinées satiriques de la vie quotidienne,… la médiation de la réalité n'est jamais la réalité. C'est la problématique générale des représentations de la réalité par autrui qui émerge, celle de nos attentes par rapport à ces représentations, celle des intérêts et des dangers de ces dernières.

Aborder les narrations télévisuelles et leurs mises en scène.

À partir de concepts élémentaires de narratologie : héros, adjuvant, opposant, quête,… on étudiera sur documents comment la télé-réalité met en scène les rôles qu'elle distribue, on mettra en évidence que l'émission est un récit, que sa réalité est un jeu, que chaque participant à ce jeu voit sa réalité réduite à sa fonction dans ce jeu. On observera en passant comment l'émission fait resurgir un peu de la réalité sociale véritable des participants et on se demandera à quelles attentes des téléspectateurs cela pourrait répondre. Les dix premières minutes du *Maillon faible*, un quart d'heure de confessions intimes de la *Star Academy* devraient suffire. Et si, au fil de sa cueillette de documents, on a la chance de tomber sur des séquences comme celles où la jeune présentatrice de la *Star Academy* de RTL, saluant le départ des candidats vers l'» académie » au premier soir de l'émission, leur souhaite « Amour, gloire et beauté », propos éponymes du titre très évocateur d'une série télévisée bien connue, on pourra aborder ou revoir la problématique de la voix narrative en étudiant sur les images le rôle du discours des présentateurs de l'émission, qui sont beaucoup plus que de simples orchestrateurs. On en profitera pour affiner encore le commentaire sur les multiples ressources dont dispose la télévision pour pratiquer, mieux que n'importe quel autre média, le mélange des genres et la confusion, voire la fusion entre la réalité et la fiction. Dans le même registre narratif, les commentaires « off » omniscients des résumés des « épisodes » des *Aventuriers de Koh Lanta*, les ellipses temporelles des mêmes résumés, constituent autant de riches matières qui, tout en étant immédiatement transférables au cinéma et à la littérature, présentent, dans le cadre de la télé-réalité, des fonctions spécifiques révélatrices des logiques sous-jacentes du genre.

Aborder les niveaux de mise en scène télévisuelle de la réalité.

À partir d'extraits de la *Star Academy*, on commentera d'abord le jeu devant la caméra, les mises en scène du plateau ou du studio, bref tout ce qui détermine artificiellement le comportement des participants et subordonne ainsi leur réalité au rôle que leur impose la production. On observera les natures variées des jeux imposés et on cherchera la logique narrative, voire argumentative, qui les relie : des séquences de reportage sur les apprentissages des concurrents, en passant par celles où les intimités se dévoilent individuellement jusqu'aux shows hebdomadaires collectifs au cours desquels ont lieu les exclusions. On ne négligera pas d'observer les décors. On pourra même s'arrêter sur les personnalités des protagonistes, qui composent des personnages dont les symétries, les complémentarités, les traits antithétiques rappellent trop l'univers de certaines *sitcoms* pour être les fruits du seul hasard. On analysera ensuite les mêmes extraits du point de vue des plans des prises de vue (cadrages, angles de vue, éclairage, choix des détails,...) et de la combinaison de ces plans dans le montage ou dans le travail de régie, pour dégager de cette analyse un deuxième niveau de mise en scène. On cherchera et ses redondances avec le premier, et ce qu'il pourrait lui ajouter par ailleurs. On tiendra compte des réalités du flux télévisuel et on observera les caractéristiques des interruptions publicitaires : présentent-elles des univers en rupture complète avec celui de l' « Académie » ? On tentera de mettre ainsi en évidence une superposition d'instances narratives bien accordées : celle que constitue le flux englobant de la programmation, celle qu'exprime la syntaxe des prises de vue, celle qui apparaît dans le commentaire du présentateur. Les élèves apprendront ainsi à reconnaître toutes les ficelles qui permettent au discours télévisuel de donner les airs du naturel à des mises en scène dignes de la pure fiction.

On pourrait multiplier longtemps ces exemples, proposer des démarches plus simples, d'autres plus savantes, les adapter chacune à des niveaux types d'élèves : aux plus jeunes élèves du fondamental, on proposera évidemment des approches plus intuitives et plus ludiques, avec les plus grands et ceux des premières années du secondaire, on risquera des rudiments de théorie, etc.

Puissent les quelques pistes offertes plus haut mettre les enseignants en appétit d'éducation aux médias. Aux formateurs cependant de prendre conscience qu'il est temps de leur proposer un éventail d'activités pédagogiques exemplaires qui les aident à préparer de telles leçons. Le métier est déjà souvent assez lourd comme ça et les conditions de travail partout de plus en plus difficiles. Si les enseignants doivent tout inventer, tout préparer à partir de rien, même les plus convaincus de l'importance de l'éducation aux médias et les plus avertis sur ces matières risquent fort de voir leur enthousiasme rapidement s'essouffler. Que cette mise en bouche ne débouche pas sur une indigestion.

Pour conclure, soulignons un dernier intérêt, mais non un des moindres, de l'approche sémio-pragmatique : elle renvoie par nature à des paramètres d'analyse qui sont spécifiques à l'éducation aux médias. Elle permet donc d'éviter les malentendus et les dérives qui pervertissent trop souvent cette éducation, tantôt en la réduisant à une éducation par les médias, tantôt en la ramenant à une information sur le fonctionnement économique et institutionnel des médias, tantôt encore en se confondant avec une initiation technologique à l'un ou l'autre de ceux-ci. Lorsqu'on se contente d'études sémiologiques d'extraits de la télé-réalité pour étudier, par exemple, les marques des fonctions générales du langage (de la communication : fonctions expressive, poétique, conative, etc.) dans un document audiovisuel et leurs divers niveaux, même si l'on insiste sur la spécificité des marques de ces fonctions dans le langage audiovisuel de la télévision, on étudie d'abord un langage médiatique, on instruit sur le média, on n'éduque pas encore à l'usage de celui-ci. Pour retrouver les objectifs propres à l'éducation aux médias, il faut encore intégrer ce type d'études, certes précieuses, dans une réflexion plus vaste dont la préoccupation fondamentale est de savoir dans quel sens nous usons de la télévision, ce que nous pensons en attendre, ce que nous croyons en recevoir, quelles croyances ou quelles adhésions elle obtient de nous, quel rôle elle joue dans notre rapport au monde et à nous-mêmes ? Parce que la sémio-pragmatique nous invite à approfondir le sens potentiel des messages des émissions de télé-réalité au-delà de ce qui a marqué nos premières impressions, elle nous conduit à nous questionner sur celles-ci, donc sur nous-mêmes. Parce qu'elle fonde ce questionnement sur l'analyse attentive de la construction de ces émissions, elle révèle celles-ci en tant que mises en scène du monde et pose la question de la représentation qu'elles nous en donnent. Telle est l'essence de l'éducation aux médias : la formation à un questionnement permanent sur le rôle que jouent les médias dans ma façon de percevoir le monde, de me percevoir dans ce monde, d'y percevoir autrui. Qu'est-ce que je fais de moi-même lorsque j'allume le téléviseur ? Qu'est-ce que je laisse la télévision faire de moi ?

Notes

1. Debord, Guy : *La société du spectacle*, Gallimard, 1967

2. Dans *La mort en direct*, de Bertrand Tavernier (1980), un homme équipé d'une caméra dans l'œil, filme à son insu, l'agonie d'une femme mourante.

3. *Le prix du danger*, d'Yves Boisset (1983), met en scène une chasse à l'homme télévisée.

4 Téléchargeable sur le site du Service général de l'audiovisuel et des multimédias – www.cfwb.be/av

5. Téléchargeable sur le site du CSA - www.csa.cfwb.be

6. Dominique MEHL, «Le public de Loft Story : distance et connivence», in *MediaMorphoses*, numéro hors série, juin 2003, pp.132-137.

7. *Realiteit en fictie : tweemaal hetzelfde ?*

8. Geneviève JACQUINOT, «Loft Story. Pour quelle éducation aux médias », in *MediaMorphoses*, juin 2003, pp.2-4.

9. Paul RICŒUR, *Temps et Récit*, Paris, Seuil, 3 tomes de 1983 à 1985.

10. Une recherche d'occurrences menée fin 2003 sur Internet par le truchement du moteur de recherche Google recense sur la toile 97 700 fois le terme « *real-tv* » pour 622 000 « *reality tv* » (dont 45 500 « *reality tv show* » et 51 900 fois « *reality television* »).

11. Ainsi, sur son site Internet, la société Freemantle Media présente les programmes *Popstars*, *Pop Idol* et *Survivor* en les qualifiant de « *the trendiest reality shows* » (« *les plus "tendance" des reality shows* »)…

12. Ainsi, comme il en sera fait état plus loin, l'ensemble des constats génériques développés ici peuvent s'inscrire dans une autre perspective si on leur surajoute une lecture interprétative reposant, par exemple, sur l'analyse du caractère préconstruit de ces programmes.

13. En France, on considère surtout comme émissions relevant du genre téléréalité les programmes suivants :

- *Star Academy*
- *Koh-Lanta*

- *Greg le millionnaire*
- *Popstars*
- *Opération séduction*
- *L'île de la tentation*
- *Nice People* (*Studio 109* est le titre prévu en 2004)
- *À la Recherche de la Nouvelle Star* (*Nouvelle Star* est le titre prévu en 2004).
- *Fear Factor* constitue un cas légèrement différent, notamment par son rapport à la périodicité.

14. Via un relais sur Club RTL ou sur AB3.

15. Il existe en effet d'autres émissions que l'on peut ranger sous la bannière de la télé-réalité et qui ne s'inscrivent pas dans la même dynamique.

16. En Europe du Nord, par exemple, la désignation de l'endroit n'est pas entourée de connotations religieuses et fait plutôt référence à l'univers de la Marine (On l'appelle parfois « la salle du carnet de bord »).

17. Au sens premier du terme, c'est-à-dire de « personnes qui agissent ».

18. En l'occurrence, « caractère » ne doit en effet pas être compris dans le sens étroit du terme, mais davantage dans celui de « personnalité ». On se rappellera utilement à ce propos que, en anglais, « personnage » se traduit par « *character* ».

19. Pour davantage de cadrage sur la préhension théorique de ces notions, nous renvoyons le lecteur aux travaux de l'Observatoire du récit médiatique (ORM) de l'UCL (http ://www.comu.ucl.ac.be/RECI/ORM/Doc/services.htm).

20. En effet, dans l'acception classique, le temps de l'action ne doit pas dépasser une journée, et une seule action importante doit marquer l'œuvre à proximité de son dénouement.

21. On entend ici le mot « *prime* » selon le sens que lui donnent les animateurs de télé-réalité, en tant que diminutif du mot « *prime time* ».

22. Il semble ainsi que, en 2003, le jury de l'émission *À la recherche de la nouvelle star* (M6) avait clairement exprimé un choix opposé à celui du public.

23. UER (Union européenne de radiodiffusion), système Escort 2.4.

24. Les catégories UER parlent à ce propos de « *enrichment* » et de « *involvement* ».

25. François JOST, « La promesse des genres », *Réseaux*, Paris, CNET, n°81, 1997.

26. « Le mode informatif [...] adopte les règles de l'assertion définie par Searle : l'auteur d'une assertion répond de la vérité de la proposition exprimée et doit être en mesure de fournir des preuves à l'appui de ce qu'il affirme. » (JOST, *Op.cit.).*

27. « Le mode fictif, où la seule véritable règle est la cohérence de l'univers créé avec les postulats et les propriétés qui le fondent. » (JOST, *Op.cit.).*

28. « Le mode ludique, où les règles du jeu, mais aussi l'observation de règles

sociales ou de rites (variétés), ?prescrivent le déroulement du temps et où les effets perlocutoires guident l'émission. » (JOST, *Op.cit.)*

29. En fonction de l'objet général de cet ouvrage, il eût par exemple été intéressant de s'arrêter sur ce que Jost circonscrit dans ce texte (et dans d'autres) à la suite de K. Hamburger comme le mode d'énonciation de *la feintise*. Dans l'article déjà cité, il explique : « Si l'on considère avec K. Hamburger que la différence entre fiction et réalité est moins dans l'objet de l'énoncé que dans le sujet de l'énonciation, on distinguera trois types d'énoncés : l'énoncé de réalité ancré dans un Je-Origine réel, l'énoncé de fiction ancré dans un Je-Origine fictif et l'énoncé feint, énoncé à la première personne, qui rend indécidable la distinction entre l'invention et le témoignage. Ce dernier type, que K. Hamburger appelle la feintise, n'est pas un procédé parmi d'autres, mais la simulation d'une énonciation. Contrairement à la fiction, inscrite dans la logique platonicienne de l'imitation de la réalité *(mimésis)*, la feintise est une imitation de *l'énoncé de réalité.* »

30. Roger CAILLOIS, « Jeu des adultes », in *Jeux et Sports*, Paris, La Pléiade, 1967, p.155.

31. « *In the future everybody will be world famous for fifteen minutes.* » Il semble que cette phrase ait été écrite par WARHOL début 1968, à l'occasion d'une exposition à Stockholm.

32. Dominique MEHL, *La fenêtre et le miroir : la télévision et ses programmes*, Paris, Payot, 1992. Dominique MEHL, *La télévision de l'intimité*, Paris, Seuil, 1996.

33. Le discours de chaînes privées comme RTL, affirmant « *RTL, c'est vous* » ou parlant de « *La grande famille de RTL* » illustre parfaitement cette ambition idéologiquement symptomatique. On en retrouve notamment trace dans les actions développées par la station autour de l'Opération *Télévie*.

34. Sur la RTBF, par exemple : *Les travaux inutiles, Au nom de la loi, Faits divers…*

35. Sur la RTBF, *Cartes sur tables* et, précédemment, *Minute Papillon* ou *Le Magazine des consommateurs…*

36. *Le Télévie*, *Cap 48* (48.81.00), *Le Téléthon…*

37. *Perdu de vue* (TF1), *Signe de vie* (RTL-TVI)…

38. *L'amour en danger*, *Mea Culpa* (TF1).

39. *Porte bonheur* (TF1, 1983).

40. *N'oubliez pas votre brosse à dents* (France 2), *Rêve d'un jour* (TF1, 2003).

41. La presse s'est toujours présentée comme le chien de garde de la démocratie. Dans les journaux, des ombudsmen essaient de résoudre des cas désespérés. Misant sur son poids et la force du direct, la radio n'agit pas autrement. C'est aussi à la radio que fut d'abord diffusé le programme *Reine d'un jour…*

42. Dominique WOLTON, Jean-Louis MISSIKA, *La folle du logis*, Paris, Gallimard, 1983.

43. Umberto ECO, « TV : la transparence perdue », in *La guerre du faux*, Paris,

Grasset, 1985, pp.141 à 158.

44. Francesco CASETTI, Roger ODIN, « De la paléo- à la néo- télévision », *Communications* N° 51, Paris, Seuil, 1990, pp.9 à 26, Alberto NEGRI, Paola SIGNORELLI, Raffaele De BERTI, « Scènes de la vie quotidienne », *Réseaux*, Paris, n° 44/45, 1990, p.59.

45. Dans ce concert, *Questions pour un champion* (France 3) et *Forts en tête* (RTBF) représentent en quelque sorte une exception, même si la nature des questions de cette dernière émission, leur niveau de complexité et les compétences attendues des candidats n'ont aujourd'hui plus rien à voir avec les premières versions du jeu, et encore moins avec son prédécesseur, *Double 7*.

46. En prime time : *Qui veut gagner des millions ?* (TF1) *Qui sera millionnaire ?* (RTL-TVI), ou *Seul contre tous* (RTBF). En access-prime time : *Le maillon faible* (TF1), *Zone rouge* (TF1). Une même appréciation pourrait toucher le *Bingovision* (RTBF) dont les questions n'étaient qu'un prétexte à révéler les résultats du tirage d'un jeu de la Loterie nationale.

47. *Télé Kwinto* (RTL-TVI).

48. Edgard MORIN, *Les stars*, Paris, Seuil, 1967.

49. *Top à*, *Numéro 1*...

50. *Champs Élysées* (France 2).

51. *Chansons à la carte* (RTBF), *Dix qu'on aime* (RTL-TVI), pendant wallon du programme flamand *Tien om te zien*...

52. D'abord diffusée sur France 2, puis sur TF1. Concept largement copié et adapté par la suite.

53. Cette série fut précédée du document célèbre *La bataille des Marolles* (1969). Dans la série des Faits Divers, notamment : *Week-end ou la qualité de la vie* (1972), *Une saisie* (1975, Pêché, de Streel).

54. Notamment avec *Les amants d'assises* (1982) et *Allô police* (1987).

55. *An american family* (PBS, 1973), *The family* (BBC, 1974).

56. France 2, à partir de septembre 1991. Deviendra : *Les marches de la gloire*.

57. *Incroyable mais vrai* (Jacques Martin, Antenne 2, dimanche midi, à partir de 1982). L'émission a été reprise en deuxième partie de soirée sur TF1 fin 2003. Dans une certaine mesure, on peut inscrire dans la même filiation des programmes plus anciens encore tels *I Comme* (RTL, Robert Diligent puis RTL-TVI).

58. *Perdu de vue* (TF1, 1990). *Signe de vie* (RTL-TVI) s'inscrit dans une perspective assez semblable, mais ne recourt pas à l'aide des téléspectateurs.

59. *L'amour en danger* (TF1, 1991). L'émission connaît un antécédent célèbre et « prophétique » : *Psyshow* (nom lui aussi prédestiné) proposé sur A2 de 1983 à 1985.

60. *Mea Culpa* (TF1, 1992).

61. *Aktenzeichen X... ungelöst* (ZDF, 1967), *Crimewatch UK* (BBC, 1984).

62. *Tu passes quant tu veux* (La Deux).

63. *Ça passe quand ?* (La Deux, 1998).

64. Nom générique de la tranche : *KD2A* (« Carrément déconseillé aux adultes »).

65. Qu'on se souvienne du succès de séries dont les jeunes sont les héros comme *Beverly Hills, Melrose Place*, etc.

66. Il fut notamment au centre des débats du colloque « Télévision, transformation, théorie », Metz, Cescom, 25-27 mars 1998.

67. C'est, par exemple, historiquement le cas du magazine de reportages *Envoyé Spécial* (France 2).

68. Toutes les émissions de télé-réalité n'ont pas pour autant abandonné les voix-*off*. Dans certains cas, les deux méthodes sont utilisées parallèlement.

69. Voir : les différentes versions nationales de la chaîne américaine d'infos économiques Bloomberg TV.

70. Voir : *Scrupules* (TF1, 2003), *Ya pas photo* (TF1, 1997, dans les dernières versions du programme), *Ya que la vérité qui compte* (TF1, 2003)...

71. France 3, à partir de novembre 1999.

72. Ce programme quotidien de « *daytime talkshow* » a été créé aux USA en septembre 1991.

73. Notamment le fait qu'elle se déroule en plateau, sous les regards d'un public et sous la houlette d'un animateur.

74. Ayant fait l'objet d'une instruction sur ce point par le Conseil supérieur de l'audiovisuel (CSA) de la Communauté française de Belgique, le producteur du programme a dû reconnaître le fait, ce qui a amené le CSA à arrêter notamment que « *même si l'opérateur déclare qu'il s'agit de représentations théâtrales, une appréciation particulièrement attentive s'impose dès lors que sont mis en scène, sans distance et de manière réaliste, sur un mode exacerbé et dans un contexte de violence à tout le moins verbale et morale, les conflits personnels de protagonistes se présentant soi-disant spontanément, de telle sorte que les mineurs n'en perçoivent pas nécessairement le caractère fictif. La mise en scène de l'émission renforce la violence verbale et morale des propos tenus par la présence, et dans certains cas l'intervention physique, de personnes dont le rôle est de maintenir l'ordre sur le plateau, accréditant ainsi l'idée que les problématiques traitées dont il est affirmé qu'elles relèvent de situations rencontrées dans la vie quotidienne, sont a priori susceptibles de dégénérer en des faits de violence physique. Par sa conception, une telle émission est de nature à troubler le jeune public en ce qu'elle inspire aux mineurs une perception des relations interpersonnelles non respectueuse de la dignité humaine. Dès lors, cette émission doit être signalée par un triangle blanc sur disque orange et diffusée après 20 heures.* » (Décision du CSA du 18 décembre 2002)

Il semble que, dans sa version originale, le *Jerry Springer Show* a aussi parfois eu recours à des acteurs.

75. En Belgique, *Ça va se savoir* est diffusé sur la chaîne AB3 depuis 2002.

76. TF1 (février 1998).

77. *À bout de forces* (M6, novembre 2003).

78. TF1 (2001).

79. Qu'on se rappelle *Tournez Manège* (TF1, 1985), *Les mariés de l'A2* ou *Les Zamours* (France 2).

80. Tests de QI, de connaissance du code de la route, des bonnes manières (France 2, M6)...

81. MTV Europe (depuis 2002).

82. Canal+ Belgique (depuis 2002) après avoir été produit pour la chaîne de télévision flamande VTM.

83. Canal+ France (2003). Suivi de la vie quotidienne de Joe STARR et Francis LALANNE.

84. France 2 (2003), série quotidienne de 60 épisodes diffusés à 19h50 avant le concert de la star au Parc des Princes.

85. MTV USA (1996), puis MTV Europe.

86. Par exemple : Dirty SANCHEZ (MTV, 2003).

87. Programme radiophonique au cours duquel des chanteurs amateurs venaient tenter leur chance et étaient retenus ou éliminés en fonction du volume des applaudissements du public.

88. Voir l'évolution de *On ne peut pas plaire à tout le monde* (FR3) lors de ses « spéciales » en *prime time*, préfigurant son arrivée dans cette case de la grille dans le courant 2004, ou celle de *Vivement dimanche* (France 2).

89. Les exemples ne manquent pas, sur les chaînes belges, françaises ou luxembourgeoises, à partir du *Palmarès de la chanson* (ORTF, 1965).

90. *Vidéo gag* (TF1).

91.*La dernière chance* (RTL-TVI, à partir d'octobre 2003).

92. RTL group, propriété de l'Allemand BERTELSMANN dont le groupe GBL est lui-même un des actionnaires.

93. Le vainqueur masculin de la première édition forme par contre un couple avec une des candidates malchanceuses du jeu, dont il a eu un enfant.

94. Rediffusée en cours de journée, et complétée par un programme plus court, chaque jour en amorce de *prime time*.

95. *J'ai toujours refusé, en tant que président de TF1, de porter un jugement sur les programmes de nos concurrents. Cependant, le vacarme provoqué par la diffusion de* Loft Story *par M6 m'oblige, pour des raisons déontologiques, morales et politiques à faire entendre sereinement la voix de TF1 dans la cacophonie ambiante. TF1, première chaîne française, a refusé à plusieurs reprises les propositions du groupe de production Endemol de diffuser sur son antenne* Loft Story, *version française du programme néerlandais* Big Brother (...). (Patrick LE LAY, *Le Monde*, 11 mai 2001).

96. Ce programme faisait l'objet de rediffusion à d'autres moments.

97. Celui qui représentait la Belgique.

98. Rediffusées en cours de journée.

99. Des enquêtes ont en effet démontré le caractère éphémère de la réussite des lauréats de la *Star Academy*.

100. TrueBliss, premier groupe révélé par le programme en Nouvelle-Zélande, se disloqua deux ans et demi après avoir été constitué dans le cadre de cette émission.

101. Le coup de sang de Brandon, parti à la recherche de sa compagne un bâton à la main, reste un des grands moments de l'édition 2002 de ce programme.

102. Par exemple, sur le respect des règles démocratiques relatives aux droits et libertés fondamentales garanties par la Constitution et plus particulièrement le principe de non-discrimination, ou sur la protection de l'enfance et de l'adolescence (article 132 § 1er 3° et 4° du décret du 27 février 2003 sur la radiodiffusion relatif aux missions du Collège d'avis du Conseil supérieur de l'audiovisuel).

103. Notamment sur le respect de la dignité humaine et sur la protection des mineurs (article 132 § 1er 5 du même décret).

104. Déclaration universelle des droits de l'homme, Convention européenne de sauvegarde des droits de l'homme et des libertés fondamentales, Constitution belge, directive 89/552/CEE du 3 octobre 1989 dite directive « Télévision sans frontières », décret du 27 février 2003 sur la radiodiffusion,….

105. Article 9 1° du décret du 27 février 2003 sur la radiodiffusion.

106. Article 9 2° du même décret.

107. L'argumentaire de la décision précise : *Même si l'opérateur déclare qu'il s'agit de représentations théâtrales, une appréciation particulièrement attentive s'impose dès lors que sont mis en scène, sans distance et de manière réaliste, sur un mode exacerbé et dans un contexte de violence à tout le moins verbale et morale, les conflits personnels de protagonistes se présentant soi-disant spontanément, de telle sorte que les mineurs n'en perçoivent pas nécessairement le caractère fictif. La mise en scène de l'émission renforce la violence verbale et morale des propos tenus par la présence et dans certains cas l'intervention physique de personnes dont le rôle est de maintenir l'ordre sur le plateau, accréditant ainsi l'idée que les problématiques traitées dont il est affirmé qu'elles relèvent de situations rencontrées dans la vie quotidienne, sont a priori susceptibles de dégénérer en des faits de violence physique.*

108. Ce modèle s'appuie sur une démarche empirique basée sur le visionnage d'émissions doublé d'entretiens avec les responsables des programmes, les animateurs, les participants que l'auteur met en relation avec des phénomènes sociologiques plus larges.

109. *La télévision au quotidien. Entre réalité et fiction*. INA / De Boeck, collection Médias Recherches, 2001 pour la première édition.

110. L'ensemble des activités proposées ici s'insère bien entendu dans une

problématique plus large : celle de l'individu, et plus particulièrement l'enfant et l'adolescent, face aux images ; autrement dit, celle de l'éducation aux médias.

111. Par commodité, les activités sont ventilées par niveau d'enseignement. Il va cependant de soi que, moyennant de légères adaptations, celles prévues pour le primaire sont également valables pour le secondaire.

112. Cette activité aborde des notions relatives à l'axe langage.

113. Cette activité aborde des notions relatives aux axes représentation et langage.

114. Cette activité aborde des notions relatives à l'axe producteur.

115. Cette activité aborde des notions relatives aux axes technologie et langage.

116. Facilement trouvable sur les moteurs de recherche internet.

117. Cette activité aborde des notions relatives aux axes langage et public.

118. Henri CARTIER-BRESSON (né en France en 1908) : Photographe classique par excellence, il privilégie les images prises « à la sauvette », sans que les sujets photographiés ne s'en aperçoivent et donc en installant une certaine distance entre lui et ces derniers.

Les photographies en question sont *Newcastle-on-Tyne*, 1978 et *Marseille*, 1932 tirées de l'ouvrage Henri CARTIER-BRESSON, *Henri Cartier-Bresson photographer*, Boston-Toronto-London, Little, Brown and Company, 1992.

119. William KLEIN (né à New York en 1928) : Dans les années cinquante, il est l'un de ceux qui engagent la photographie sur la voie de la modernité. Il bouleversera, entre autres, la relation du photographe aux sujets photographiés en réduisant la distance qui les séparait alors au minimum.

Les photographies en question sont *Broadway and 103rd Street*, 1954-1955 ; *Vitelloni, 29th and second*, 1954-1955 et *St-Patrick's day, Fifth Avenue*, 1954-1955 tirées de l'ouvrage William KLEIN, *New York*, Paris, Seuil, 1956 ; et également disponibles sur le site internet : *http ://www.masters-of-photography.com*.

120. Cette activité aborde des notions relatives à l'axe représentation.

121. Cette activité aborde des notions relatives à l'axe public.

122. Cette activité aborde des notions relatives à l'axe producteur.

123. Cette activité aborde des notions relatives à l'axe typologie.

124. *L'éducation à l'audiovisuel et aux médias,* Dossier de synthèse,*CEM, 1996, p.10.*

125. A.-J. GREIMAS, *Sémantique structurale*, Larousse, 1966.

126. Y. COLLARD, P. VERNIERS, « Vider la fiction de son encre» in *MédiActeurs, Tout savoir sur la télé,* Média-Animation, 1999, pp.120 à 122.

127. Tout document médiatique est susceptible d'être observé et analysé selon six approches : les langages, les technologies, les représentations, les typologies, les publics, les producteurs. Voir : *L'éducation aux médias en 12 questions*, CEM, Fondation Roi Baudouin, 1996, p.14.

128. R. DEBRAY, *Cours de médiologie générale*, Bibliothèque des Idées, Gallimard, 1990.

129 Ce terme est préféré à « société » ou « civilisation », dans la mesure où l'amorce d'un macro-système ne signifie pas la fin du précédent : des éléments de la logosphère persistent aujourd'hui dans nos sociétés, et bien sûr, sur d'autres continents, en dehors de celles-ci.

130. Y.COLLARD, « Docu-soap et soupe populaire », dans *MédiActeurs, Tout savoir sur la télé,* Média-Animation, 1999, p.123.

131. D'après : J.F.INISAN, *Le rôle du portrait dans le récit, pour aller plus loin ;* C.SCHNEDEKER. « Un genre descriptif, le portrait », in *Pratiques* N°66. Didactique des genres.Juin 1990.

132. Laurent RAPHAËL, « La télé-réalité joue les prolongations », in *La Libre,* 10/10/2003, p.47.

133. Laurent GERVEREAU, « L'urgence iconologique », in *Peut-on apprendre à voir ?,* L'image et l'École nationale supérieure des beaux-arts, Paris, 1999. Actes d'un colloque pluridisciplinaire organisé en France en 1998 sur la question de l'éducation à l'image.

134. Méthode qui ne prend en compte que la relation du spectateur au message télévisuel et les marques qui la définissent. La sémio-pragmatique s'attache non au contenu, mais au spectateur tel que le définit le texte télévisuel. Elle dégage les effets potentiels du texte, analysant la relation qui s'instaure entre lui et son « lecteur », notamment par l'étude des « traces », des consignes laissées par l'émetteur dans le message et de la manière dont celles-là font sens pour le spectateur. Muriel HANOT, Télévision. Réalité ou réalisme ? INA et De Boeck Université, 2002.

Que ni le terme ni sa définition ne découragent les lecteurs peu spécialistes. Appliquée avec souplesse dans un processus éducatif, cette méthode demande à l'élève d'observer tant ses réactions que les éléments du message télévisuel à partir desquels il réagit et, au-delà, de faire l'effort d'envisager d'autres sens possibles à ce qu'il voit, ou de rechercher d'autres éléments qui n'auraient pas retenu son attention, ou du moins son attention éveillée, et qui pourraient n'être pas moins porteurs de sens pour lui ou pour d'autres. Des significations explicites ou implicites, marquées comme voulues par les producteurs de l'émission ou perçues comme involontaires. Bref, il s'agit de demander à l'élève d'objectiver les éléments du message qui viennent stimuler sa subjectivité. Plus généralement, on pourrait encore dire que dans cette démarche, le sens de l'émission n'est plus seulement dans ce qu'elle donne à voir, mais dans ce que ses producteurs ont l'air de nous proposer ou de nous imposer en donnant « cela » à voir de cette façon-là, et, finalement, dans la manière dont nous répondons à ces intentions, telles qu'elles nous apparaissent à tort ou à raison. L'élève doit donc s'interroger lui-même non moins que le message qu'on lui donne à voir : ses aspirations personnelles, ses détresses, sa culture effective, qui sont d'ailleurs de plus en plus ciblées par le marketing télévisuel, ne comptant pas pour peu dans son interprétation, voire son vécu de l'émission.

Table des matières

Deuxième partie
Points de vue et témoignages sur la télé-réalité

Troisième partie
Orientations pédagogiques

Achevé d'imprimer en octobre 2004
pour le compte des **Éditions Labor**
sur les presses de l'Imprimerie Bietlot à Gilly (Belgique)